黄土高原退耕还林工程
生态绩效评价研究

HUANGTU GAOYUAN TUIGENG HUANLIN GONGCHENG
SHENGTAI JIXIAO PINGJIA YANJIU

邓元杰　著

中国农业出版社
北　京

本书得到林业公益性行业科研专项"退耕还林工程效益监测、评估与优化技术"（编号：201504424）、国家自然科学基金"黄土高原退耕还林政策生态效率评价与提升路径"（编号：71473195）和四川轻化工大学科研创新团队计划（SUSE652B001）等项目资助。

前 言

退耕还林工程是政策性较强、涉及面较广和群众参与度较高的生态保护修复工程。作为一项以改善生态环境为核心目标的生态保护修复工程，其生态绩效如何一直都是社会公众、政府决策者和学者关注的焦点。毫无疑问，既有文献和报道均指出，退耕还林工程取得了显著的生态效果，区域生态环境得到了巨大改善。但考虑到退耕还林工程是一项涉及自然环境和社会经济的复杂工程，我们很难将取得的显著生态效果以及生态环境的改善全都归因于退耕还林工程。此外，退耕还林工程实施的背后，是中央财政累计下发超 5 000 亿元、工程参与区退耕面积超 5 亿亩*、涉及农户超 4 000 万户的巨大财政、资源与人力投入。资源的稀缺性决定了我国对退耕还林工程的资源投入不能无限增长，资源约束下经济有效性和生态有效性同等重要。然而，目前鲜有文献对退耕还林工程的生态效率进行报道。那么，值得关注的是：退耕还林工程取得的显著生态效果究竟表现在哪些方面？退耕还林工程取得的显著生态效果是自然条件、社会经济和退耕还林工程自身共同作用的结果，那么退耕还林工程对生态效果的净效应有多大？退耕还林工程的生态效率如何？退耕还林工程的生态效果与生态效率之间的关系如何？影响退耕还林工程生态效率的因素又有哪些？本书将围绕上述问题进行探讨，旨在为巩固完善退耕还林工程提供具有针对性的政策建议，为评估其他生态保护修复工程提供理论参考，为"双碳"目标愿景下即将实施的生态保护修复工程提供借鉴指导。

本书以退耕还林工程生态绩效评价为主线，在对国内外相关文献进行系统梳理的基础上，基于经济学、管理学和生态学等理论，界定了退耕还林工程生态绩效、生态效果和生态效率等基本概念，确定了核心变量的本质特征和表征指标，构建了退耕还林工程生态绩效评价的总体研究框架，

---

* 亩为非法定计量单位，1 亩＝$1/15\text{hm}^2$。——编者注

明晰了所要解决的科学问题。遵循"生态效果评价—生态效果影响因素—生态效率测算—生态效率影响因素"逻辑主线，以退耕还林工程实施核心区——黄土高原为例，基于多源遥感、社会经济和退耕还林工程数据，以1990—2018 年黄土高原 314 个县域面板数据为基础，对黄土高原退耕还林工程的生态绩效进行了评价。本书简要内容如下：第一，基于多源遥感数据和生物物理模型，运用地理信息系统（GIS）技术，从植被覆盖度和生态系统服务两方面出发，对黄土高原退耕还林工程的生态效果进行了评价；第二，基于反事实框架，将退耕还林工程看作一项准自然实验，使用多期双重差分（DID）模型对退耕还林工程生态效果的影响因素进行了分析，得到了工程实施对生态效果的净效应，并就工程实施对生态效果影响的持续性与异质性进行了检验；第三，构建了退耕还林工程生态效率评价指标体系，使用 DEA-BCC 模型对工程生态效率进行了测算，并使用核密度估计和空间统计模型对工程生态效率的时空演变进行了刻画，还对工程生态效果与生态效率之间的关系进行了分析；第四，基于 DEA-Tobit 模型，从可控和不可控两方面对黄土高原退耕还林工程生态效率的影响因素进行了分析；第五，根据以上实证分析结果，提出了具有针对性的政策建议。本书主要研究结论如下。

（1）黄土高原实施退耕还林工程取得了显著的生态效果，植被覆盖度和生态系统服务均得到了显著提升，区域内生态环境得到了巨大改善。从时间维度看，2000—2018 年，黄土高原平均植被覆盖度由 45.09%增长至 64.15%，平均土壤侵蚀模数由 21.84t/(hm² · 年) 下降至 13.86t/(hm² · 年)，平均植被碳汇量由 737.68gC/(m² · 年) 增长至 1 296.35gC/(m² · 年)，平均土壤保持量由 224.11t/(hm² · 年) 增长至 232.08t/(hm² · 年)，平均水源涵养服务能力指数由 0.076 3 增长至 0.102 8，平均生物多样性维护服务指数由 0.059 7 增长至 0.079 8。从空间维度看，生态环境显著改善的区域主要集中在西南部的黄土高原沟壑区、中部及东北部的黄土丘陵沟壑区以及东部的土石山区。6°～25°为生态环境得到显著改善的坡度范围。

（2）退耕还林工程实施的确是促使黄土高原生态环境得到显著改善的重要原因，且这一结论在综合考虑自然条件和社会经济因素对生态环境的影响后仍然成立。退耕还林工程对黄土高原生态环境的改善具有持续性与异质性。多期 DID 模型的基准回归结果表明，仅考虑退耕还林工程对植被覆盖度和生态系统服务的影响，退耕还林工程实施能促使植被覆盖度和植被 NPP 分别提升 16.71% 和 10.52%；在综合考虑了退耕还林工程、自然条件和社会经济因素的影响后，退耕还林工程实施仍能使植被覆盖度和植被 NPP 分别提升 15.78% 和 9.68%。动态性检验结果表明，退耕还林工程不仅对植被覆盖度和生态系统服务提升存在持续的显著影响，而且随着时间的推移，影响逐渐增大。气候分区的异质性结果表明，退耕还林工程对各区域植被覆盖度产生的影响大小排序为干旱地区＞半干旱地区＞半湿润地区，退耕还林工程对各区域生态系统服务产生的影响大小排序为半干旱地区＞干旱地区＞半湿润地区。

（3）黄土高原退耕还林工程生态效率整体偏低，生态效率还存在较大提升潜力。退耕还林工程生态效率在时间上呈波动上升趋势，在空间上具有显著的空间集聚和分异特征。退耕还林工程的生态效果与生态效率存在不匹配现象。效率测算上，2002—2015 年黄土高原退耕还林工程生态效率均值仅为 0.492，从整体来看，退耕还林工程实施尚处于较低效状态，退耕还林工程生态效率还存在较大提升空间。尽管如此，退耕还林工程生态效率在时间上呈波动上升趋势，由 2002 年的 0.254 提升至 2015 年的 0.649，由较低效状态转变为较高效状态。在效率的时空演变上，从核密度估计结果发现，黄土高原退耕还林工程生态效率在各县域间的绝对差异趋于缩小，县域之间的效率两极分化现象有所改善。黄土高原退耕还林工程生态效率存在明显的空间聚集与分异特征。在空间分布与演变上，整体呈自东南向西北递减分布态势，且低效和较低效范围不断向西北方向缩小，而高效和较高效范围不断向西北方向扩大。在空间关联上，各县域间的退耕还林工程生态效率存在正向集聚和依存特征。在空间分异上，东南部县域多为退耕还林工程生态效率的热点区，在空间上多呈"高高集聚"态势；而西北部县域多为退耕还林工程生态效率的冷点区，在空间上多呈"低低集聚"态势。在效果与效率的关系上，黄土高原退耕还林工程的生态效果与生态效率存在着不匹配现象，从空间角度来看，108 个"高成效—高效率"县域主要分布在黄土高原东南部的半湿润地区，126 个"低成效—低效率"县域主要分布在黄土高原北部、西北部以及东部的干旱地区和部分半湿润地区，70 个"高成效—低效率"县域主要分布在黄土高原中部、东北的干旱地区以及南部的半湿润地区，10 个"低成效—高效率"县域零星分布在黄土高原四处。

（4）从影响黄土高原退耕还林工程生态效率的可控因素来看，普遍存在的投入冗余和产出不足是导致退耕还林工程生态效率较低的重要原因。从影响退耕还林工程生态效率的不可控因素来看，农村劳动力转移率、农民人均纯收入、年均降水量、10℃及以上年均积温、土壤氮含量和平均河网密度均为退耕还林工程生态效率的驱动因素，但各因素对黄土高原及其气候分区的影响存在异质性。首先，从可控因素来看，退耕还林工程实施中普遍存在的投入冗余和产出不足是导致退耕还林工程生态效率较低的重要原因。黄土高原东南部县域的投入冗余和产出不足相对较小，是其退耕还林工程生态效率较高且呈集聚分布的重要原因；而西北部县域的投入冗余和产出不足相对较大，是导致该子区域退耕还林工程生态效率较低且呈集聚分布的重要原因。其次，从不可控因素来看，本书所选择的社会经济和自然条件因素均为退耕还林工程生态效率的驱动因素。然而，各因素对黄土高原及其气候分区退耕还林工程生态效率的影响大小各不相同，对黄土高原整个地区而言，10℃及以上年均积温＞农民人均纯收入＞农村劳动力转移率＞平均河网密度＞土壤氮含量＞年均降水量；对半湿润地区而言，10℃及以上年均积温＞农村劳动力转移率＞农民人均纯收入＞土壤氮含量＞平均河网密度＞年均降水量；对半干旱地区而言，农民人均纯收入＞10℃及以上年均积温＞土壤氮含量＞年均降水量＞平均河网密度＞农村劳动力转移率；对干旱地区而言，农民人均纯收入＞平均河网密度＞10℃及以上年均积温＞农村劳动力转移率。

综合以上研究结论，本书提出了以下四方面的政策建议：做好顶层设计，继续实施退耕还林工程；坚持因地制宜，以水定绿，科学恢复林草植被；定期对生态工程生态绩效开展评价，增加效果与效率的匹配度；坚持自然恢复为主，人工修复与自然恢复相结合。

著　者

2024 年 10 月

目 录

CONTENTS

前言

第1章 导论

1.1 研究背景

中国自 20 世纪 70 年代开始实行改革开放后，社会经历了深远变革，尽管经济总量持续高速增长，但也在环境、资源等方面暴露出诸多问题（王庶等，2017；Smil，2016）。生态环境恶化所引起的一系列环境灾难的直接原因为水土流失及其所引致的河流泥沙积累，而导致水土流失和洪灾的主要原因则是森林过度砍伐、丘陵和山区农地的无序扩张（喻永红，2014）。为此，中央政府启动了多项林业生态工程，包括推行天然林资源保护工程、长江流域防护林体系工程、退耕还林工程等（Bryan et al.，2018）。其中，退耕还林工程自 1999 年在四川、甘肃和陕西试点实施取得成功后，于 2002 年在全国全面铺开，共涉及 25 个省份 2 435 个县（李雅男等，2020；李世东等，2022）。

退耕还林工程的核心目标是遏制水土流失，保护和改善生态环境。具体做法为将易造成水土流失的陡坡耕地有计划、分步骤地停止耕种，并根据不同区域自然条件确定合适的树种，因地制宜施行退耕还林。根据国家林业和草原局发布的《中国退耕还林还草二十年（1999—2019）》，20 年来中央财政累计投入 5 174 亿元，全国累计实施退耕还林还草 5.15 亿亩，共有 4 100 万农户参与其中，使其在资金投入规模、地理覆盖范围、牵涉利益主体数量上均位列世界林业生态工程之最，退耕还林工程因此成为世界上最大的林业生态工程（Lu and Yin，2020）。也正因如此，退耕还林工程的生态绩效一直以来都是公众和政府最为关心的问题，学术界也开展了大量研究。学者们对退耕还林工程生态效果的研究表明，退耕还林工程显著提升了工程区植被覆盖率（刘逸滨等，2022；He et al.，2021），遏制了水土流失（陈浩，2019；Chen et al.，2015），增加了陆地碳汇（邓元杰等，2020；Deng et al.，2017），提升了水源涵养能力（黄麟等，2021；Wang et al.，2019）等。毫无疑问，实施退耕还林工程取得了显著的生态效果，使生态环境得到了巨大改善。然而，在退耕还林工程生态效果评价上，当前常将工程实施前后或有无工程实施的生态效果差异归因于工程实施所得，这种方法虽然在一定程度上反映了由退耕还林工程实施所带来的效应大小，但其本质上是一种定性或半定量的评价方法（Zhou et al.，2021）。考虑到退耕还林工程的生态效果是自然条件、社会经济和工程自身共同作用的结果（Yin and Zhao，2012；韩新辉，2008），使用该方法对退耕还林工程生态效果进行评价，可能会导致评价结果出现偏差，不利于政府决策者准确了解退耕还林工程的生态效果。

虽然现有研究在退耕还林工程生态效果评价上存在不足，但在整体上丝毫不影响退耕还林工程实施取得了良好生态效果这一事实。然而，在退耕还林工程实施取得了良好生态效果这一事实下，鲜有文献对退耕还林工程取得显著生态效果背后的效率问题进行关注。尽管我国为获得预期的生态效果而投入了大量的财政资金，但中央每年对退耕还林工程的资金投入都不是"无限量供应"的，这就使得退耕还林工程在预算约束下的经济有效性和生态有效性变得同等重要（程臻宇等，2015）。对中央政府和地方各级政府来说，在预算约束下，下列问题的回答显得十分重要。退耕还林工程是否在实现预期生态保护目标的同时，使得实际经济成本或者土地利用方式改变的机会成本达到了最小化？如何在设计退耕还林工程之初，就考察并比较不同退耕模式所产生的效率差异，从而在预算约束下甄别出更有效率的退耕还林工程方案？对此，少部分学者尝试对退耕还林工程生态效率进行测算，并找到了回答上述问题的部分答案。然而，仍存在以下问题亟待解决。首先，在测算方法上，现有研究多使用"成本—效益"分析法或计量经济模型参数估计法。前者虽然简单直接，但仅适用于单投入、单产出的情形，严格讲其不能反映不同投入指标分配变化引起的效率变化（Neto et al.，2009）；后者虽在一定程度上弥补了前者的不足，但结果也仅能反映退耕还林工程投入与产出之间关系的方向和强度（吴琦等，2009）。其次，在测算指标选取上，现有研究多将退耕还林工程的财政支出作为投入，而忽略了土地、劳动力等其他要素；在产出指标选取上，现有研究常把植被覆盖度或归一化植被指数（normalized difference vegetation index，NDVI）作为产出指标，而忽略了退耕还林工程的初衷是遏制水土流失和增加生态系统服务。上述两点问题将导致测算出的退耕还林工程生态效率存在偏差。最后，在测算尺度上，现有研究对退耕还林工程生态效率的测算多集中在微观尺度，如村级或小流域，这使得研究结论难以适用于退耕还林工程这样大规模、大范围的生态保护修复工程（王怡菲，2019）。虽然有研究进一步从省域尺度出发对退耕还林工程生态效率进行了评价，但考虑到各省份内存在的较大异质性，得到的结论将难以为政府决策者提供具有差异化的政策建议（Deng et al.，2022a）。

此外，从 2020 年 9 月我国在第七十五届联合国大会上向世界作出了实现

"双碳"目标的中国承诺,到 2021 年 10 月中共中央、国务院印发《关于完整准确全面贯彻新发展理念做好碳达峰碳中和工作的意见》(以下简称《意见》)以及 2021 年 10 月国务院印发《2030 年前碳达峰行动方案》,标志着我国正式进入了"双碳"时代。其中,根据《意见》要求,要实施生态保护修复重大工程,深入推进大规模国土绿化行动,巩固退耕还林还草成果,以提升生态系统碳汇增量,进而为 2060 年前实现碳中和目标贡献生态力量。在 2022 年 10 月发布的《党的二十大报告》中,再次明确提出要加快实施重要生态系统保护和修复重大工程,科学开展大规模国土绿化行动,以提升生态系统多样性、稳定性、持续性。因此,在"双碳"目标愿景下对退耕还林工程生态绩效进行评价显得尤为紧迫与必要。一是因为退耕还林工程作为世界上最大的生态保护修复工程,全面系统地对其生态绩效进行评价总结,不仅能为巩固完善退耕还林工程的生态效果提供科学依据,还能为未来重大生态保护工程的实施和大规模国土绿化行动的开展提供经验借鉴、理论依据与决策参考。二是因为现阶段我国仍为发展中国家,财政资金短缺,在"双碳"目标愿景下政府将投入财政资金到以提升碳汇增量为目标的生态工程建设中。在此情况下,科学地测算退耕还林工程生态效率以及对退耕还林工程生态效率的影响因素进行分析,符合我国社会经济发展的实际需要,还能为制定生态效率提升政策提供科学依据,更能为提高我国在生态保护工程中所投入资金的整体配置效率提供经验借鉴。

　　鉴于此,本书以退耕还林工程实施核心区域——黄土高原为例,对黄土高原退耕还林工程的生态绩效进行了评价。第一,基于多源遥感数据和生物物理模型,运用地理信息系统(GIS)技术,从植被覆盖度和生态系统服务两方面出发,对黄土高原退耕还林工程的生态效果进行了评价;第二,基于反事实框架,将退耕还林工程看作一项准自然实验,使用多期 DID 模型对退耕还林工程生态效果的影响因素进行了分析,得到了工程实施对生态效果的净效应,并就工程实施对生态效果影响的持续性与异质性进行了检验;第三,构建了退耕还林工程生态效率评价指标体系,使用 DEA-BCC 模型对工程生态效率进行了测算,并使用核密度估计和空间统计模型对工程生态效率的时空演变进行了刻画,还对工程生态效果与生态效率之间的关系进行了分析;第四,基于 DEA-Tobit 模型,从可控和不可控两方面对黄土高原退耕还林工程生态效率的影响因素进行了分析;第五,根据以上实证分析结果,提出了具有针对性的政策建议。本书旨在为巩固完善退耕还林工程提供具有针对性的政策建议,为评估其他生态保护修复工程提供理论参考,为"双碳"目标愿景下即将实施的生态保护修复工程提供借鉴指导。

1.2 研究目的和意义

1.2.1 研究目的

按照"提出问题→分析问题→解决问题"的脉络，本书以现有研究成果为基础，以退耕还林工程实施核心区域——黄土高原为例，基于退耕还林工程、多源遥感和社会经济数据，以生态学、经济学等相关理论为基础，构建了退耕还林工程生态绩效评价的理论框架，在对黄土高原退耕还林工程实施现状进行分析的基础上，运用定性与定量研究相结合的方法探究以下问题。黄土高原退耕还林工程取得了怎样的生态效果？生态环境是否得到改善？退耕还林工程对生态效果的净效应有多大？退耕还林工程实施的生态效率究竟怎样？退耕还林工程生态效率的时空演变如何？影响退耕还林工程生态效率表现的因素又有哪些？通过对上述问题的回答，可以清晰地明确本书的研究目的，具体而言包括以下几方面。

一是评价黄土高原退耕还林工程的生态效果，解释黄土高原的生态环境在退耕还林工程实施后的变化。

二是探究黄土高原退耕还林工程生态效果的影响因素，揭示退耕还林工程对生态效果的净效应，探究退耕还林工程对生态效果的影响是否具有持续性，并进一步对工程生态效果影响因素在不同分区下的异质性进行分析。

三是构建黄土高原退耕还林工程生态效率评价指标体系，从投入产出视角对退耕还林工程生态效率进行测算，在此基础上对退耕还林工程生态效率的时空演变特征进行刻画分析，并进一步探究退耕还林工程生态效果与生态效率之间的关系。

四是明晰黄土高原退耕还林工程生态效率的影响因素，并进一步对工程生态效率影响因素在不同分区下的异质性进行分析。

五是基于上述定性分析与定量研究所得结论，为巩固完善退耕还林工程提供具有针对性的政策建议，为评估其他生态保护修复工程提供理论参考，为"双碳"目标愿景下即将实施的生态保护修复工程提供借鉴指导。

1.2.2 研究意义

(1) 理论意义

运用自然和人文科学融合的综合视角，理解自然条件、社会经济与生态保护修复工程的复杂交互作用，构建全面的生态保护修复工程生态绩效评价研究框架，完善生态保护修复工程生态绩效评价的理论基础。生态保护修复工程的实施是一个涉及自然环境和社会经济的复杂过程，它们之间存在相互影响、相互依赖的关系。然而长期以来自然科学和人文科学的相关学者在对生态保护修复工程进行评价时，极少在评价中将自然科学和人文科学进行融合。本书以世界上最大的生态保护修复工程——退耕还林工程为例，在将自然科学和人文科学相关理论进行融合的基础上，构建了退耕还林工程生态绩效评价的研究框架，可为未来开展对其他生态保护修复工程生态绩效的评价工作奠定一定的学科融合理论基础。另外，本书构建的退耕还林工程生态绩效评价的研究理论框架，充分考虑了自然条件和社会经济因素对退耕还林工程生态绩效的影响，有助于理解生态保护修复工程、自然条件和社会经济之间的关系，以期推动未来对生态保护修复工程生态绩效的评价研究。

基于反事实框架，将退耕还林工程看作一项准自然实验，使用多期 DID 模型测度了黄土高原退耕还林工程对生态效果的净效应，选取多投入多产出要素对工程生态效率进行测算，弥补已有评价方法的不足，丰富退耕还林工程生态绩效评价成果。一方面，此前学者在测度退耕还林工程对生态效果的影响中，多直接对工程实施前后生态效果差异进行比较，由此得出工程实施对生态效果的影响大小。然而，使用该方法只能得出工程实施对生态效果"有/无"影响而不能获得工程对生态效果影响的净效应。同时，在对退耕还林工程生态效果的影响因素进行分析时，并未考虑自然条件和社会经济可能对生态效果产生的影响，导致评价结果存在偏差。为了补充完善之前研究的不足，本书基于反事实框架，采用多期 DID 模型对退耕还林工程生态效果的影响因素进行了分析，不仅能在排除自然条件和社会经济的影响下得出工程实施对生态效果究竟"有/无"影响，而且能得出工程实施对生态效果影响的净效应。另一方面，此前学者在退耕还林工程生态效率测算方法和评价指标上存在不足，可能导致政府决策者难以对工程生态效率进行准确把握。为了完善之前在工程生态效率测算上存在的不足，本书从多投入多产出视角建立了工程生态效率评价指标体系，并创新性地选取生态系统服务作为工程产出指标，在方法上采用了非参数 DEA 模型，旨在更加科学准确地对退耕还林工程生态效率进行评价。

（2）现实意义

一方面，有助于为我国乃至世界上其他国家生态保护修复工程生态绩效评价研究提供参考。生态保护修复工程的初心是改善生态环境，因此在对生态保护修复工程进行评价时，应首先对其生态绩效进行评价。我国现有的生态保护修复工程包括天然林资源保护工程、退耕还林工程、京津冀风沙源治理工程、"三北"及长江流域等重点防护林体系工程等。对于生态保护修复工程，政府和公众最为关心的就是工程实施的生态绩效情况。然而，此前学者或在研究中偏离了生态保护修复工程的初心，将研究集中在评价生态保护修复工程对社会经济的影响上；或仅对生态保护修复工程的生态效果进行评价，而缺少对其生态效率的评价。本书以黄土高原退耕还林工程的生态绩效评价为例，能为我国乃至世界上其他国家评价生态保护修复工程生态绩效提供研究框架和科学依据。

另一方面，可以为"双碳"目标愿景下其他生态保护修复工程的实施提供经验借鉴和理论参考。在2020年6月国家发展改革委联合自然资源部发布的《全国重要生态系统保护和修复重大工程总体规划（2021—2035年）》（简称《规划》）中明确指出，未来在青藏高原生态屏障区、黄河重点生态区（含黄土高原生态屏障）、长江重点生态区等区域内将实施一批生态保护和修复重大工程。在2021年10月中共中央、国务院印发的《关于完整准确全面贯彻新发展理念做好碳达峰碳中和工作的意见》中也明确指出，要实施生态保护修复重大工程。《党的二十大报告》中明确提出，要加快实施重要生态系统保护和修复重大工程，科学开展大规模国土绿化行动。可见，本书以世界上最大的生态保护修复工程——退耕还林工程为例，对其生态绩效开展评价，不仅能为今后即将开展的生态保护修复工程提供经验借鉴和理论参考，而且能为今后评估其他重大生态保护修复工程提供技术路线和研究框架。

1.3 国内外研究动态与评述

本书对退耕还林工程生态绩效的评价研究将从生态效果和生态效率两个方面展开。在对"退耕还林工程的生态效果评价研究"综述中，包含了对退耕还林工程所取得的生态效果和影响工程生态效果好坏的原因；在对"退耕还林工程的生态效率评价研究"综述中，包含了对退耕还林工程生态效率的测算和影响工程生态效率高低的原因。

1.3.1 退耕还林工程的生态效果评价研究

国家林业局退耕还林办公室（2003）将退耕还林工程定义为："退耕还林工程就是从保护和改善生态环境的目的出发，将易造成水土流失的坡耕地停止耕种，并按照适地适树原则，因地制宜地植树造林，恢复植被，遏制水土流失，增强生态系统服务功能的一项生态建设工程。"由此可得，退耕还林工程的生态效果主要包括以下几方面内容：土地利用、植被覆盖度、水土流失以及生态系统服务。

（1）土地利用变化

从土地利用变化看，退耕还林工程实施本质上是对土地利用结构的调整（Xu et al.，2004），而土地利用结构调整最直接的体现为耕地面积减少、林草地面积增加。汪滨等（2017）在对黄土高原清水河流域的研究中发现，自实施退耕还林工程以来，该流域土地利用结构发生了重大变化，主要土地利用类型即耕地、园地、林地和草地的比例由 2000 年的 1：0.06：2.05：3.95 大幅度调整至 2014 年的 1：3.22：12.03：5.51。吴东等（2016）在对三峡库区兰陵溪小流域的研究中发现，退耕还林工程使得该流域土地利用结构发生了显著改变，林地、园地面积比例分别增加到 76.85% 和 13.87%，耕地面积比例锐减至 1.16%。Zhang 等（2018）在对陕西吴起县的研究中发现，1995—2010 年吴起县因实施了退耕还林工程，使得境内土地利用结构发生较大变化，其中最为明显的就是耕地减少和林草地面积增加。16 年间，共有 787.52km² 耕地转为林地和草地，其中退耕还林面积为 745.95km²，退耕还草面积为 41.57km²，林地面积增长率为 114.17%。邓元杰等（2020）对陕北地区退耕还林工程实施前后的土地利用变化进行对比分析后发现，以 2000 年为分界点，区内耕地、林地和草地在工程实施后的变化相比于工程实施前更为活跃，变化程度更为剧烈，耕地、林地和草地的动态度由工程实施前的 4.84%、12.02%、16.36% 分别变成了工程实施后的 −69.77%、57.68%、28.38%，工程实施共使陕北地区耕地减少了 297 066hm²，其中 288 179hm² 耕地转化为了草地。在此基础上，部分学者还对不同地区退耕还林还草的坡度分布范围作了探究。Hu 等（2019）在对广西的研究中发现，在退耕还林工程作用下，耕地向林地转变明显，且主要集中在 15° 以上坡度范围内。Yin 等（2018）在对内蒙古的研究中发现，退耕还林工程是促使林草面积增长的重要原因，耕地转换为林地主要集中在坡度 15°～20° 范围内，而耕地转换为草地主要集中在坡度大于 10° 范围内。Chao 等（2017）在对宁夏固原市的研究中发现，退耕还林工程有效地促进了植被恢复，2000—2013 年大面积耕地转变为了林地和草地，且主要集中在坡度 8°～25° 范围内。Deng 等（2022b）在对黄土高原的研究中发现，6°～25° 坡度范围是黄土高原地区实施退耕还林的核心区域，在此范围内，耕地转化为林地和草地的面积占流转耕地总面积的 60% 以上。

（2）植被覆盖度变化

从植被覆盖度的变化来看，随着林草地面积的增加，植被覆盖度也相应得到了提升。首先，在全国层面上，Tang 等（2019）在研究中指出，退耕还林工程的有效实施是促使全国植被覆盖度增加的重要原因。Cai 等（2022）的研究表明，2000—2020 年，在西北和西南地区由实施退耕还林工程带来的植被改善面积比例分别为 82.78% 和 59.86%。Song 等（2022）则进一步量化了退耕还林工程和气候变化对全国植被覆盖度变化的相对贡献。研究表明，从全国整体来看，退耕还林工程对植被覆盖度增加的贡献率大于气候变化的贡献率，但它们的相对作用在地理上有着较大差距。在北方和中南地区退耕还林工程是促进植被覆盖度增加的主导因素，而气候变化（气温和降水量）则是促进西南和东北地区植被覆盖度增加的主导因素。其次，在区域层面上，Li 等（2015）

以陕甘宁地区为例，研究发现，在退耕还林工程实施 15 年后，区域内植被覆盖度显著增加，植被绿化带逐年向西北方向扩大延伸，植被覆盖度较低地区面积则在逐年缩小。胡春艳等（2016）在对甘肃的研究中指出，2000—2015 年甘肃植被覆盖度总体呈改善态势，由退耕还林面积与植被覆盖度变化的相关性分析表明，退耕还林工程实施有效促进了植被覆盖度的提升。赵桔超等（2019）在对西双版纳归一化植被指数（NDVI）变化进行分析后得到，以退耕还林为主的生态工程实施是促进区域内 NDVI 增长的主要原因，且在海拔 720～870m、坡度 13°～16°范围内增长最为显著。Cui 等（2018）在对长江流域 NDVI 时空变化的研究中指出，退耕还林工程实施对长江流域北部、东部和西部地区的 NDVI 增加具有正向影响。邓元杰等（2020）则进一步研究指出，长江流域上游 NDVI 提升区域主要集中在坡度 8°～25°范围内，并认为退耕还林工程是促进 NDVI 增加的显著原因。Zhao 等（2017）的研究表明，退耕还林工程使黄土高原 NDVI 得到了有效提升，1998—2013 年 NDVI 与退耕还林累计面积存在较强的相关性。Li 等（2019）在研究中同样证实了黄土高原 NDVI 在退耕还林工程实施后得到了显著提升，并认为气候暖湿化对工程实施后的植被恢复起到了积极的促进作用。郭永强等（2019）进一步借助累积量斜率法对引起黄土高原植被覆盖度变化的气候和人为因素进行了定量分析，结果表明，黄土高原植被覆盖度变化受气候和人为因素共同影响，以 1987—1999 年为基准期，气候变化和人类活动对黄土高原 2000—2015 年植被覆盖度变化的相对贡献率分别为 23.77%、76.23%，在人类活动中以城镇化扩张为首的社会经济活动是导致黄土高原植被覆盖度减少的主要原因，而以退耕还林工程为首的生态工程建设则是促进植被覆盖度增加的主要原因。

（3）水土流失变化

从水土流失变化来看，遏制水土流失、减少土壤侵蚀是退耕还林工程实施的初心。无论是林草地面积增加还是植被覆盖度增加，其最终目的都是遏制水土流失和减少土壤侵蚀。马良（2020）通过研究三峡库区退耕还林小流域土壤侵蚀发现，小流域在退耕还林工程实施后土壤侵蚀得到基本控制，年平均侵蚀模数为 260.24t/(km² · 年)，较退耕还林前减少了 87.3%，侵蚀强度达到微度侵蚀水平。Yang 和 Lu（2018）以黄土高原延河流域为例，使用 SWAT 模型评估了退耕还林工程对减少水土流失的效果，结果表明，2000—2015 年退耕还林工程实施使延河流域水土流失减少了 50.7%。王晓彤等（2020）对榆神府矿区典型坝控小流域退耕还林工程实施之前和之后 20 年间的土壤侵蚀情况进行了分析，结果表明退耕还林工程有效防控了坡面水土流失，小流域侵蚀产沙强度呈明显减弱趋势。刘文超等（2019）在陕北地区的研究表明，退耕还林工程实施后使土壤侵蚀量减少了 47.08%，其中耕地转为林地对土壤侵蚀减少的贡献率为43.91%,耕地转为草地对土壤侵蚀减少的贡献率为48.51%。Yan等(2018)在对北洛河流域的研究中指出,2010年流域内在实施退耕还林工程后的水土流失量相比于2000年工程实施前减少了60.1%,且主要是由退耕还林工程引起的耕地减少和林草地面积增加所致。Zhao等(2020)在对黄河流域中游的研究中指出,退耕还林工程实施使区域内土壤侵蚀面积比例由41.8%下降至26.7%,大部分地区土壤侵蚀强度得到了减弱,并进一步从县级层面验证了土壤侵蚀与黄土高原县级平均植被覆盖度之间存在着显著负相关。陈浩(2019)在研究中指出,在退耕还林工程实施后,北洛河上游流域年均土壤侵蚀模数较工程实施前下降了62.1%,其中退耕还林工程对流域土壤侵蚀减少的贡献率高达85%。杨廷锋等(2017)在对贵州的研究中指出,虽然退耕还林工程使贵州水土流失情况得到了有效遏制,但降雨对土壤侵蚀的影响仍然十分显著,说明当前退耕还林工程在贵州的实施对减少土壤侵蚀的能力还有待加强。周璐红等(2022)在对延安市的土壤侵蚀状况进行评估后发现,在退耕还林工程实施后延安市土壤侵蚀面积和强度均呈下降态势,但子长市、延川县和延长县等东部区域还存在剧烈侵蚀,沿黄河流域的县(市、区)是目前防范治理的优先区域,影响研究区域土壤侵蚀空间格局分布的主控因素是植被覆盖度,未来还需继续实施退耕还林工程。

(4)生态系统服务变化

退耕还林工程的根本目的是改善生态环境,即提升生态系统服务功能。首先,退耕还林工程的初心是遏制水土流失,而水土流失的减少则意味着生态系统土壤保持服务的增加。徐省超等(2021)的研究表明,2000—2018年退耕还林工程使渭河流域土壤保持总量和单位面积土壤保持量分别增加了563.33万t、0.41t/hm²。胡晓倩等(2020)对南方红壤丘陵区的研究表明,2000—2015年区域内退耕还林还草面积约为2 052.61km²,由此使土壤保持总量和单位面积土壤保持量分别增加了9.18×10^8 t、447 327.54t/km²。Kong等(2018)对长江流域的研究表明,2000—2015年长江流域土壤保持总量在退耕还林工程实施后增加了60 000万t,长江流域上游对此贡献率最大,达83.9%。王森等(2019)对延安市退耕还林工程实施前后的土壤保持情况进行了研究,结果表明,在退耕还林工程取得巨大成效的推动下,延安市土壤保持总量增加了0.78亿t,且土壤保持量呈东北向西南增加态势。其次,退耕还林工程所引发的大规模植树造林活动,还使其他生态系统服务得到了增加。在碳储量方面,邓元杰等(2020)的研究表明,退耕还林还草工程实施显著提升了陆地生态系统碳储存服务,碳储量由2000年的39.19×10^6 t增长至2017年的42.34×10^6 t,增加量主要集中在工程实施主要阶段(2000—2008年)。Lu等(2018)研究了2001—2010年我国国家生态修复工程对碳汇的影响,结果表明，退耕还林工程为我国生态系统贡献了 19 850 万 t 碳汇，为贡献碳汇最多的生态修复工程。在生物多样性方面，Hua 等（2016）在研究中指出，采用混交林模式的退耕还林将会有助于鸟类生物多样性的增加，但采用单一栽培模式的退耕还林将会对鸟类生物多样性造成损害。谢怡凡等（2020）在研究中指出，随着延安市大面积的耕地转为林地和草地，延安市平均生境指数由 2000 年的 0.69 增加至 2015 年的 0.71，这将利于境内生物多样性的增加。在水源涵养方面，蒙吉军（2019）在研究中指出，退耕还林工程使黑河中游单位面积水源涵养增加了 8.87mm/m²。Wang 等（2019）在研究中指出，石羊河流域在退耕还林工程实施后，流域内平均水源涵养量和水源涵养总量分别增加了 1.09mm/年和 $0.44 \times 10^8 \mathrm{m}^3$/年。在水质净化方面，田一辰（2020）在研究中指出，退耕还林工程使辽宁东部区域水源氮输出浓度由 2000 年的 5.7mg/L 下降至 2015 年的 0.2mg/L，从严重超标变为至符合 I 类水质标准。黄玥（2019）对三峡库区兰陵溪小流域退耕还林前后生态系统服务变化进行研究后得出，退耕还林后流域内水质净化能力整体得到提升，2017 年单位面积氮、磷输出较 1999 年分别下降了 29.69%、46.88%。

1.3.2 退耕还林工程的生态效率评价研究

通过对退耕还林工程的生态效果评价研究可得，退耕还林工程取得了显著的生态效果，由此使生态环境得到了巨大改善。如果仅从退耕还林工程所取得的"效果"来看，退耕还林工程毋庸置疑地取得了巨大成功。同样毋庸置疑，在取得的巨大成功背后，是中央政府在人力、物力和财力方面的大量投入[①]。虽然较少有学者从"效率"的角度出发，对退耕还林工程在生态方面的投入产出情况进行关注，但还是有部分学者从以下两方面对退耕还林工程生态效率进行了评价。

（1）成本—效益分析法

Uchida 等（2005）基于从贵州和宁夏两个省份获得的农户调查数据，从"成本—效益"角度分析了退耕还林工程对水土流失治理的影响。结果表明，虽然退耕还林工程实施有效地遏制了水土流失，但由于政府对农户退耕地的补偿没能准确反映出每块地的机会成本差异，导致退耕还林工程生态效率较低。Wang 等（2007）同样基于农户调查数据，从"成本—效益"角度考察了退耕还林工程对陆地碳汇的影响。研究发现退耕还林工程实施虽有效增加了陆地碳汇，但在退耕还林工程实施中忽略了土地生产力和环境异质性，导致退耕还林

---

① 2020 年国家林业和草原局发布的《中国退耕还林还草二十年（1999—2019）》白皮书显示，20 年来中央财政累计投入 5 174 亿元，实施退耕还林还草 5.15 亿亩，共有 4 100 万农户参与其中。

工程生态效率较低。Chen 等（2010）在研究中不仅证实了 Wang 的结论，而且进一步指出，在退耕还林工程实施中对退耕机会成本和环境效益空间异质性的忽略是导致退耕还林工程生态效率低下的另一个重要原因。考虑到从微观农户或地块视角出发得到的研究结论难以用于指导在全国大规模开展的退耕还林工程，周莉等（2009）从县域视角出发，以退耕还林工程财政支出为投入，以水土保持和水源涵养两项生态效益为产出，运用成本—效益分析法对四川南江县的退耕还林工程生态效率进行了评价。结果表明，工程的实施不仅符合既定目标，而且可行且有效率，工程的边际生态效益远高于其边际社会成本。Xian 等（2020）从省域视角出发，运用成本—效益分析法对我国各省域退耕还林工程生态效率进行了评价。研究发现，退耕还林工程在实际执行中规划不合理导致在本该种植灌木和草的区域种植树木（如青海和西藏），没有因地制宜选择合适树种导致树木成活率低（如新疆），从而使得退耕还林工程生态效果较差，并由此导致退耕还林工程生态效率较低。Ning 等（2021）从市域视角出发，以土地利用、气象等遥感数据为基础，运用 GIS 技术对延安市 2000—2015 年各县（市、区）退耕还林工程生态效果进行了评价，并运用成本—效益分析法对各县（市、区）退耕还林工程生态效率进行了评价。研究表明，退耕还林工程实施使延安市平均土壤侵蚀由 4 884.49t/年减少到 4 087.57t/年，但各县（市、区）退耕还林工程的投入产出却呈反比例关系。分析其原因，退耕还林工程规划实施不合理，致使工程投入与土壤侵蚀减少潜力在空间上存在错配性，最终导致退耕还林工程生态效率偏低。进一步，张单和石春娜不仅关注到了这一问题，还基于成本—效益分析法就如何提高退耕还林工程生态效率提出了不同的优化方案。具体而言，张单（2016）从流域视角出发，以坡度为基准，以水源涵养为目标，借助 GIS 技术在渭河流域内设立了不同的退耕还林情景，再运用成本—效益分析法对不同情景下的工程投入和水源涵养产出进行了分析。结果表明，渭河流域在未来执行退耕还林工程时，应将坡度在 10°以上的耕地全部用于退耕还林，此时流域内的退耕还林工程生态效率将达到最优。而石春娜等（2017）则从区域视角出发，以黄土高原地区为例，基于从退耕还林工程成本、生态效益两方面构建的评价指标体系，采用 CRA-TOPSIS 方法有效识别了预期工程效益大、成本低的地区，研究结论可为提高退耕还林工程生态效率提供直接、有效的指导。

（2）计量模型法

鲁亚楠（2020）运用最小二乘虚拟变量法考察了云南退耕还林工程财政支出对森林碳汇的影响，结果表明，若不考虑森林初始禀赋的影响，会高估各县的退耕还林工程生态效率，甚至可能导致退耕还林工程财政支出对森林碳汇的影响为负。朱玉鑫（2021）以退耕还林工程财政资金为投入，以植被覆盖度为产出，再将自然和社会经济因子纳入研究框架，运用面板固定效应模型测算了2000—2017年贵州各县域的退耕还林工程生态效率。结果表明，贵州非石漠化地区的工程生态效率高于石漠化地区，重点开发区的工程生态效率高于重点生态功能区和农产品主产区。从退耕还林工程生态效率的影响因素来看，国内生产总值（GDP）和降雨对工程生态效率的影响为负，气温对工程生态效率的影响为正。Ding 和 Yao（2021）将退耕还林工程资金作为投入，NDVI 作为产出，在纳入自然和社会经济因子后，运用面板固定效应模型对 2000—2015 年陕西退耕还林工程生态效率及其影响因素进行了测算和探究。结果表明，从流域分区来看，陕西黄河流域地区的退耕还林工程生态效率高于长江流域地区的退耕还林工程生态效率；从自然地理分区来看，关中平原的退耕还林工程生态效率最高，其次为陕北黄土高原，陕南山区的退耕还林工程生态效率最低；从县域尺度来看，陕西县域退耕还林工程生态效率整体呈"中间高、两端低"的分布格局。从影响因素来看，气温和降水量对退耕还林工程生态效率的影响为正，人口密度对工程生态效率的影响为负，风速和日照对工程生态效率的影响不显著。进一步，Liu 和 Yao（2021）在 Ding 的研究基础上，通过引入面板门槛模型，重点探究了降水量对退耕还林工程生态效率的影响。结果发现，当地区降水量在 415~817mm 时，区域内退耕还林工程生态效率较高；当地区降水量小于 415mm 或大于 817mm 时，区域内退耕还林工程生态效率较低。Zhang 等（2021）将陕西志丹县和吴起县作为研究区，以通过遥感解译获得的退耕还林面积为投入，以植被覆盖度为产出，对两县村级尺度的退耕还林工程生态效率进行了测算，并使用地理加权回归模型探究了工程生态效率的影响因素。结果表明退耕还林工程生态效率在村级尺度存在着显著的空间差异，而退耕还林工程投入与当地自然资源禀赋之间的空间不匹配是导致工程生态效率低下的重要原因。

1.3.3　文献评述

现有文献在对退耕还林工程生态效果研究方面已经开展了大量的工作并得到了丰富的研究结论，在对退耕还林工程生态效率研究方面也已经开展了少量工作并得到了一定的研究结论，为本书研究的开展提供了重要的启示与借鉴。但通过对现有文献进行梳理发现，现有研究仍存在以下几点亟待深化。

在退耕还林工程的生态效果评价上，现有文献已经围绕土地利用、植被覆盖度、水土流失及生态系统服务四个方面对退耕还林工程生态效果开展了大量的评价研究，得到的结论均表明退耕还林工程实施取得了显著的生态效果，并由此促使生态环境得到了巨大改善，但仍存在以下不足。首先，现有文献多将区域退耕还林工程实施前后或有无工程实施的生态效果差异归因于工程实施所得，这种方法虽然在一定程度上反映了由退耕还林工程实施所带来的效应大小，但其本质上是一种定性或半定量的评价方法，容易使评价结果产生强烈的偏差（Zhou et al.，2021）。其次，Ferraro 和 Hanauer（2014）在研究中指出，当生态补偿项目嵌入复杂的社会生态系统后，其产生的结果通常是多种因素通过各种因果途径相互作用的结果。Yin 和 Zhao（2012）、韩新辉（2008）则在研究中更加明确地指出，退耕还林工程是一项涉及自然和社会的复杂系统工程，决定了退耕还林工程对区域生态环境的改善，是工程实施、自然条件和社会经济三方面共同作用的结果。因此在对退耕还林工程生态效果进行评价时，必须考虑自然条件、社会经济和工程本身对生态环境的影响。虽有部分学者试图在探究生态环境改善的计量回归中纳入自然条件、社会经济和退耕还林工程解决这一问题，但传统的计量回归方法并不能解决内生性问题（崔宝玉等，2016），且未考虑生态环境变化自身可能存在的时间趋势，导致对退耕还林工程生态效果的评价有偏与粗糙，仍无法得到退耕还林工程对生态环境改善的净效应。

在退耕还林工程的生态效率评价上，现有文献仍存在以下几点不足。首先，在评价方法上，现有文献多采用成本—效益分析法对工程生态效率作出评价。该方法虽然简单直接，但仅适用于单投入、单产出情形，本质上只是衡量了退耕投入与退耕收益之间的一个比例关系，严格讲不能反映不同投入指标分配变化引起的效率变化（Wang et al.，2019），且不能给予决策者选择上的弹性和最优的比率集合（Neto et al.，2009）。虽然部分文献使用计量模型在一定程度上弥补了成本—效益分析法的不足，但结果也仅能反映退耕还林工程投入与产出之间关系的方向和强度。并且通过计量模型测算的效率一般属于参数方法，依赖于生产函数的选择，难以解决多投入多产出的效率计算（吴琦等，2009）。其次，在测算工程生态效率的指标选取上，现有文献多将退耕还林工程的财政资金作为投入，而忽略了土地、劳动力等其他要素。在产出指标选取上，常把植被覆盖度或 NDVI 作为产出指标，而忽略了退耕还林工程的初衷是遏制水土流失和增加生态系统服务。虽然有少部分文献注意到了这一问题，开始将生态系统服务作为测算退耕还林工程生态效率的产出指标，但是它们混淆了生态系统服务的存量和增量关系，忘记了经济学应从边际角度去研究问题。在选择评价退耕还林工程生态效率的产出指标时，应重点关注生态系统在实施退耕还林工程后，由保护、扩大、增强某些或所有生态系统及其功能的边际收益（Zhang and Pearse，2011），即应将退耕还林工程实施后的生态系统服务增量作为评价退耕还林工程生态效率的产出指标。再次，退耕还林工程作为一项林业生态工程，其产出相对于投入而言存在一定的滞后性（Amacher et al.，2009），而现有文献大多没有对这一重要问题进行考虑。最后，在研究尺度上，部分文献对退耕还林工程生态效率的评价多集中在微观尺度，如村级或小流域，这使得研究结论难以被用于指导退耕还林工程这样大规模、大范围施行的林业生态工程（王怡菲，2019）。虽然有研究进一步从省域尺度出发对退耕还林工程生态效率进行了评价，但考虑到各省份内存在的较大异质性，得到的结论将难以为政府决策者提供具有差异化的政策建议（Deng et al.，2022a）。

1.4 研究思路与研究内容

1.4.1 研究思路

本书沿着"黄土高原退耕还林工程实施概况→退耕还林工程的生态效果评价→退耕还林工程生态效果的影响因素分析→退耕还林工程的生态效率测算→退耕还林工程生态效率的影响因素分析"这一逻辑推演路径对黄土高原退耕还林工程生态绩效展开评价研究。第一，通过文献梳理与评述，明确评价退耕还林工程生态绩效的必要性与重要性；第二，明确退耕还林工程、生态绩效、生态效果等重要概念，并以经济学、生态学等相关理论为基础，为开展退耕还林工程生态绩效的评价研究奠定理论基础，并在此基础上建立退耕还林工程生态绩效评价总体研究框架；第三，在对黄土高原自然环境和社会经济情况进行阐述的基础上，对黄土高原退耕还林工程的实施现状进行描述，紧接着借助自然科学中的生物物理模型与GIS技术对黄土高原退耕还林工程的生态效果进行评价；第四，基于计量经济学等相关模型对黄土高原退耕还林工程生态效果的影响因素进行分析；第五，对退耕还林工程的生态效率进行测算，对退耕还林工程生态效率的影响因素进行分析；第六，通过全面系统的研究分析，为巩固完善黄土高原退耕还林工程所取得的生态效果提供相关政策建议，为全国乃至全世界正在实施或即将实施的其他生态保护修复工程提供政策启示。

1.4.2 研究内容

围绕研究思路，本书具体的研究内容共分为7章，具体如下所示。

第1章，导论。第一，在查阅政策文件和阅读有关退耕还林工程文献资料的基础上，详述了选题现实依据与理论背景，并由此提出了所要解决的科学问题，再针对所提出的科学问题给出了研究目的和意义。第二，通过系统综述国内外学界在退耕还林工程生态绩效评价上的既有成果，对已有研究存在的不足进行了深入剖析。第三，在明晰研究思路、厘清研究内容的前提下，简述了开展研究所需的实证方法，并描述了研究技术路线。第四，对本书的创新之处进行了阐述。第五，对黄土高原范围进行了界定，对黄土高原退耕还林工程实施现状进行了统计描述。

第 2 章，概念界定、理论基础与研究框架。首先，界定与说明本书涉及的退耕还林工程、生态绩效等核心概念。其次，阐述所依据的经济学、管理学、生态学等关键理论。最后，依据上述核心概念和相关理论，构建了黄土高原退耕还林工程生态绩效评价的研究框架，为后续的实证研究奠定了理论依据。

第 3 章，黄土高原退耕还林工程的生态效果评价。从退耕还林工程生态效果的植被覆盖度和生态系统服务两方面出发，基于多源遥感数据，在 GIS 技术支持下，运用像元二分法、RUSLE 等生物物理模型对 2000—2018 年黄土高原的植被覆盖度、土壤侵蚀以及生态系统服务进行了计算，并在此基础上，就三者的时空变化及其对坡度的响应进行了深入分析。

第 4 章，黄土高原退耕还林工程生态效果的影响因素分析。基于反事实框架，将退耕还林工程实施看作一项准自然实验，基于 1990—2018 年黄土高原258 个县域的面板数据，运用多期 DID 模型从植被覆盖度和生态系统服务两方面分析了黄土高原退耕还林工程生态效果的影响因素，探究了退耕还林工程实施对生态效果的净效应。同时，为了确保基准回归结果的可靠性，采用平行趋势检验、PSM-DID 方法等多种形式对基准回归结果进行了稳健性检验。最后，基于黄土高原气候分区，对不同气候分区下的退耕还林工程生态效果影响因素进行了异质性分析。

第 5 章，黄土高原退耕还林工程的生态效率测算。基于构建的退耕还林工程生态效率评价指标体系，首先运用 DEA-BCC 模型从多投入多产出视角对2002—2015 年黄土高原退耕还林工程生态效率进行了测算。其次，运用核密度估计法分析了退耕还林工程生态效率的时间演变特征。再次，使用重心转移和标准差椭圆两种方法度量了黄土高原退耕还林工程生态效率的空间分布特征。然后，运用 ESDA 法探究了黄土高原各县域退耕还林工程生态效率在空间上的关联情况以及集聚特征。最后，对黄土高原退耕还林工程生态效果与生态效率之间的关系进行了分析。

第 6 章，黄土高原退耕还林工程生态效率的影响因素分析。从可控因素和不可控因素两方面对影响黄土高原退耕还林工程生态效率的原因进行了探究。在可控因素方面，基于使用 DEA-BCC 模型对退耕还林工程生态效率的计算结果，从投入冗余和产出不足两个视角对影响黄土高原退耕还林工程生态效率的可控因素进行了分析。在不可控因素方面，运用 Tobit 模型对影响黄土高原及其气候分区的退耕还林工程生态效率影响因素进行了分析。同时，为了确保基准回归结果的可靠性，采用了替换自变量、稳健 OLS 估计等方法对基准回归结果进行了稳健性检验。

第 7 章，研究结论、建议与展望。首先，对各章节得出的研究结论进行提炼、归纳与总结，形成了最终的研究结论。其次，紧扣研究结果与结论提出了针对性的政策建议。最后，指出了本书尚存在的不足以及未来还需继续探索的研究方向。

1.4.3 技术路线

本书的技术路线具体如图 1-1 所示。

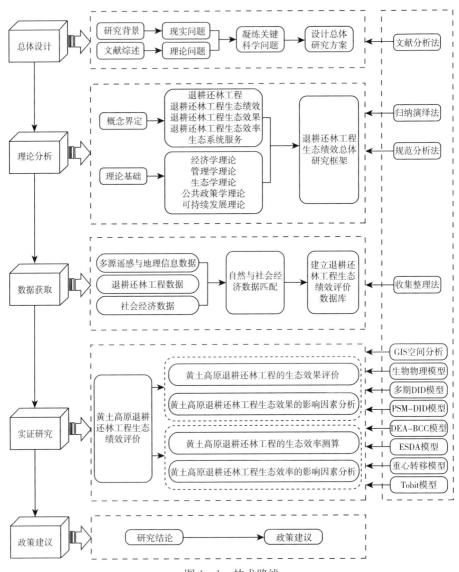

图 1-1 技术路线

1.5　研究方法与数据来源

1.5.1　研究方法

本书采用实证分析和规范分析相结合的方法对黄土高原退耕还林工程生态绩效进行了评价研究。在研究过程中，具体采用的研究方法包括文献分析法、空间统计分析法、生物物理模型法和数理模型分析法。各研究方法的具体应用如下。

（1）文献分析法

通过对既有文献和相关政策文件的分析，明晰了退耕还林工程生态绩效评价的现实背景。再通过收集与整理退耕还林工程生态效果评价和退耕还林工程生态效率测算的相关文献，明确了当前在退耕还林工程生态绩效评价中亟待解决的科学问题。同时，还梳理了与退耕还林工程密切相关的多学科理论，构建了退耕还林工程生态绩效评价的总体研究框架，为后续实证研究的开展奠定了坚实的理论基础。文献分析法将用在本书的第 1 章和第 2 章中。

（2）空间统计分析法

本书使用的空间统计分析法均通过 GIS 操作平台实现。首先，对研究区域植被覆盖度和生态系统服务变化情况进行了统计，并详细分析了它们变化的空间特征和规律。其次，研究中涉及的空间查询与量算、栅格计算、空间插值、空间统计、叠加分析、空间聚类以及综合制图等均充分运用了 GIS 在空间数据处理、分析和可视化表达上的能力。最后，基于第 3 章计算获得的植被覆盖度和各项生态系统服务数据，基于气候、土壤等自然遥感数据，运用 GIS 强大的空间统计功能，统计得到了黄土高原各县域所对应的生态效果和自然遥感数据，实现了自然数据与社会经济数据的融合。本书所使用的 GIS 操作平台为美国环境系统研究所（ESRI）公司出品的 ArcGIS 软件。空间统计分析法在本书的第 3 章到第 7 章中均有使用。

（3）生物物理模型法

本书所使用的生物物理模型能够在综合考虑气候、土壤、植被等生物物理要素的前提下，将能量、水分以及碳氮过程进行耦合，进而模拟出生态系统的真实变化。本书基于植被光合作用，利用植被净初级生产力数据计算获得了生态系统的植被碳汇量；基于气候、土壤、地形、植被等要素，运用修正的通用土壤流失方程（revised universal soil loss equation，RUSLE）计算获得了生态系统的土壤侵蚀模数和土壤保持量；基于植被净初级生产力、地形、气候等要素，计算获得了生态系统在水源涵养服务和生物多样性维护方面的能力指数。生物物理模型将用在第 4 章中。

（4）数理模型分析法

本书所使用的数理模型主要包括计量经济模型、空间统计模型和线性规划模型。首先，使用计量经济模型中的多期 DID 模型对退耕还林工程的生态效果影响因素进行了分析，还在此基础上使用倾向匹配得分—双重差分法对基准回归结果进行了检验；其次，使用线性规划模型中的 DEA-BCC 模型对退耕还林工程的生态效率进行了测算，并在此基础上分解得到了影响生态效率高低的投入冗余和产出不足值；然后，使用空间统计模型中的标准差椭圆、重心转移、全局莫然指数等方法对退耕还林工程生态效率的空间分布及集聚特征进行了分析；最后，使用计量经济模型中的 Tobit 模型探究了退耕还林工程生态效率的影响因素。数理模型将用于本书的第 5 章到第 7 章中。

1.5.2　数据来源

本书的数据来源主要包括四大类。第一类为退耕还林工程数据，主要来源于国家林业和草原局中南调查规划院。第二类为多源遥感和地理信息数据，多源遥感数据中主要包括土地利用、地形海拔、气候、土壤等，地理信息数据主要包括行政区划边界与河流等基础信息，这类数据主要获取自国内外各大权威的数据资源共享平台，如中国气象数据网、国家地球系统科学数据中心、国家基础地理信息中心等。第三类为社会经济数据，主要来源于国家和地方统计局公布的各类统计年鉴，还有部分数据申请自国家科技基础条件平台下的黄土高原科学数据中心。第四类数据为本书通过计算获得的数据，如在第 5 章中用于测算退耕还林工程生态效率的产出数据，就来源于第 3 章使用生物物理模型计算得到的各项生态系统服务数据。在第 4 章到第 6 章的数据来源部分对上述四类数据的具体信息及其来源出处进行了详细说明。

1.6　研究创新

随着"双碳"目标愿景提出，我国已明确指出，要在未来实施生态保护修复工程，深入推进大规模国土绿化行动，为实现碳中和目标贡献生态力量。在此背景下，退耕还林工程作为世界上最大的修复工程，对其生态绩效进行评价研究，能为"双碳"目标愿景下即将实施的生态保护修复工程提供宝贵的经验借鉴和理论参考。然而，自退耕还林工程实施以来，现有研究多聚焦在对其生态效果的评价上，忽略了对其生态效率的测算和对其影响因素的分析。与此同时，现有研究在对退耕还林工程生态效果的评价中，尚未得到退耕还林工程对生态效果影响的净效应。而构建退耕还林工程生态绩效评价框架，测算退耕还林工程生态效率，明晰退耕还林工程对生态效果影响的净效应正是本书的研究目的。基于该目标，本书的创新之处在于以下几方面。

（1）从生态效果与生态效率两个维度，构建了退耕还林工程生态绩效评价研究总体框架。退耕还林工程作为一项生态修复工程和林业生态工程，目前国内外在对其生态绩效评价研究方面尚属空白。为此，本书立足于退耕还林工程，构建了"生态效果评价—生态效果影响因素分析—生态效率测算—生态效率影响因素分析"这一逻辑框架。并基于此框架，在凝练出科学问题的基础上，有针对性地制定了相应的研究内容和解决方法。这不仅能填补国内外在退耕还林工程研究中的空白，丰富退耕还林工程已有研究内容，更能在未来为其他生态修复工程或林业生态工程的生态绩效评价研究提供借鉴和参考。

（2）基于多源遥感数据，借助生物物理模型，运用 GIS 技术实现了对 2000—2018 年黄土高原植被覆盖度和生态系统服务的计算，并将 2000 年作为退耕还林工程实施基期，从植被覆盖度和生态系统服务两方面对黄土高原退耕还林工程的生态效果进行了全面系统的评价。相比于以往通过收集统计年鉴数据构建生态效果评价指标体系或采取微观调研的方法来完成对退耕还林工程生态效果的评价，本书基于多源遥感数据和 GIS 技术，能更科学客观和系统全面地对退耕还林工程生态效果进行评价。此外，基于上述计算获得的生态效果数据以及其他的气象、土壤等自然遥感数据，使用 GIS 操作平台，提取得到了黄土高原各县域所对应的生态效果和自然数据，实现了生态效果数据、自然数据与社会经济数据的匹配，而匹配后的数据将被用于对退耕还林工程生态效果影响因素的分析以及对退耕还林工程生态效率和影响因素的测算与分析中。这保证并提高了对退耕还林工程生态绩效评价的客观性与准确性，有利于推动自然与人文学科的交叉融合。

（3）基于反事实框架，将退耕还林工程看作一项准自然实验，采用多期 DID 模型明晰了退耕还林工程对生态效果的净效应。结果表明，仅考虑退耕还林工程对植被覆盖度和生态系统服务的影响，退耕还林工程实施能促使植被覆盖度和植被 NPP 分别提升 16.71% 和 10.52%；在综合考虑了退耕还林工程、自然条件和社会经济因素的影响后，退耕还林工程实施仍能使植被覆盖度和植被 NPP 分别提升 15.78% 和 9.68%。这不仅弥补了现有研究在工程生态效果评价中的不足，减小了评价偏差，使评价结果更为客观科学，而且拓展了工程生态效果评价视角，为今后其他生态修复工程或林业生态工程的生态效果评价提供了新思路。

（4）从多投入多产出视角构建了退耕还林工程生态效率评价指标体系，率先使用 DEA-BCC 模型对退耕还林工程生态效率进行了测算，填补了国内外对退耕还林工程生态效率研究的空白，丰富了退耕还林工程已有研究内容。结果表明，2002—2015 年黄土高原退耕还林工程生态效率均值仅为 0.492，退耕还林工程生态效率整体处于较低水平。同时，运用核密度估计对退耕还林工程生态效率的时间演进趋势进行了刻画，再从县域视角出发，对黄土高原退耕还林工程生态效率的空间分布格局和空间关联特征进行了分析。在对退耕还林工程生态效率测算的基础上，拓展了对退耕还林工程生态效率的研究。此外，首次对退耕还林工程生态效果与生态效率之间的关系进行了分析，发现黄土高原退耕还林工程生态效果与生态效率之间存在不匹配的现象。并拓展和丰富了退耕还林工程生态绩效研究，为今后其他生态修复工程或林业生态工程的生态绩效评估提供了新思路。

（5）基于 DEA-Tobit 两阶段模型，从可控和不可控因素两方面对影响黄土高原退耕还林工程生态效率的原因进行了探究。在可控因素方面，基于使用 DEA-BCC 模型对退耕工程生态效率的计算结果，从投入冗余和产出不足两方面对影响退耕还林工程生态效率高低的原因进行了分析。在不可控因素方面，基于选取的自然条件和社会经济因素，运用 Tobit 模型探究了各因素对黄土高原退耕还林工程生态效率的影响方向和程度。这不仅填补了国内外对退耕还林工程生态效率影响因素研究的空白，丰富了退耕还林工程已有研究内容，而且为今后其他生态修复工程或林业生态工程的生态效率影响因素分析提供了新思路。

1.7 黄土高原退耕还林工程实施概况

1.7.1 范围界定

20 世纪下半叶，我国众多学者都在研究中对黄土高原空间分布范围进行了界定，但因在学科背景、学术观点以及考察研究目的上存在差异，所以在对黄土高原空间分布范围的界定上各不相同。本书在查阅相关文献后发现，当前无论是学术界还是政府部门，多采用 20 世纪 80 年代中国科学院黄土高原综合科学考察队所公布的黄土高原空间范围（李锐等，2008）：地理位置介于北纬 33°43′—41°16′和东经 100°54′—114°33′，包括太行山以西、日月山—贺兰山以东、秦岭以北和阴山以南广大地区，面积约 64 万 km²，约占全国陆地总面积的 6.67%。进一步，在 2010 年国家发展改革委同水利部、农业部、国家林业局组织编制的《黄土高原地区综合治理规划大纲（2010—2030 年）》（简称《大纲》）中明确了黄土高原地区所涉及的行政范围。在行政区划上，黄土高原共涉及山西、陕西、内蒙古、青海、河南、甘肃和宁夏 7 个省份的全部或部分地区。其中，山西包括太原市、大同市、阳泉市等 11 市 117 个县（市、区），陕西包括延安市、榆林市、铜川市等 7 市 77 个县（市、区），内蒙古包括呼和浩特市、包头市等 6 市 37 个县（区、旗），青海包括西宁市、海东市等 5 市

（州）17 个县（市、区），河南包括郑州市、洛阳市等 4 市 22 个县（市、区），甘肃包括兰州市、白银市等 7 市（州）49 个县（市、区），宁夏包括银川市、石嘴山市等 5 市 22 个县（市、区）。

1.7.2　退耕还林工程实施概况

1.7.2.1　实施历程

全国于 1999 年在四川、甘肃和陕西 3 个省份率先开展了退耕还林工程试点工作，其中涉及的黄土高原地区包括甘肃和陕西的 14 个地级市 112 个县（市、区）。其后到 2002 年，国务院正式决定在全国 25 个省（自治区、直辖市）及新疆生产建设兵团开始全面实施退耕还林工程，其中涉及的黄土高原地区包括青海、内蒙古、宁夏、山西和河南 5 个省份 31 个地级市 202 个县（市、区、旗），加上第一批退耕还林工程试点县（市、区），黄土高原地区在 2002 年后共有 45 个地级市 314 个县（市、区）参与退耕还林工程。

自黄土高原部分地区 1999 年开始试点实施退耕还林工程，到 2002 年几乎所有地区全面参与退耕还林工程至今，黄土高原地区共参与了两轮退耕还林工程。第一轮参与时间为 1999—2013 年，第二轮参与时间为 2014—2020 年。根据黄土高原退耕还林工程实施实际情况，大致可将黄土高原退耕还林工程实施划分为四个阶段：试点探索阶段（1999—2001 年）、全面实施阶段（2002—2006 年）、巩固完善阶段（2007—2013 年）和新一轮退耕还林工程实施阶段（2014—2020 年）。

1.7.2.2　造林与投资情况

（1）数据来源与说明

黄土高原退耕还林工程投资与造林情况分析的数据来源于国家林业和草原局中南调查规划院。1999—2013 年为第一轮退耕还林工程实施周期，但 2007 年根据国内外经济社会发展态势，为了确保国家粮食安全，坚守我国 18 亿亩耕地红线，中央决定暂停退耕还林工程，即从 2007 年开始中央已经全面停止了向各省份下达退耕还林计划（姚顺波等，2020）。然而，对退耕还林工程的投资没有停止，根据《国务院关于完善退耕还林政策的通知》（国发〔2007〕25 号）精神，中央决定从 2007 年开始对补助到期的退耕地延长一个补助周期，对退耕地种植生态林的延长补助 8 年，对退耕地种植经济林的延长补助 5 年。退耕还林工程也随即在 2007 年后进入巩固完善阶段，直到 2014 年中央开始启动新一轮的退耕还林工程。由于本书进行研究时新一轮退耕还林工程还未结束，各省份对新一轮退耕地的植树造林面积认定工作还未完成，因此仅获得了黄土高原地区 1999—2013 年第一轮退耕还林工程实施的造林和投资数据。其中，黄土高原地区退耕还林面积数据时间范围为 1999—2006 年，投资数据时间范围为 1999—2015 年。

（2）造林情况

由图 1-2 可得，1999—2015 年黄土高原地区累计退耕还林 1 134.31 万 hm²。分省份来看，陕西为累计退耕还林最多的省份，累计退耕还林 446.03 万 hm²，占黄土高原地区累计退耕还林总面积的 39.32％；甘肃和山西累计退耕还林面积分列第二、三位，其中甘肃累计退耕还林 196.32 万 hm²，山西累计退耕还林 194.79 万 hm²，两省累计退耕还林面积分别占黄土高原地区累计退耕还林总面积的 17.31％和 17.17％；黄土高原地区累计退耕还林较少的省份为青海和河南，两省累计退耕还林面积分别为 40.23 万 hm² 和 37.42 万 hm²，仅分别占黄土高原地区累计退耕还林总面积的 3.55％和 3.30％。从黄土高原各县域累计退耕还林面积的空间分布差异来看，累计退耕还林面积较多的县域主要集中分布在黄土高原中部地区的陕西各县（市、区）、西南部地区的甘肃和宁夏各县（市、区），以及北部地区的内蒙古各县（市、区、旗）。其中，陕西的吴起县、志丹县、安塞区、子长市、宝塔区和宁夏的彭阳县为累计退耕还林面积最多的县（市、区）。累计退耕还林面积较少的县域主要集中分布在黄土高原东部的山西全域县（市、区），尤其是山西南部县（市、区），以及黄土高原南部的陕西各县（市、区）、东南部的河南各县（市、区）、西部的青海和甘肃各县（市、区）、西北部的宁夏和内蒙古各县（市、区、旗）。

（3）投资情况

由图 1-3 可得，1999—2015 年黄土高原地区退耕还林累计投入资金638.51 亿元。分省份来看，陕西为退耕还林累计投入资金最多的省份，累计投入资金 191.07 亿元，占黄土高原地区退耕还林累计投入资金的 29.93％。甘肃和山西累计退耕还林面积分列第二、三位，其中甘肃累计投入资金126.81 亿元，山西累计投入资金 125.25 亿元，两省累计投入资金分别占黄土高原地区退耕还林累计投入资金的 19.86％和 19.62％。黄土高原地区退耕还

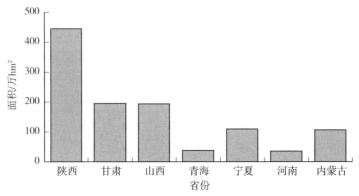

图 1-2　1999—2015 年黄土高原各省份累计退耕还林面积

林累计投入资金较少的省份为青海和河南，两省累计投入资金分别为 23.73 亿元和 21.10 亿元，仅分别占黄土高原地区退耕还林累计投入资金的 3.72% 和 3.31%。从黄土高原各县域退耕还林累计投入资金的空间分布差异来看，基本和前文所述的各县域累计退耕还林面积的空间分布差异保持一致。其中，陕西的吴起县、志丹县、安塞区、子长市、宝塔区以及宁夏的彭阳县、西吉县、原州区和海原县为累计退耕还林工程资金投入最多的县（市、区）。

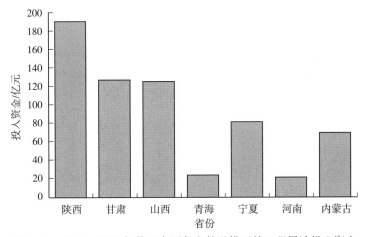

图 1-3　1999—2015 年黄土高原各省份退耕还林工程累计投入资金

第2章 概念界定、理论基础与研究框架

2.1 概念界定

2.1.1 退耕还林工程

退耕还林这一概念的提出最早可追溯到 1949 年新中国成立前夕，当时在晋西北行政公署颁布的《保护与发展林木业暂行条例（草案）》中明确指出，已开垦而又荒芜了的林地应该还林，森林附近已开林地，如易于造林，应停止耕种而造林，林中小块耕地应停耕还林（朱长宁，2014）。新中国成立后，受国内外形势影响，退耕还林工作基本处于停滞状态，直到改革开放后在 1984 年 3 月颁布的《中共中央 国务院关于深入扎实地开展绿化祖国运动的指示》以及 1985 年 1 月颁布的《中共中央 国务院关于进一步活跃农村经济的十项政策》中明确提出要有计划有步骤地施行退耕还林工程。遗憾的是，在政策提出时，我国国力尚弱，农业生产力较低，粮食紧缺，农户口粮不足，很多地方还需通过毁林开荒、扩大耕地面积的方式来确保粮食自给，因此当时所提出的退耕还林设想最终受国情所限而作罢。1998 年我国长江、松花江、嫩江流域先后遭受了特大洪灾的侵袭，严重阻碍了我国社会经济发展，给人民生命安全造成了巨大威胁。1998 年 8 月和 10 月先后出台了《国务院关于保护森林资源制止毁林开垦和乱占林地的通知》以及《中共中央 国务院关于灾后重建、整治江湖、兴修水利的若干意见》，并在其中将"封山植树、退耕还林"放在灾后重建三十二字综合措施的首位。紧接着在 1999 年 8 月，时任国务院总理的朱镕基同志在视察西南、西北等地的 6 个省份时，首次提出了"退耕还林（草）、封山绿化、以粮代赈、个体承包"的政策措施。1999 年底，退耕还林工程在四川、陕西和甘肃 3 个省份开始试点实施。退耕还林工程试点实施取得成功后，2002 年 1 月，国务院决定在全国全面启动退耕还林工程，工程范围涉及全国 25 个省（自治区、直辖市）和新疆生产建设兵团。2002 年 4 月，国务院发布了《关于进一步完善退耕还林政策措施的若干意见》，并于当年 12 月正式颁布了《退耕还林条例》，标志着退耕还林工程建设在法制的保护下进入

全面实施阶段。2007 年，在退耕还林工程补贴期限即将到期之际，国务院在当年 6 月召开的第 181 次常务会议上，决定将现行退耕还林还草补助政策再延长一个周期。2007 年 8 月，国务院下发《关于完善退耕还林政策的通知》，标志着退耕还林工程建设进入成果巩固阶段。2014 年 8 月，国家发展改革委、财政部等 5 部委联合印发了《关于印发新一轮退耕还林还草总体方案的通知》，标志着新一轮退耕还林工程建设的启动。2015 年 12 月，财政部等 8 部门联合下发《关于扩大新一轮退耕还林还草规模的通知》，进一步明确了新一轮退耕还林还草的要求和范围。2018 年印发的《中共中央　国务院关于打赢脱贫攻坚战三年行动的指导意见》指出，加大贫困地区新一轮退耕还林还草支持力度。2022 年 11 月，自然资源部、国家林草局等 5 部委发布了《关于进一步完善政策措施　巩固退耕还林还草成果的通知》，指出要完善政策措施，巩固退耕还林还草成果，并且 2014 年开始实施的第二轮退耕还林还草现金补助期满后，中央财政安排资金，延长补助期限，继续给予适当补助。

自 1999 年开始试点实施退耕还林工程以来，学术界从不同角度对“退耕还林工程”的具体内涵进行了定义。佘方忠（2000）认为，退耕还林工程是一项恢复森林植被、促进生态平衡、实现社会经济可持续发展的生态建设工程。在实践中，将坡度在 25° 及以上的陡坡耕地停止耕作，植树造林种草，以恢复林草植被。支玲和邵爱英（2001）认为，退耕还林工程将耕地转变为林草地，实质上是土地用途的改变。退耕还林工程本质上是国家采用计划手段对土地资源再配置的过程，即向农户提供钱粮补助，通过计划方式将坡耕地转化为林草地的一项生态修复工程。张秋良（2003）在此前学者定义的基础上，认为退耕还林工程在造林种草实践中必须坚持因地制宜原则，顺其自然地将所退耕地恢复为原有的土地类型。李国平和石涵予（2015）则在生态补偿概念的框架下，认为退耕还林工程通过财政补贴手段，激励农户改变原有土地利用类型，不仅使得生态环境得到了巨大改善，而且促使农民生活水平得到了提升。在这一过程中，受益者是政府，保护者为农户，因此可将退耕还林工程看作生态补偿的具体实践。从官方定义来看，根据国务院 2002 年颁布的《退耕还林条例》，可将退耕还林工程定义为：为改善生态恶化地区或脆弱的生态环境，通过由政府提供资金、粮食、种苗补助费的形式，激励农户调整土地利用结构，恢复林地和草地，并由政府和农户签订契约的一种政策。进一步，国家林业局退耕还林办公室（2003）认为，退耕还林工程就是从保护和改善生态环境的目的出发，将易造成水土流失的坡耕地停止耕种，并按照适地适树原则，因地制宜地植树造林，恢复植被，遏制水土流失，增强生态系统服务功能的一项生态建设工程。本书所使用的“退耕还林工程”概念，采用国家林业局退耕还林办公室（2003）对其的定义。

2.1.2　退耕还林工程生态绩效

单纯从语言学含义来看，绩效一词包含了"绩"与"效"的组合。"绩"为结果，"效"为效率。从管理学来看，"绩"是一种结果，即某一组织或个人在从事某项活动时有无做正确的事，即成效（effectiveness）；"效"则是一种行为，即某一组织或个人在从事某项活动时有无正确地做事，即效率（efficiency）（Robbins and Coulter，2017）。"绩"要求我们要做那些可以实现目标的工作活动，"效"则要求我们在做这项工作活动时要以尽可能少的投入或资源去实现目标（Robbins and Coulter，2017）。由此我们尝试对退耕还林工程生态绩效做出如下定义：退耕还林工程生态绩效包含两个方面，从"绩"来看，指实施退耕还林工程对生态环境的作用结果，即退耕还林工程生态效果（成效）；"效"则是在此基础上指实施退耕还林工程的投入产出比如何，即退耕还林工程生态效率。本书所指的退耕还林工程生态绩效包含两个方面，一是退耕还林工程生态效果，二是退耕还林工程生态效率。

（1）退耕还林工程生态效果

生态效果指生态系统及其变化对自然环境的改善程度（效果）。这种改善能够提高人类福祉，使人类能间接或直接地从生态系统中受到惠益（王效科等，2019）。由此可将退耕还林工程生态效果定义为：退耕还林工程实施所引起的生态系统及其变化对自然环境的改善程度。具体而言，退耕还林工程通过对土地利用结构的调整（退耕还林还草），使退化生态系统得到了恢复与重建，植被覆盖度得以增加，植被光合作用对生物量的积累得以增强，生产力得以提高（史常青，2008），进而使植被群落结构得到优化，生物多样性增加，土壤理化性质得到改善，生态系统的固碳、水土保持和水源涵养等服务功能得到提升，最终使生态环境得到改善。综上所述，本书认为退耕还林工程的生态效果主要包括植被覆盖度变化和生态系统服务变化两方面。

（2）退耕还林工程生态效率

由于物品和资源是稀缺的，以及社会必须有效利用这些资源，所以效率是经济学和管理学永恒关注的话题。在经济学中，效率是指最有效地使用社会资源以满足人类的愿望和需要（Paul and William，2009）。在管理学中，效率是指以尽可能少的投入或资源获得尽可能多的产出（Robbins and Coulter，2017）。由此可得，无论是在经济学还是在管理学中，都希望在达成某项目标中能最好地利用有效的资源。"生态效率"（eco-efficiency）一词最早由Schaltegger 和 Sturm 两位学者在 1990 年提出（Schaltegger and Sturm，1990），随后 Schmidheiny 和 Timberlake（1992）在此基础上将其定义为一定时期内增加的经济价值与增加的生态环境负荷的比值。世界可持续发展工商理事会（World Business Council for Sustainable Development，WBCSD）根据生态效率的含义，在 1992 年里约地球峰会上将生态效率描述成单位生态环境负荷所对应的产品和服务价值（Huppes and Ishikawa，2005）。我国学者诸大建和朱远（2005）则将生态效率定义为经济社会发展的价值量（即 GDP 总量）和资源环境消耗的实物量的比值。由此可以看出，无论怎样对生态效率进行定义，都离不开对效率定义的核心，即投入与产出之比。基于此，我们将退耕还林工程生态效率定义为：在退耕还林工程实施中，以较少的资源投入，使退化生态系统得到恢复，生产出更多生态系统服务以满足人类需要和使生态环境得到改善。

2.1.3　生态系统服务

生态系统服务这一概念最早出现在 1970 年 SCEP（Study of Critical Environmental Problems）的《人类对全球环境的影响报告》中，在报告中这一概念最初被称为环境服务（environmental services）。对生态系统服务概念较为系统的论述则首先出现在 1992 年 Gordon Irene 所著的 *Nature Function* 一书中。随后 1997 年以 Daily 为首的美国生态学会研究小组在 *Nature's Services：Societal Dependence on Natural Ecosystems* 一书中对生态系统服务进行了系统性研究，明确了生态系统服务的来源、定义与作用。他们认为生态系统服务指的是生态系统与生态过程所形成的、维持人类生存的自然环境条件及其效用，是通过生态系统的功能直接或间接得到的产品和服务（Daily，1997）。同年 Costanza 等（1997）在 Nature 上发表的题为 *The value of the world's ecosystem services and natural capital* 的文章将生态系统服务的定义简化为：由生态系统提供服务与物品，人类直接或间接地从生态系统功能中获得的收益。其中列举了 17 项生态系统服务：气体调节、气候调节、干扰调节、水源调节、防止侵蚀、土壤形成、养分循环、废物治理、传粉、生物控制、提供避难所、食物生产、原材料、基因库、娱乐和文化等。联合国千年生态系统评估（Millenium Ecosystem Assessment，MA）在此基础上将定义进一步精炼，从而形成了目前使用最为广泛的生态系统服务定义，即"人们从生态系统中获得的效益"，并将其划分为支持（supporting）、提供（porviding）、调节（regulating）和文化（cultural）四大类共 20 种服务（MA，2005）。

2.2　理论基础

2.2.1　经济学理论

（1）外部性理论

19 世纪 90 年代英国新古典经济学家马歇尔（Marshall）于其著作《经济

学原理》中首次提出了"外部经济"的概念（Marshall，1890），再经马歇尔嫡传弟子庇古（Pigou）于 1920 年在其著作《福利经济学》中扩充了"外部不经济"的内容——"庇古税"理论（Pigou，1920），后经新制度经济学家科斯（Coase）基于"庇古税"理论进行批判扩充和斯蒂格勒（Stigler）概括完善，形成了规范性的外部性理论——科斯定理（Coase，1960）。现关于外部性理论的定义主要有两种：第一，以美国经济学家保罗·安东尼·萨缪尔森（Samuelson）和威廉·诺德豪斯（Nord haus）为代表，从外部性的产生主题角度的定义，认为外部性是某一主体在生产或消费时将收益与成本强加给市场之外的其他人（Samuelson，1948）；第二，以美国经济学家阿兰·兰德尔为代表，从外部性的接受主题角度的定义，认为外部性主要指决策者无法考虑到行动的某些成本与效益出现的低效率现象（兰德尔，1989）。虽然这些学者对外部性的定义因视角而异，但其核心主旨为某一经济主体的行为会对另一经济主体产生外部影响，并且这些影响不能通过市场价格进行交易。

生态活动通常具有外部经济和外部不经济两种影响。外部经济，如在长江上游和黄河中上游地区，退耕还林工程的实施能有效遏制水土流失，改善生态环境，使工程实施区域的人民无需付费而享受资源环境改变带来的效益，同时能使农户享受到"退耕还林补贴"等非农收入；外部不经济，如在长江上游和和黄河中上游地区，在退耕还林工程实施前，过度索取自然资源导致水土流失、自然灾害频发，无疑加重了生态治理成本，极大地阻碍了社会经济发展，此时社会成本超过私人成本、社会收益低于私人收益，造成外部不经济。若期望通过上游农户"禁砍禁伐"恢复植被，则会出现因收益和成本差距导致的生态效益供给不平衡且缺乏的问题，进而导致生态环境再度恶化。为兼顾效率与公平，纠正生态活动外部不经济引发的诸多问题，政府期望通过实施政策和经济手段使外部不经济问题内部化，维持产生外部不经济问题的主体和被动群体在成本上最小化，在收益上达到整体与局部相对平衡。

现关于使外部不经济问题内部化的经济政策主要有两种。第一，市场交易。只要产权明确，经济主体之间就可以通过市场交易解决外部不经济问题。第二，政府干预。政府通过对产生外部不经济问题的个人或产商征税，以弥补由该主体引起的他人或社会的损失。

自退耕还林工程实施以来，其产生的外部经济效益显著，如防止水土流失、涵养水源、保护生物多样性、固碳释氧等。因为退耕还林工程所产生的是非物质化的生态产品，具有特殊性，所以不能通过市场交易这种产品，不能使得退耕还林区的参与者获得实质化的经济收入。但由于空间溢出等效应使得整个社会群体从中受益，所以退耕还林工程实施带来的生态效益为典型的外部经济。通过产权界定的方法并不完全适合我国退耕还林工程的外部性问题，将退耕还林工程的受益者与参与者统一到一个市场交易具有极大的难度，并且生态产品的市场交易机制在我国仍不完善，这就导致通过产权界定的方式来使退耕还林工程中的外部性问题得到解决具有很大的难度。现阶段政府干预是解决外部性问题的一种行之有效的手段，因此，退耕还林工程参与者应当受到政府补贴，国家财政对退耕农户的补贴政策就显得十分必要且重要了。

（2）公共物品理论

萨缪尔森（1954）指出，当某个消费者对某种物品进行消费时不影响或不减少其他消费者对该物品的消费水平，则该物品为公共物品。一般而言，公共物品具有以下四大特征：非排他性、非竞争性、外部性和外部效用。公共物品可细分为纯公共物品和准公共物品两类，纯公共物品兼具非排他性和非竞争性两个特征，而准公共物品的非排他性和非竞争性则十分有限。现实生活中多有准公共物品，极少存在纯公共物品。由于公共物品具有的特征，在现实生活中常出现"搭便车"和"公地悲剧"问题，私人部门为了追求自身利润最大化，缺少提供公共物品的激励，因此公共物品通常由政府提供。

生态系统提供的生态系统服务具有非排他性和非竞争性两大特征，因此生态系统服务是典型的公共物品。如生态系统提供的新鲜空气、清洁水源、健康食物、生物多样性等都具有公共物品属性。人类对生态系统的过度开发和不合理利用，将会使得生态系统提供各项服务的能力出现下降，最终导致人类福祉受到损害。同时，所有人在享受生态系统提供的服务物品时，都想少付出甚至不付出对生态系统的保护成本，进而诱发"公地悲剧"和"搭便车"问题的产生。最终，不但不能提高对生态系统进行保护或修复的积极性，还可能导致人类为了追求自身利益继续破坏生态系统，加剧对人类福祉的损害。虽然生态系统服务对人类非常重要，但生态系统服务是具有非排他性的公共物品，使得生态产品难以在市场上进行交易，现存市场几乎不存在提供或保全公共物品的可能，最终导致生态系统服务的市场供给是无效率的。人类在日常生活中均直接或间接地受益于生态系统服务，因此在个人和企业都无法保障生态系统服务供给的市场机制下，必须通过政府的干预才能向社会提供足够的生态系统服务。

退耕还林工程作为我国乃至全世界最大的生态修复保护工程，其目的在于恢复植被，提升生态系统服务功能，增强生态系统服务供给，如土壤保持、水源涵养、固碳释氧等。这些由实施退耕还林工程所带来的生态系统服务具有公共物品的明显特征，非排他性决定了每个人都有对生态系统服务的享有权，同时在非退耕区的人们不用承担相应的成本。实施退耕还林工程的主体多是处于经济不发达地区的农户，正是因为有了他们的贡献，才使得退耕还林工程能够在全国大面积开展，才使得退耕还林工程取得了显著成效，促使生态系统服务供给能力得到了有效提升。但由上文分析可知，生态系统服务无法在市场进行交易，市场往往供给不足，导致市场失灵。此时，就需要政府对生态系统服务供给中出现的市场失灵进行干预与纠正，即对于为社会提供公共物品或准公共物品的经营者，就其经营活动产生正外部性超过其应承担的份额，为维护经营者权益政府必须承担补偿的责任。同时，在对生态环境进行保护修复过程中，个人理性的集合并不一定是集体理性，这意味着个人的最优选择与集体或社会利益通常是背道而驰的（Ostorm，1990）。当人们享受到因实施退耕还林工程所带来的各种生态系统服务时，作为理性的个人只顾自己享受，而不会考虑对退耕还林工程区进行付费补偿。为了防止上述现象的产生，政府必须进行干预，通过行政手段对享受生态系统服务的消费者收取一定的税费，对参与退耕还林工程的农户进行补偿，弥补他们在耕地上植树造林丧失的成本。然而，通过政府财政转移支付来进行补偿，由于融资渠道相对单一，通常会导致资金利用效率较低，不仅会影响退耕还林经营主体的积极性，而且会加剧政府财政压力，导致资金短缺与资金利用效率低下成为阻碍退耕还林工程持续运行的两大难题。因此，本书对黄土高原退耕还林工程生态效率及其影响因素进行研究，目的在于优化财政资金的投入规模，提高资金使用效率，进而促进退耕还林工程的可持续发展。

2.2.2　管理学理论

（1）新公共管理理论

20世纪70年代石油危机爆发后，以美国、英国为首的西方国家普遍出现了经济衰退、高额财政赤字等一系列新的问题。为了解决上述问题，西方发达国家相继对传统官僚体制的行政管理体系进行了市场化改造，进行了一场名为"重塑政府"（市场化政府）的运动，这场运动也被学术界认为是新公共管理运动（黄小勇，2004）。新公共管理理论则形成于这场运动后，胡德、奥斯本等对新公共管理运动的系统理论进行了分析与总结。新公共管理理论相比于传统的公共管理理论，"新"在推动了公共管理由重视效率向重视服务质量与满意度转变，推动了公共管理控制由自上而下控制向争取成员自下而上对工作绩效的认同转变。新公共管理理论认为，政府出现低效管理困境是由特定的权力结构和治理环境所致。政府若想摆脱管理困境，提升公共服务水平质量，需在对市场和人民满意度充分调研的基础上，采取新的管理方法和竞争机制。一般而言，可从三方面对公共服务水平质量进行提升。首先，在政府职能定位上，找准政府职能定位，尊重市场规律，发挥好政策制定职能，处理好与不同部门和公众的关系，把控好公共物品的供给质量和数量。其次，在公共事务管理上，可通过在公共部门内部创立市场机制的方式，以竞争提高效率和降低成本。同时，在公共部门管理中还需引入私营部门中成熟的绩效管理理念与技术，在不同的公共物品和服务中将财政预算、使用、管理、评价等环节纳入绩效管理中，进而使公共部门运行效率得到进一步提升。最后，在支出绩效管理上，要求政府在公共服务中兼顾效果与效率，既要以服务效果为目标，使其财政支出的方向、规模与效果相匹配，又要以服务效率为导向，使有限的财政支出产生最大化效果，实现最优财政支出规模。

退耕还林工程本质上是政府向一部分公众购买公共产品，向社会提供公共服务的过程。自退耕还林工程实施以来，政府在退耕还林工程中投入了大量的资金、土地和劳动力等资源。那么，在退耕还林工程实施中，政府的公共服务水平如何？在投入资源上的绩效如何？以上正是本书所要解决的问题。因此本书急需在新公共管理理论的指导下，对退耕还林工程生态绩效进行评价。对好的方面进行总结，以使经验能用于指导其他生态保护修复工程的实施；对差的原因进行诊断，以使政府能及时调整对工程资源的投入，提高资源利用效率，避免资源浪费。最终使政府的公共服务水平得到提升，优化公共治理结构与环境，强化政府行政管理体系。

（2）绩效管理理论

绩效管理理论发展于经济学中对资源配置效率的研究。在对效率定义上，Marshall（1890）将效率定义为，在投入条件一定情况下，使最终产出能够最大化。Samuelson（1954）认为，效率是指最有效地使用社会资源以满足人类的愿望和需要。樊纲（1992）认为，经济效率是指社会利用现有资源进行生产所能提供效用的满足程度。Mankiw（1997）则认为，效率是指社会能从其稀缺资源中取得最多东西的特性。虽然各类经济学对效率的定义各不相同，但相同的是对投入产出最大化的侧重。虽然 Robbins 和 Coulter（2017）在管理学中将效率定义为以尽可能少的投入或资源获得尽可能多的产出，但新公共管理理论认为，在资源配置过程中，既要侧重于投入产出的最大化，更要使得在此过程中的投入—产出整体绩效得到体现，由此出现了绩效管理理论。一般而言，管理学中的绩效包含效率和成效两方面。效率侧重过程，是在资源使用中的一段手段，管理目标为实现低资源浪费（高成效）；而成效则侧重目标实现，是对资源使用的结果表现，管理目标为达到高目标实现（高成效）。通俗而言，就是要求我们在管理活动中不仅要正确地做事（效率），而且要做正确的事（成效）。

退耕还林工程作为我国乃至世界上最大的生态保护修复过程，国家为此投入了大量的人力、物力和财力。然而，由退耕还林工程研究现状可得，当前仍然缺乏对其投入产出的绩效进行评价的研究，尤其是缺乏对工程实施生态效率的评价的研究。从已有研究可得，退耕还林工程实施生态成效显著，从结果看这确实符合管理学对高成效目标的追求。然而，从上述绩效理论可知，我们不仅要关注成效，而且要关注效率。效率作为利用资源的一种手段，其高低与否直接决定着实施成效。同时，没有效率的效果是不可持续的，因为资源总是稀缺的，我们对退耕还林工程的投入不可能无限增长，这就要求我们在绩效理论指导下对退耕还林工程生态绩效进行评价，更加科学合理地对投入资源进行配置，以最小的成本获得最大的绩效。当前投入产出模型仍为绩效评价较为成熟的模型，尽管这种模型不够全面，但可通过设定具体的评价路径和方法，明确易量化的投入产出模型评价指标，分析当前系统绩效情况及其存在问题，为提高绩效提供支撑。为此，本书将基于退耕还林工程实施现状，首先基于多源遥感数据，借助生物物理模型，运用 GIS 技术对退耕还林工程生态效果进行评价；其次从多投入多产出视角构建退耕还林工程生态效率评价指标体系，运用 DEA 模型对退耕还林工程生态效率进行测算；最后对退耕还林工程生态绩效存在问题进行分析，提出具有针对性的政策建议。

2.2.3 生态学理论

(1) 恢复生态学理论

恢复生态学是现代生态学的分支学科，主要研究生态系统恢复的基本原理与过程。随着人口增加与社会经济迅速发展，人类对自然资源开发程度加强，环境污染、土地退化、水资源短缺等现实问题成为制约全球社会经济发展的关键因素和首要问题。在此背景下，恢复生态学便应运而生。"恢复生态学"一词最早由美国学者 Aber 和 Jordan 提出（Aber and Jordan，1985），将其理解为研究生态系统恢复技术与方法的一门学科。不过，在恢复生态学理念提出后，其并没有立即被用于指导实践。这种情况一直持续了 50 年，才由美国学者 Leppold 打破。他立足于恢复生态学理念，将恢复生态学用在了对废弃矿地的环境修复中，并成功地将废弃矿地恢复为了森林和草原（谢运球，2003）。Leppold 的试验使人们意识到了恢复生态学的重要性，但恢复生态学理论与生态恢复实践总是联系在一起，具有理论与实践的双面性。由于理论阐述与实践应用的差别，所以恢复生态学至今尚未有明确的统一定义。Bradshaw（1987）认为，恢复生态学主要研究已退化生态系统自身的性质、受损机理和恢复过程。Cairns（1991）对恢复生态学的定义为，对已退化生态系统进行管理与操作从而将其恢复至受干扰前的自然状况，即重建该系统受干扰前的结构、功能及有关的理化和生物学特征。Aronson（1993）认为，恢复生态学是有意识地对某个地点生态系统进行重建的过程，其重建过程的核心在于对历史生态系统结构、功能和多样性的竭力效仿。国际恢复生态学会（1995）认为，生态恢复的本质是对生态整合性的恢复与管理，生态整合性主要包括生物多样性、生态过程与结构等。我国学者余作岳（1996）在综合了国外学者对恢复生态学的各种定义后认为，恢复生态学是一门研究生态系统恢复过程与机理的学科，其本质是在对生态系统退化原因诊断的基础上，为退化生态系统的恢复与重建提供技术与方法。

综上所述，恢复生态学是一门理论与实践相结合的学科，要求在理论指导下，从人类活动目的出发，采用人工干预方式对生态系统进行自然恢复或逼近原生生态系统恢复。同时，恢复生态学须多学科交叉融合，并强调自然生态系统恢复和人类社会经济活动的有机耦合，从理论与实践两个维度实现了对生态系统退化、恢复、开发和保护机理的研究，为解决人类所面临的生态环境问题和实现可持续发展提供了极大机遇。退耕还林工程要求必须以恢复生态学理论为指导，从改善生态环境出发，通过人工技术手段对已退化生态系统进行重建与恢复。在恢复生态学理论指导下，退耕还林工程的实践形式有两种：第一种是将退化的坡耕地进行停耕，改变土地利用性质，根据不同土地条件，选择适宜的树种在裸露耕地上植树造林；第二种是采用封山育林方式，对低质、低效有林地和灌木林地进行封禁，并辅以人工促进经营改造措施，其本质是一种以自然恢复为主、人工干预为辅的恢复生态技术。通过以上手段，退耕还林工程的最终目的为提高森林质量，促使已退化生态系统恢复形成森林或灌草植被，逐步建立起生态功能完备的森林生态系统。

（2）景观生态学理论

景观是指土地及土地上空间和物质所构成的综合体，是复杂自然过程和人类活动在大地上所呈现的景象。生态学意义上的景观是指具有分类含义的自然生态系统综合体，其由相互作用的拼块或生态系统组成，在一个空间异质性区域以近似的形式反复出现。德国地理学家特洛尔认为，景观生态学是传统生态学研究向空间方向发展的自然延伸，是研究特定景观区域内生物群落和其环境间复杂因果关系的一门学科（邬建国，2000）。傅伯杰等（2001）认为，景观生态学起源于土地研究，在强调其核心空间异质性的同时，还应强调整体论和生物物理控制论观点，进而加强其在土地规划、管理与恢复等问题中的应用与发展。进一步，肖笃宁（2003）认为，景观生态学是一门可从宏观上研究景观结构、功能、动态变化及其相互作用机理的科学，因为在研究景观格局优化及其合理利用保护上，其底层逻辑还是景观生态学中的空间异质性。景观生态学中强调对生态系统空间格局在不同尺度和等级上的相互关系分析，可为退耕还林工程规划实施提供理论依据（王军等，1999）。

首先，景观生态学可在时间和空间尺度上为退耕还林工程提供理论指导，在时间尺度上为退耕还林类型及植被恢复重建区划提供依据，在空间尺度上为退耕还林实施所需配置的区域自然环境要素提供建议。退耕还林工程实施持续时间较长，涉及范围大，涵盖了中等时间尺度和较大空间尺度。退耕还林生态系统中的各因素（植被、气候、地形及人类活动）的交互作用，将会随时间和空间的变化而变化，形成复杂的景观。通过参照生态系统在景观中的潜在分布区和相对丰富度，把历史的参考生态系统与现有的覆盖结合，确定各参考生态系统的现有丰富度和比例并转换成不同的干扰级别指数，确定生态系统优先恢复的方向和次序。

其次，在层次与等级上，基于景观生态学等级理论对地形、土壤特征和群落异质关系的理解，可将其用于对景观生态优先恢复次序和恢复目标的确定。在生态恢复工作中，利用景观具有的记忆效应，通过对生态恢复区域生态系统时空格局变化的分析，对恢复那些被不合理农业活动所破坏的生态系统具有十分重要的指导意义。具体到退耕还林工程中，通过对退耕还林区域不同尺度景观格局信息的收集和动态变化过程的理解，可充分揭示退耕还林区生态系统的历史变化，为识别生态系统变化趋势及其可恢复的潜力提供参考。同时，在退耕还林工程实践中，景观生态学理论还有助于工程实施在植被类型选择、林种搭配结构优化等方面的指导，进而依据各退耕区域的空间异质性特点，提出经济、有效和安全的生态修复策略，最终促进植被覆盖度的增加、水土流失的减少以及生态系统服务的提升。

（3）系统生态学理论

系统生态学是现代生态学的分支，是以生态系统为研究对象，对生态系统组成要素、结构与功能、发展与演替，以及人为影响与控制进行研究的生态科学（奥德姆，1993）。生态系统以其复杂有序的层级关系、多样的服务功能、一定的负荷力与韧性，以及多要素、多层次、多功能和多变性的特点，成为人类迄今为止发现的最为复杂多样的系统之一。虽然生态系统复杂多变，其内部却具有强大的自我调节能力和反馈调节机制。生态系统的复杂性与自我调节能力呈正相关，系统结构越复杂，其自身调节能力越强。退耕还林工程是一个涉及自然—社会—经济的复合生态系统，三个系统相辅相成，相互作用。自然子系统是除人类以外的自然环境和生物物理要素构成的生态系统。因为自然子系统通过向人类提供物质（食物、木材等）或服务（清洁的空气、干净的水等）来向经济子系统提供支撑，所以可将自然子系统看作经济子系统的基础。经济子系统在得到自然子系统中的物质或服务后，通过生产加工赋予其价值，再结合市场规律赋予其价格，将其商品化，使其能够用于交易。在这一过程中，通过将自然子系统提供的各种物质生产为产品，可使经济子系统具备和自然子系统相似的能量流动、物质循环和信息传递等特点，更为重要的是在这一过程中存在的价值转换规律。社会子系统的构成要素主要包括人类社会关系、民族文化和政策法规等。信息传递是决定社会子系统发展的核心要素，其不仅能使社会子系统内部存在的特定结构和功能得到调控，而且能使自然子系统和经济子系统得到相应的调控。

退耕还林工程在实施过程中，其所涉及的自然—社会—经济复合生态系统，本质上是生物物理环境（包括地形环境、土壤环境、生物环境等）和经济社会环境（包括经济生产、技术、文化、法律等）的耦合，系统运行受到自然和社会经济作用力的共同作用。因此，在退耕还林工程实践中，能否将自然、经济和社会系统进行合理耦合和系统搭配是影响退耕还林工程能否科学实施、决定退耕还林生态经济复合系统是否可持续发展的关键。这就要求在进行退耕还林实践中，必须顺应并尊重自然界生态系统的演替规律，使人类活动和行为能更好、更科学、更合理地指导退耕还林活动。在制定退耕还林工程实施方案时，首先要根据退耕区域的自然生物物理环境确定适当的退耕区域，选择合适的树种，搭配合理的植被类型；其次要综合考虑退耕地区的社会、经济形态，进而制定出与当地自然生态子系统相匹配的退耕还林工程模式和适合退耕地区经济发展的战略模式。综上所述，退耕还林工程是一个涉及自然—社会—经济的复合生态系统，因此要求我们在对退耕还林工程生态绩效影响因素的选择上，必须综合全面地考虑自然、社会和经济因素对其的影响。

2.2.4　公共政策学理论

20 世纪 50 年代，丹尼尔·勒纳与哈罗德·拉斯韦尔提出的"政策科学"这一概念标志着公共政策学的诞生，其核心任务为提高公共政策质量。公共政策的制定者与实施者均为公权力机关，制定和实施一系列公共政策的目标为实现公共利益、追求和谐秩序以及对社会行为进行规范引导，目的为维护公共利益、优化社会福利。公共政策评价是公共政策学的核心内容，是公共政策运行中的核心环节，对公共政策开展评价是为了能制定出更加科学的政策。公共政策评价是评价主体为评价公权力机关而实施的一种政治行为，评价需按照合理的程序与标准进行，评价的内容包括公共政策运行的效果、效率及效益，评价需借用经济学、管理学等多学科的多种方法进行。评价目标是对现有政策实施进行提升优化，以及为制定其他新政策提供经验借鉴与理论参考。同时，公共政策评价能够对现有政策执行进行监督，其结果也是对资源进行优化配置的重要手段。

退耕还林政策制定和实施的主体均为国家机关，退耕还林政策是一项典型的公共政策。退耕还林工程作为我国实施投资较大、政策性较强、涉及面较广和群众参与度较高的生态保护修复工程，十分有必要对其实施的效果、效率及效益进行评价。对其进行评价，有助于对政策本身价值进行判断，有助于对政策实施情况进行判定，有助于对政策实施问题进行诊断，进而进行总结归纳，实现对工程投入资源的优化配置，实现工程的可持续发展。同时，对退耕还林工程生态绩效进行评价还有助于为我国在"双碳"目标愿景下即将实施的一批生态保护修复工程提供经验借鉴与理论指导。综上所述，公共政策学理论是对退耕还林工程生态绩效进行评价的重要理论基础。

2.2.5 可持续发展理论

可持续发展理念（concept of sustainable development）于 1980 年首次在《世界自然保护大纲》中提出，其核心内容是实现经济、社会、生态三方面和谐高效的可持续发展。可持续发展理念一经提出，迅速为世界各国所接受。1992 年 6 月联合国环境与发展会议在巴西里约热内卢召开，会议通过了《21世纪议程》，这标志着可持续发展战略在全球各国全面铺开。我国积极实施可持续发展战略，在 1994 年和 2003 年先后通过和颁布了《中国 21 世纪议程》《中国 21 世纪初可持续发展行动纲要》，明确坚持"以人为本，人与自然和谐共生"的原则，不断推进我国经济社会、人口、资源和生态环境多维协调发展。在生态环境建设方面，要继续通过退耕还林、还湖、还草等生态恢复工程，实现生态环境与资源利用的可持续发展。党的十八大以来，以习近平同志为核心的党中央从中华民族永续发展的高度出发，深刻把握生态文明建设在新时代中国特色社会主义事业中的重要地位和战略意义，大力推动生态文明理论创新、实践创新、制度创新，创造性提出一系列新理念新思想新战略，形成了习近平生态文明思想。习近平生态文明思想是习近平新时代中国特色社会主义思想的重要组成部分，是马克思主义基本原理同中国生态文明建设实践相结合、同中华优秀传统生态文化相结合的重大成果，是以习近平同志为核心的党中央治国理政实践创新和理论创新在生态文明建设领域的集中体现，是新时代我国生态文明建设的根本遵循和行动指南。

退耕还林工程是我国生态可持续发展战略中一项重要生态建设工程，其遵循"顺应自然，保护自然"的自然法则、"统筹规划，因地制宜"的实施原则、"引导与自愿相结合"的政策原则，期望通过退耕还林、封山育林等手段，实现控制和减轻重点地区水土流失和风沙危害、优化国土利用结构、改善农业生态环境、释放农村富余劳动力、增加农民收入、拉动内需的目标，促进我国经济社会可持续发展。可见，退耕还林政策出台的根本目的是促进人与自然和谐共生，实现生态、经济社会的双赢。其本质同可持续发展理论一致，既要使当前人们的需要和利益得到满足，也要使人类社会发展的长远利益得到保障，在对我国生态环境进行保护修复的同时，实现经济社会的可持续发展。可以说，退耕还林工程是我国政府对可持续发展理论进行的最好实践。但现有研究尚未理清退耕还林工程对生态效果的净效应，在工程运行生态效率测算上更是尚属空白，若不解决上述两个重要问题，将不利于我们对退耕还林工程实施情况进行准确把握，最终不利于工程的可持续发展。为此，本书对黄土高原退耕还林工程生态绩效进行评价。一是为了通过解决上述两个问题，准确掌握退耕还林工程实施情况，找出可能制约退耕还林工程可持续发展的主要问题，提出相应的政策建议，提高工程实施效果与效率，优化资源配置，使当代人对生态环境的需要和利益得到满足；二是为了总结经验教训，为今后即将开展的其他生态保护修复工程提供示范借鉴，使未来社会发展的长远利益得到保障。综上所述，本书对退耕还林工程生态绩效进行评价必须将可持续发展理论作为一项重要的理论基础。

2.3　研究框架

自退耕还林工程在 1999 年试点实施到 2002 年全面实施，至今已有 20 余年。通过前文所述，退耕还林工程通过大面积的植树造林，取得了显著的生态效果，使生态环境得到了巨大改善。自退耕还林工程实施以来，其生态效果一直都是社会公众、政府和学界关注的重点。这本身无可厚非，因为退耕还林工程的初衷就是改善生态环境。但是，在退耕还林工程取得显著生态成效的背后，中央政府投入了巨大的人力、物力和财力支持。那么退耕还林工程的投入产出比即生态效率如何，一直以来却很少被社会公众、政府和学界关注。资源的稀缺性决定了中央政府对退耕还林工程的资源投入不能无限增长，这就使得资源约束下的经济有效性和生态有效性变得同等重要。因此，除了对退耕还林工程的生态效果进行关注外，更必须对退耕还林工程的生态效率进行关注，因为没有效率的效果是不可持续的。退耕还林工程作为世界上最大的生态修复工程，对其生态绩效的研究不仅能用于指导当前正在实施的退耕还林工程，而且能为"双碳"目标愿景下即将实施的生态修复工程提供经验借鉴和理论参考，从而更好助力"双碳"目标的实现。为此，以下几个问题亟待我们在对退耕还林工程生态绩效的评价研究中进行回答：①退耕还林工程实施以来在生态方面取得的具体效果有哪些？退耕还林工程实施是否有助于植被覆盖度提升？是否遏制了水土流失？是否使生态系统服务得到了增加？坡度要素作为退耕还林工程实施的核心，各项生态效果对其的响应如何？②在退耕还林工程取得的显著生态效果中，退耕还林工程本身对生态效果的净效应有多大？在综合考虑了退耕还林工程、自然条件和社会经济对生态效果的影响后，退耕还林工程是否仍是促使生态环境得到改善的重要原因？除去退耕还林工程的影响，自然条件和社会经济因素对生态效果有着怎样的影响？③在退耕还林工程取得了显著的生态效果背后，其实施的生态效率如何？工程生态效率的时间演进趋势如何？从县域视角看，工程生态效率的空间分布如何？有无空间关联？退耕还林工程生态效果与生态效率之间的关系如何？④影响退耕还林工程生态效率高低的因素有哪些？各影响因素对工程生态效率的影响程度如何？哪些因素是工程生态效率的驱动因素？哪些因素又是工程生态效率的抑制因素？各影响因素在不同的区域下对工程生态效率的影响是否存在异质性？为了回答上述问题，本书以退耕还林工程实施核心地区——黄土高原作为研究区，从生态效果与生态效率两个维度出发，共制定了四个研究内容（图 2-1），具体如下。

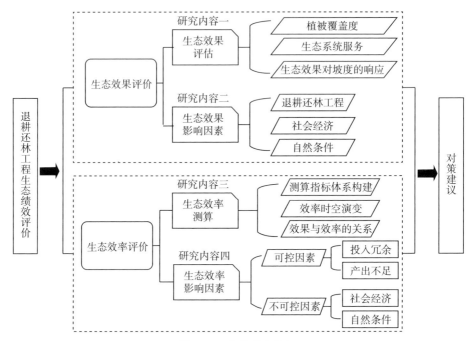

图 2-1　总体研究框架

内容一：黄土高原退耕还林工程的生态效果评价，主要回答问题①涉及内容，对应本书的第 4 章内容。将退耕还林工程的生态效果分为植被覆盖度和生态系统服务两方面，通过探究上述两方面在退耕还林工程实施后的变化，来对退耕还林工程的生态效果进行评价。为此，本部分将立足于客观真实的多源遥感数据（如地形、气候、土地利用、植被 NDVI 等）和 GIS 技术，首先，基于像元二分法实现对黄土高原植被覆盖度的计算，再基于 RUSLE 等多种生物物理模型，实现对黄土高原土壤侵蚀、植被碳汇、土壤保持等多种生态系统服务的模拟；其次，将黄土高原 2000 年的植被覆盖度和各项生态系统服务作为基期，探究植被覆盖度和各项生态系统服务在退耕还林工程实施的 2000—2018 年发生的时空变化；最后，考虑到坡度是退耕还林工程实施的核心要素，引入坡度变量，探究黄土高原植被覆盖度和生态系统服务变化对坡度的响应，以期全面系统地对黄土高原退耕还林工程的生态效果进行评价。

内容二：黄土高原退耕还林工程生态效果的影响因素分析，主要回答问题②涉及内容，对应本书的第5章内容。该部分主要包括：首先，将退耕还林工程看作一项准自然实验，运用多期DID模型分离工程效应、时间效应、自然效应和社会经济效应，更好地估计工程实施的真实生态效果，同时检验自然条件和社会经济因素对生态效果的影响；其次，采用基于DID模型拓展的事件研究法，探究退耕还林工程实施对生态效果是否具有持续性影响；再次，为了保证多期DID模型结果的科学性与可靠性，采用PSM-DID、更换因变量等方式对基准回归结果进行稳健性检验；最后，考虑到黄土高原地域辽阔，各地自然条件存在较大的空间异质性，基于气候分区对退耕还林工程生态效果的影响因素进行异质性分析。

内容三：黄土高原退耕还林工程生态效率测算，主要回答问题③涉及内容，对应本书的第6章内容。该部分主要包括：首先，在理论分析的基础上，从投入和产出两个维度构建退耕还林工程生态效率测算指标体系，并对指标选取进行具体分析；其次，基于构建的生态效率测算指标体系，运用DEA-BCC模型对多投入多产出维度的工程生态效率进行测算；再次，通过核密度估计分析黄土高原退耕还林工程生态效率的时间动态演进，通过重心转移、标准差椭圆和ESDA分析黄土高原退耕还林工程生态效率的空间分布格局与空间关联、集聚特征；最后，基于内容一中对黄土高原退耕还林工程生态效果的评价结果以及内容三中对退耕还林工程生态效率的测算结果，对两者之间的关系进行检验，并进一步将两者之间的关系划分为"低成效—低效率""低成效—高效率""高成效—低效率"和"高成效—高效率"四种类型，从县域视角对生态效果与效率之间的关系类型进行空间识别。

内容四：黄土高原退耕还林工程生态效率的影响因素分析，主要回答问题④涉及内容，对应本书的第7章内容。该部分主要从可控因素和不可控因素两方面对黄土高原退耕还林工程生态效率的影响因素进行分析。首先，在影响退耕还林工程生态效率的可控因素上，基于用DEA-BCC模型测算工程生态效率时得到的投入冗余与产出不足值，对影响黄土高原全区及各气候区退耕还林工程生态效率高低的原因进行分析；其次，进一步从县域视角出发，对工程生态效率的投入冗余与产出不足在空间上的分布及其变化进行分析，以对内容三中的工程生态效率空间演变情况进行解释；再次，在影响退耕还林工程生态效率的不可控因素上，从自然条件和社会经济两方面选取影响工程生态效率的不可控因素，通过理论分析确定不可控因素对工程生态效率可能的影响方向，使用Tobit模型检验不可控因素对工程生态效率的影响方向和程度，还就气候分区下工程生态效率的影响因素异质性进行了回归检验；最后，为了保证Tobit回归结果的科学性与可靠性，采用替换自变量、稳健 OLS 估计等多种方式对基准回归结果进行稳健性检验。

最后，依据该逻辑分析框架，结合上述四个实证内容的研究结果，对退耕还林工程和未来生态修复工程的实施提出具体可行的对策建议。

2.4　本章小结

本章首先对本书涉及的退耕还林工程、退耕还林工程生态绩效、退耕还林工程生态效果等核心概念进行了界定，厘清了研究对象涉及的相关概念的内涵与外延；其次，梳理并阐述了与本书有密切关联的经济学、生态学等理论，为后续研究奠定了坚实的理论基础；最后，基于上述核心概念与相关理论，构建了本书的总体研究框架，并从生态效果与生态效率两个维度出发，提出了亟待解决的科学问题以及具体的研究内容，同时针对每一内容针对性地提出了可能采用的研究方法。

第 3 章 黄土高原退耕还林工程的 生态效果评价

通过前文可知，在中央巨大的资金投入下，退耕还林工程在黄土高原得到了有效实施，区域内土地利用结构得以调整，退耕造林面积显著。那么，黄土高原在退耕还林工程实施后的生态效果如何？植被覆盖度是否得到了增加？水土流失是否得到了遏制？生态系统服务功能又是否得到了提升？以上正是本章所要解决的科学问题。为此，本章将基于多源遥感数据，利用生物物理模型，在 GIS 技术支持下，对 2000—2018 年黄土高原的植被覆盖度、土壤侵蚀模数和生态系统服务进行计算，并在此基础上就三者的时空变化及其对坡度的响应进行分析，对黄土高原退耕还林工程的生态效果进行系统全面的评价。

3.1 理论分析

生态恢复对生态系统的影响是潜在的、长期的和巨大的，加之生态系统功能的多形态性和作用的多变性，使得这一影响过程变得极为复杂（章家恩等，1999）。生态系统服务功能赋存于生态系统结构及生态过程当中，不同的生态系统结构和生态过程决定了生态系统服务功能的差异（张志强等，2001）。具体而言，退耕还林工程对生态环境改善的具体路径如下：首先，退耕还林工程通过对区域土地利用结构的调整，使区域林草面积和植被覆盖度得以增加；其次，区域生态系统的气候、土壤、水文、物种等生态组分结构也随之发生改变；最后，通过能量和物质循环等生态过程将上述影响由区域内生态系统向周边生态系统逐渐传递，引起生态系统植被、作物、土壤、微生物等生态系统组分结构的改变，进而作用于生态系统服务功能变化，最终达到改善生态环境的目的（韩新辉，2008）。基于此，本章将立足于真实客观的多源遥感数据，首先对黄土高原退耕还林工程实施后的植被覆盖度进行测算，并在此基础上，将土地利用、植被覆盖度以及气候、土壤、地形等因素纳入生物物理模型，借助 GIS 技术对土壤保持、水源涵养、碳储存、生物多样性等生态系统服务进行模拟测算。其次，将 2000 年作为黄土高原退耕还林工程的实施基期，对 2000—

2018 年退耕还林工程实施后的植被覆盖度和生态系统服务时空变化进行深入分析。最后，由退耕还林工程定义可知，退耕还林所退耕地为坡耕地，将易造成水土流失的坡耕地停止耕作，然后在所退坡耕地上植树造林，进而达到保护和改善环境的目的。由此定义不难得出，坡度为贯穿退耕还林工程的核心要素，无论是"退耕"还是"造林"都离不开坡度。因此，在外文文献中，通常把"退耕还林工程"翻译为"sloping land conversion program"，即"坡耕地转换工程"。基于此，在对 2000—2018 年黄土高原植被覆盖度和生态系统服务时空变化进行分析的基础上，引入坡度要素，并将其作为表征退耕还林工程的政策变量，探究植被覆盖度和生态系统服务时空变化对退耕还林工程的响应情况。考虑到水、土壤、生物是自然生态系统最基础、最重要的三个要素，借鉴 Lü 和 Fu 等（2012）、Su 和 Fu（2013）、Jia 和 Fu 等（2014）在研究中的做法，选取了水源涵养、土壤保持和植被碳汇三种生态系统服务与自然生态系统中的水、土壤、生物三种要素相对应。其中，水源涵养、土壤保持和植被碳汇分别对应着生态系统服务中的调节服务、供给服务和支持服务，这三种生态系统服务能在极大程度上反映出区域生态系统服务的综合状况（Feng et al.，2017；Fu et al.，2015）。此外，除了选择上述三种生态系统服务外，还增加了支持服务中的生物多样性服务。综上所述，将基于水源涵养、土壤保持、植被碳汇和生物多样性四种生态系统服务，分析黄土高原退耕还林工程实施对生态系统服务的影响。

3.2 研究方法

3.2.1 植被覆盖度估算

随着遥感技术的发展，实现了对生态环境的大范围、长时间序列监测。植被覆盖度作为表征生态环境的重要指标，目前已有多种遥感方法可用于对其的评估。在多种方法中，像元二分模型是最为便捷、准确、常用的模型（李苗苗，2003）。本章也将使用像元二分模型完成对黄土高原植被覆盖度的估算。像元二分模型的主要思想为（熊俊楠等，2018；赵舒怡等，2015）：假设像元信息由植被 S_v 和非植被 S_s 组成，组成植被所占比例即为该像元的植被覆盖度（用 F_c 表示），与之对应的非植被比例为（$1-F_c$），进而可推出植被覆盖度模型。

$$F_c = (S-S_s)/(S_v-S_s) \qquad (3-1)$$

式中，F_c 表示植被覆盖度，S 表示混合像元遥感信息，S_v 表示纯植被覆盖时遥感信息，S_s 表示纯非植被覆盖时遥感信息。

基于归一化植被指数（NDVI）与植被覆盖度之间的高度相关性，结合李苗苗（2003）的研究，可建立基于 NDVI 的植被覆盖度估算模型：

$$F_c = (NDVI - NDVI_s)/(NDVI_v - NDVI_s) \qquad (3-2)$$

式中，F_c 为植被覆盖度；$NDVI$ 为任意像元 $NDVI$ 值；$NDVI_s$ 为纯土壤像元的 $NDVI$ 值，理论上接近于 0；$NDVI_v$ 为纯植被像元 $NDVI$ 值，理论上接近于 1。分别采用 0.5% 置信度截取 $NDVI$ 的上下阈值，将 $NDVI$ 值最大的 0.5% 区域作平均值，得到 $NDVI_v$；将 $NDVI$ 值最小的 0.5% 区域作平均值，得到 $NDVI_s$。

3.2.2 植被碳汇计算

植被净初级生产力（net primary productivity，NPP）代表绿色植物扣除自养呼吸后在单位时间和单位面积上所积累的有机物质总量，即植物光合作用所吸收碳与呼吸作用所释放碳之间的差值（Cramer et al.，1999；Field et al.，1998）。植被 NPP 作为表征植被恢复和退化的一个重要指标，在调节生态环境、减缓全球变暖和维持全球碳循环平衡方面发挥着重要作用。植被 NPP 可通过植物光合作用吸收的 CO_2 含量和产生的干物质含量进行推算，其化学方程式为（Zhou et al.，2017）：

$$6CO_2 + 6H_2O \xrightarrow{\text{光照、叶绿体、酶}} C_6H_{12}O_6 + 6O_2 \qquad (3-3)$$

由上式可得，光合作用每产出 1g 干物质消耗 1.62g CO_2，干物质中碳含量约占总 NPP 的 45%，故可将植被碳汇（VCS）计算公式设定成（Chen et al.，2020）：

$$VCS = 1.62 \times (NPP \div 0.45) \qquad (3-4)$$

式中，VCS 为植被碳汇，NPP 为植被净初级生产力，单位均为 $gC/(m^2 \cdot 年)$。为了确保使用上述公式对黄土高原植被碳汇计算的准确性和可靠性，基于实测结果对计算结果进行了验证，结果表明计算结果是准确可靠的，可用于后续的研究分析中。具体的校验结果详见 Deng 等（2022a）研究中的附录部分。

3.2.3 土壤侵蚀和土壤保持计算

土壤保持服务是生态系统提供的一项重要调节服务，它通过减少雨水对土壤的直接冲刷，减缓土壤侵蚀，遏制水土流失，维护土地生产力，防止湖泊、河流和水库淤泥堆积（欧阳志云等，1999）。在当前的科学研究中，土壤保持服务通常是在对土壤侵蚀的评估中间接得出，具体指的是潜在土壤侵蚀与实际土壤侵蚀之差（刘月等，2019；饶恩明等，2013）。在土壤侵蚀评估中，常用美国通用土壤流失方程（universal soil loss equation，USLE）和修正的通用土壤流失方程（revised universal soil loss equation，RUSLE）作为计算模型。

虽然上述两个模型均为经验统计模型，但其具有可操作性强、所需输入参数少和结果准确性较高等优点，目前已在世界范围内得到了广泛运用（陈云明等，2004）。基于此，本研究将采用 RUSLE 模型（Renard，1997）对研究区域土壤侵蚀量和土壤保持量进行评估，其具体公式为：

$$SR = RKLS - USLE = R \times K \times LS - R \times K \times LS \times C \times P \\ = R \times K \times LS \times (1 - C \times P) \quad (3-5)$$

式中，SR 为年度土壤保持量，单位为 t/(hm^2·年)；$RKLS$ 为年度潜在土壤侵蚀量，单位为 t/(hm^2·年)；$USLE$ 为年度实际土壤侵蚀量，单位为 t/(hm^2·年)；R 为降雨侵蚀力因子，单位为 MJ·mm·ha^{-1}/(h·年)；K 为土壤可蚀性因子，单位为 t·h/(MJ·mm)；LS 为坡长坡度因子，无量纲；C 为植被覆盖与管理因子，无量纲；P 为水土保持措施因子，无量纲。各因子的具体计算公式如下。

（1）降雨侵蚀力因子（R）

降雨是土壤侵蚀的动力和前提条件，其反映的是降雨所引起土壤搬运和分离的动力大小（章文波等，2003）。下面将采用由 Wischmeier 等（1978）提出的公式实现对降雨侵蚀力的计算。

$$R = \sum_{i=1}^{12} 1.735 \times 10^{(1.5 \lg \frac{p_i^2}{p} - 0.818\,8)} \times 17.02 \quad (3-6)$$

式中，p_i 为月平均降水量，单位为 mm；p 为年平均降水量，单位为 mm。

（2）土壤可蚀性因子（K）

K 为土壤可蚀性因子，能使不同土壤性质的潜在侵蚀差异得到充分反映，是评价土壤对侵蚀敏感程度的重要指标，是进行土壤侵蚀预报的重要参数（张科利等，2007）。下面将采用由 Williams 等（1983）提出的 EPIC 模型完成对土壤可蚀性因子的计算。计算公式为：

$$K = 0.131\,7 \times \left\{ 0.2 + 0.3 \times \exp\left[-0.025\,6SAN\left(1 - \frac{SIL}{100}\right) \right] \right\} \left(\frac{SIL}{CLA+SIL}\right)^{0.3} \times$$
$$\left[1 - 0.25 \times \frac{C}{C + \exp(3.72 - 2.95C)} \right] \left[1 - 0.7 \times \frac{SN_1}{SN_1 + \exp(22.95SN_1 - 5.51)} \right]$$
$$(3-7)$$

式中，SAN、SIL 和 CLA 分别为砂粒、粉粒和黏粒质量含量（%），C 为土壤有机碳质量含量（%），0.131 7 为美制单位转为国际单位的系数。

（3）坡长坡度因子（LS）

LS 为坡长坡度因子，是代表地形对土壤侵蚀的重要因子。坡长坡度因子是由坡长（L）和坡度（S）组成的一种复合因子，定义为实际坡长坡度条件下的土壤侵蚀量与标准小区条件下（坡度为 9％，坡长为 22.13m）土壤侵蚀量的比值（Renard，1997）。对 LS 的计算将采用 Zhang 等（2013）在对黄土高原土壤侵蚀研究中提出的算法，其具体公式为：

$$L=(\lambda/22.13)^m$$

$$S=\begin{cases}10.8\sin\theta+0.03 & \theta<9\% \\ 16.8\sin\theta-0.50 & \theta\geqslant9\%\end{cases}$$

$$m=\beta/(1+\beta)$$

$$\beta=\sin\theta/[3(\sin\theta)^{0.8}+0.56] \qquad (3-8)$$

式中，L 为坡长因子，S 为坡度因子，λ 是坡长因子水平投影长度，m 是坡长因子可变指数，β 是一个随坡度变化的系数，θ 是坡度角度（％）。

（4）植被覆盖与管理因子（C）

C 为植被覆盖与管理因子（cover-management factor），取值在 0～1，无量纲，表示植被覆盖和管理措施对土壤侵蚀的影响，是人为控制土壤侵蚀的重要因子，也是 RUSLE 模型中的重要参数之一（张岩等，2002；冯强等，2014）。区域土壤侵蚀受植被覆盖与管理方式改变的影响各不相同，但其对土壤侵蚀的减少主要通过截留降雨、增加入渗、减缓径流来实现（贾磊等，2021）。下面将采用蔡崇法等（2000）建立的植被覆盖度与 C 之间的回归方程计算 C 值，计算公式为：

$$C=\begin{cases}1 & VFC=0 \\ 0.6508-0.3436\lg VFC & 0<VFC\leqslant78.3\% \\ 0 & VFC>78.3\%\end{cases} \qquad (3-9)$$

式中，VFC 为植被覆盖度。植被覆盖度将基于研究区域 $NDVI$ 数据，运用像元二分模型计算获得。

（5）水土保持措施因子（P）

P 为水土保持措施因子，指采取修筑梯田等水土保持措施时的土壤侵蚀量与无任何措施时的侵蚀量之比，取值为 0～1，0 表示无侵蚀，1 表示未采取任何水土保持措施（Renard，1997）。通过参考使用 RUSLE 模型计算黄土高原土壤侵蚀的相关研究（陈浩，2019；Jin et al.，2021；Yan et al.，2018），将耕地、林地和草地的 P 值分别设置为 0.31、0.05 和 0.16，将水域、建设用地和未利用地的 P 值设置为 1。

为了确保 RUSLE 模型对黄土高原土壤侵蚀计算的适用性和准确性，基于实测结果对计算结果进行了验证，结果表明计算结果是准确可靠的，可用于后续的研究分析中。具体的校验结果详见 Deng 等（2022a）研究中的附录部分。

3.2.4　水源涵养和生物多样性计算

在对水源涵养和生物多样性的评估上，将参考《生态保护红线划定指南》所提供的参考公式对其进行计算。其中水源涵养服务以生态系统水源涵养服务能力指数作为评估指标，生物多样性服务以生物多样性维护服务能力指数作为评估指标。两种服务能力指数具体公式分别为：

$$WC = NPP_i \times F_{sic} \times F_{pre} \times (1 - F_{slo}) \qquad (3-10)$$

$$Biod = NPP_i \times F_{pre} \times F_{tem} \times (1 - F_{de}) \qquad (3-11)$$

式中，WC 表示水源涵养服务能力指数，$Biod$ 表示生物多样性维护服务能力指数；NPP_i 为黄土高原在第 i 年的 NPP 值，$i = 2000$，2001，2002，…，2018；F_{sic} 为土壤渗流因子，F_{pre} 为多年平均降雨因子，F_{slo} 为坡度因子，F_{tem} 为多年平均气温因子，F_{de} 为海拔因子。在进行公式计算时，需将公式中的所有因子均归一化到 0～1。

3.2.5　生态效果的时空演变趋势

为定量分析 2000—2018 年黄土高原生态效果随时间变化的关系，将采用一元线性回归分析法，其可以模拟每个栅格的变化趋势，即以时间为自变量，以各生态效果（如植被覆盖度、土壤保持、植被碳汇等）为因变量，利用最小二乘法逐像元拟合年均生态效果的斜率，从而得到各生态效果的时空演变趋势（宋怡等，2008）。一元线性回归分析计算公式如下：

$$Slope = \frac{n \times \sum_{i=1}^{n}(i \times f_i) - \left(\sum_{i=1}^{n} i\right)\left(\sum_{i=1}^{n} f_i\right)}{n \times \sum_{i=1}^{n} i^2 - \left(\sum_{i=1}^{n} i\right)^2} \qquad (3-12)$$

式中，$Slope$ 为多年生态效果线性拟合斜率值；n 为统计年数，在此处 $n = 19$；f_i 表示第 i 年生态效果值。当 $Slope > 0$ 时，表示生态效果呈逐年增加的趋势，生态状况得到了有效改善；反之，当 $Slope < 0$ 时，表示生态效果呈逐年减少的趋势，生态状况遭到破坏，出现退化。

生态效果变化趋势的显著性检验以 F 检验为基础进行（邓元杰等，2020），统计量 F 的计算公式为：

$$F = \frac{U}{Q} \times (n-2) \qquad (3-13)$$

$$U = \sum_{i=1}^{n}(\hat{y}_i - \overline{y})^2 \qquad (3-14)$$

$$Q = \sum_{i=1}^{n}(y_i - \hat{y})^2 \qquad (3-15)$$

式中，U 表示误差平方和，反映自变量时间对因变量生态效果的作用程度；Q 表示残差平方和，反映其他因素的作用引起的因变量生态效果的波动程度；y_i 表示第 i 个年份的生态效果值，$\hat{y}_i$ 和 $\bar{y}$ 分别为生态效果的回归值和平均值，n 为年份数。本章计算生态效果的一元线性趋势回归及对变化趋势显著性水平的检验均使用 MATLAB R2018a 软件编程计算得到。

3.2.6　坡度设置

基于黄土高原地形海拔遥感数据，根据第三次全国国土调查技术规程（TD/T 1055—2019）中规定的耕地坡度分级标准，将黄土高原坡度按下列标准划分了五个坡度级别：$<2°$、$2°\sim6°$、$6°\sim15°$、$15°\sim25°$、$\geqslant25°$。

3.3　数据来源

本章的数据主要包括遥感数据、气象数据、土壤数据、地形数据和基础地理信息数据五大类。各数据的具体来源、详细信息及具体用途如下。

3.3.1　遥感数据

本章使用的遥感数据包括土地利用遥感数据、植被 NDVI 数据及植被 NPP 数据。其中，土地利用遥感数据将用于土地利用变化分析以及土壤侵蚀或保持计算中的 P 因子赋值，植被 NDVI 数据将用于计算植被覆盖度和土壤侵蚀或保持计算中的 C 因子赋值，植被 NPP 数据将用于计算植被碳汇、水源涵养和生物多样性。

（1）土地利用遥感数据

土地利用遥感数据来源于武汉大学杨杰、黄昕两位教授在 Zenodo 数据平台上发布的 1990—2020 年中国 30 米土地利用变化数据（Yang et al.，2021）。利用在 GEE 平台（google earth engine，GEE）获取的 335 709 张陆地卫星遥感影像，通过现有土地利用数据集和从卫星时间序列数据、谷歌地球和谷歌地图中建立的训练样本数据，运用随机森林法得到土地利用初步分类结果，再使用一种将时空过滤和逻辑推理相结合的方法对土地利用初步分类结果进行校正，最终生成中国 1990—2020 年 30 米土地利用数据集。该数据集经过 5 463 个人工解译样本验证，数据精度可达 82.51%。根据"中国资源环境遥感宏观调查与动态研究"项目中的分类标准（刘纪远，1996），将黄土高原土地利用类型分为耕地、林地、草地、水域、建设用地和未利用地六类。土地利用遥感数据将用于土壤侵蚀或保持计算公式中的 P 因子赋值。

（2）植被遥感数据

植被 NDVI 数据来源于美国国家航天局提供的 MOD13A3 产品（https：//ladsweb. modaps. eosdis. nasa. gov/search/order/1/MOD13A3 -- 6），空间分辨率为 1km×1km，时间分辨率为 30d。在对该数据的处理上，首先使用 MRT 工具进行格式和投影转换、波段和拼接处理，然后利用黄土高原边界裁剪获得研究区域 NDVI 数据，最后采用最大值合成法排除云和大气等干扰，得到黄土高原 2000—2018 年 NDVI 数据。植被 NDVI 数据将用于计算土壤侵蚀或保持计算中的 C 因子赋值。

植被 NPP 数据来源于美国国家航天局提供的 MOD17A3HGF 产品（https：//ladsweb. modaps. eosdis. nasa. gov/search/order/1/MOD17A3HGF -- 6），空间分辨率为 500m×500m，时间分辨率为年。在对该数据的处理上，首先在 ArcGIS 10.7 平台中对其进行了预处理，其次利用黄土高原边界裁剪得到黄土高原 2000—2018 年植被 NPP 数据。植被 NPP 数据将用于计算植被碳汇、水源涵养和生物多样性。

3.3.2 气象数据

本章使用的气象数据包括降雨和气温数据，来源于中国气象数据网（https：//data. cma. cn）提供的中国地面气候资料月值数据集，时间跨度为 2000—2018 年。然后基于所获得的气象站点数据，运用 ArcGIS 10.7 软件中的克里金插值法对气温和降雨进行空间化模拟，最后得到黄土高原气温和降雨栅格数据。降雨数据将用于计算土壤侵蚀或保持、水源涵养和生物多样性，气温数据将用于计算生物多样性。

3.3.3 地形数据

本章使用的地形数据主要有地形海拔和地形坡度数据。其中地形海拔数据来源于 OpenTopography 平台（https：//portal. opentopography. org）提供的 SRTM DEM 产品，地形坡度数据为在 ArcGIS 10.7 平台中基于 SRTM DEM 数据计算获得。地形海拔数据将用于计算生物多样性维护服务能力指数，地形坡度数据将用于计算土壤侵蚀或保持、水源涵养。

3.3.4 土壤数据

本章使用的土壤数据来源于联合国粮食及农业组织（FAO）和维也纳国际应用系统研究所构建的世界土壤数据库（harmonized world soil database, HWSD）v1. 2，数据空间分辨率为 1km（https：//www. fao. org/soils-portal/da-ta-hub/soil-maps-and-databases/harmonized-world-soil-database-v12/en）。土 壤 数

据将用于计算土壤侵蚀或保持、水源涵养。

3.3.5 基础地理信息数据

本章使用的基础地理信息包括黄土高原边界数据、黄土高原涉及行政边界数据。其中黄土高原边界数据来源中国科学院资源环境科学与数据中心（https：//www.resdc.cn/data.aspx? DATAID＝140），黄土高原涉及行政边界数据来源于全国地理信息资源目录服务系统所发布的 1：100 万全国基础地理数据库（https：//www.webmap.cn/commres.do? method＝result 100W）。基础地理信息数据将用在对黄土高原生态环境变化的可视化表达与制图中。

3.4 生态效果评价结果分析

3.4.1 植被覆盖度变化

基于黄土高原地区的植被覆盖度计算结果，通过参考 Gu 等（2018）和 Zhu 等（2020）的研究，将黄土高原的植被覆盖度结果分为了以下四个等级：低植被覆盖度（VFC＜25％）、中低植被覆盖度（25％≤VFC＜50％）、中高植被覆盖度（50％≤VFC＜75％）和高植被覆盖度（VFC≥75％）。

（1）植被覆盖度时空变化

从黄土高原植被覆盖度的整体特征来看，2000—2018 年黄土高原的平均植被覆盖度为 54.09％，整体植被覆盖度等级为较高。由黄土高原植被覆盖度的空间分布可得，高等级植被覆盖区主要分布在南部、东部和西部地区，中高等级植被覆盖区主要分布在南部、中部和东北部地区，中低等级植被覆盖区主要分布在北部、西北和西部地区，低等级植被覆盖区主要分布在西北和中西部地区（图 3－1）。整体而言，植被覆盖度在空间分布上自东南向西北逐步递减。

对黄土高原各植被覆盖度等级的面积与变化进行统计可得，2000—2018 年黄土高原低等级和中低等级植被覆盖面积逐年减少（表 3－1）。其中，低等级植被覆盖面积减少最为显著，19 年间减少了 128 513.5km²，减少幅度为 19.79％；中低等级植被覆盖面积在 19 年间减少了 96 251.25km²，减少幅度为 14.82％。相反，中高等级和高等级植被覆盖面积逐年增长。高等级植被覆盖面积增长最为显著，19 年间共增长了 133 713km²，增长幅度为 20.59％；中高等级植被覆盖区域 19 年间共增长了 91 051.75km²，增长幅度为 14.02％。

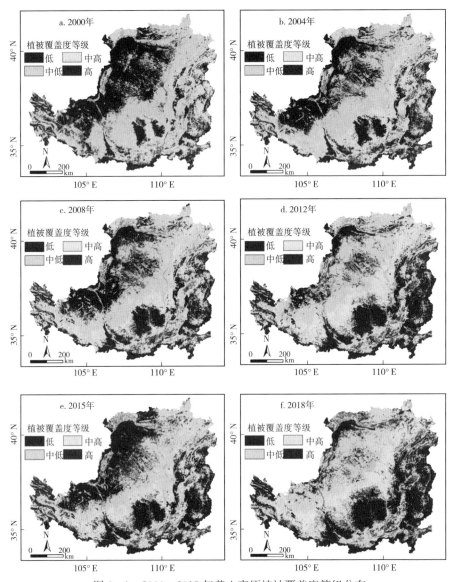

图 3-1　2000—2018 年黄土高原植被覆盖度等级分布

表 3-1　2000 年和 2018 年黄土高原植被覆盖度等级面积统计和变化

植被覆盖度等级	2000 年		2018 年		2000—2018 年变化率/%
	面积/km²	占比/%	面积/km²	占比/%	
低	159 619	24.58	31 105.5	4.79	−19.79
中低	224 146.5	34.52	127 895.25	19.70	−14.82
中高	172 117	26.51	263 168.75	40.53	14.02
高	93 394.75	14.39	227 107.75	34.98	20.59

从黄土高原植被覆盖度的时空变化来看（图 3-2a），2000—2018 年黄土高原植被覆盖度整体呈波动增长态势（$p<0.01$），由 2000 年的 45.09% 增长至 2018 年的 64.15%，年均增长率为 2%。在空间上对 2000—2018 年植被覆盖度进行趋势分析可得（图 3-2b），在 5% 显著性水平下，黄土高原中 60.76% 的区域的植被覆盖度得到了提升，增加区域主要集中分布在陕西和甘肃境内的黄土高原沟壑区和黄土丘陵沟壑区；而植被覆盖退化面积仅占黄土高原总面积的 2.34%，退化区域主要集中分布在黄土高原南部和东部的河谷平原区。

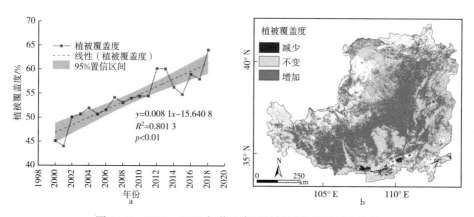

图 3-2　2000—2018 年黄土高原植被覆盖度的时空变化

（2）植被覆盖度变化对坡度的响应

由植被覆盖度变化趋势类型在各坡度范围内的面积占比可得（图 3-3），在坡度 15° 以下范围内，植被覆盖度增加的面积占比随坡度的增加而上升；在坡度 15° 及以上范围内，植被覆盖度增加的面积占比随坡度增加而下降。相反，各坡度范围内植被覆盖度保持不变的面积占比则在坡度 15° 以下范围内随坡度增加而上升，在坡度 15° 及以上范围内随坡度增加而下降。各坡度范围内植被覆盖度变化呈减少的面积占比则随坡度上升而不断下降，植被减少主要集中在小于 2°的坡度范围内。整体而言，各坡度范围内的植被覆盖度增加面积均大于减少面积。其中，6°～15°为植被覆盖度增加面积最大的坡度范围，植被覆盖度增加面积占该坡度范围内植被覆盖度变化总面积的 70.62%；在 15°～25°和 2°～6°范围内，植被覆盖度增加面积分别占各坡度范围内植被覆盖度变化总面积的 63.81%和 63.55%；在小于 2°坡度范围内，虽是植被覆盖度减少最多的区域，但植被覆盖度增加面积仍占该坡度范围总面积的 51.04%。

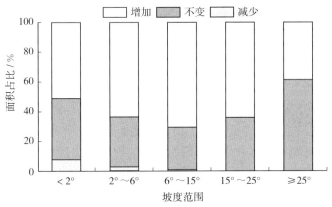

图 3-3　2000—2018 年黄土高原植被覆盖度变化趋势
类型在不同坡度范围内的面积占比

3.4.2　土壤侵蚀变化

基于黄土高原 2000—2018 年的土壤侵蚀结果，根据中华人民共和国水利部发布的土壤侵蚀分类分级标准（SL 190—2007），将土壤侵蚀分为了以下六个等级：微度，平均土壤侵蚀≤10t/（hm²·年）；轻度，10t/（hm²·年）＜平均土壤侵蚀≤25t/（hm²·年）；中度，25t/（hm²·年）＜平均土壤侵蚀≤50t/（hm²·年）；强烈，50t/（hm²·年）＜平均土壤侵蚀≤80t/（hm²·年）；极强烈，80t/（hm²·年）＜平均土壤侵蚀≤150t/（hm²·年）；剧烈，平均土壤侵蚀＞150t/（hm²·年）。

对黄土高原 2000 年和 2018 年的土壤侵蚀情况进行统计可得（表 3-2），黄土高原土壤侵蚀强度以微度为主，微度侵蚀面积占总面积的 65%以上。2000—2018 年，微度侵蚀面积呈增加趋势，19 年间面积增长幅度为 10.66%。微度侵蚀在空间上主要分布在黄土高原南部的河谷平原区、西北部的沙地和沙漠区、北部的农灌区，上述地区地形平坦，不易发生水土流失（图 3-4）。2000—2018 年，黄土高原轻度及以上土壤侵蚀面积均呈下降趋势，19 年间轻度、中度、强烈、极强烈和剧烈侵蚀面积减少幅度分别为 2.46%、2.77%、

2.08％、2.16％和 1.19％。轻度及以上土壤侵蚀在空间上主要分布在黄土高原沟壑区、黄土丘陵沟壑区和土石山区，上述地区地形破碎，千沟万壑，坡度大，黄土土质疏松，抗冲刷能力差，加之降雨集中，导致区域内水土流失严重。

表 3 - 2　2000 年和 2018 年黄土高原土壤侵蚀强度面积统计及变化

侵蚀强度	2000 年		2018 年		2000—2018 年变化幅度/%
	面积/km²	占比/%	面积/km²	占比/%	
微度	419 086.5	65.09	487 701	75.75	10.66
轻度	71 859.25	11.16	56 025	8.70	—2.46
中度	65 070	10.11	47 285.25	7.34	—2.77
强烈	38 722.25	6.01	25 320.25	3.93	—2.08
极强烈	32 309.25	5.02	18 393.25	2.86	—2.16
剧烈	16 808.5	2.61	9 131	1.42	—1.19

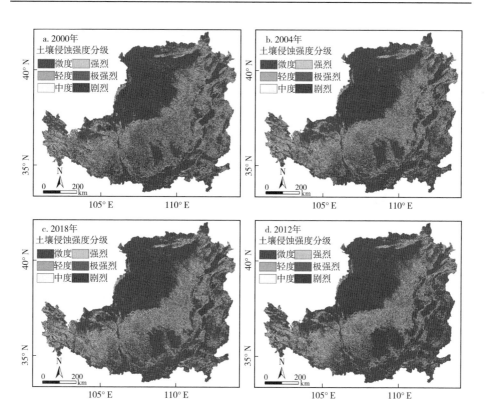

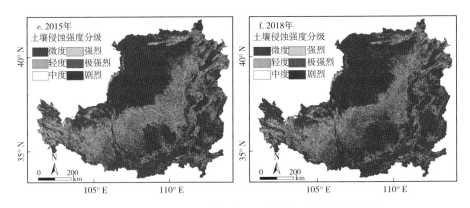

图 3-4　2000—2018 年黄土高原土壤侵蚀强度的空间分布

从黄土高原平均土壤侵蚀的时间变化来看（图 3-5a），2000—2018 年黄土高原平均土壤侵蚀模数整体呈波动下降态势（$p<0.01$），由 2000 年的 21.84t/(hm² · 年) 下降至 2018 年的 13.86t/(hm² · 年)，平均土壤侵蚀模数在研究期内共减少了 7.98t/(hm² · 年)，减少幅度为 36.54%，年均减少率为 1.92%。在空间变化上，使用 ArcGIS10.7 软件，用 2018 年土壤侵蚀图层减去 2000 年土壤侵蚀图层，由此得到 2000—2018 年黄土高原土壤侵蚀的空间变化（图 3-5b），发现黄土高原土壤侵蚀减少主要集中分布在黄土高原西南部的黄土高原沟壑区、黄土高原中部和东北部的黄土高原丘陵沟壑区、黄土高原东部的土石山区。上述地区在 2000 年退耕还林工程开始实施时正是黄土高原土壤侵蚀最为严重的地区，因此上述地区一直是退耕还林工程实施的重点地区（Deng et al.，2022b）。由前文分析可得，上述地区内退耕造林面积较多，植被覆盖度增加显著，使区域内的水土流失得到了有效遏制，土壤侵蚀模数显著减少（图 3-5b）。

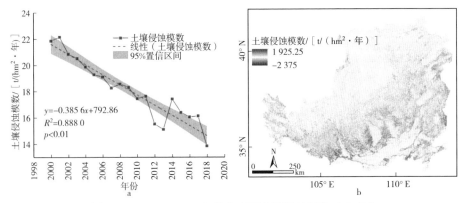

图 3-5　2000—2018 年黄土高原土壤侵蚀模数时空变化

进一步运用 ArcGIS10.7 软件对 2000—2018 年黄土高原土壤侵蚀在不同坡度范围内的减少面积进行统计（图 3-6）。2000—2018 年黄土高原土壤侵蚀减少面积在坡度 15°以下范围随坡度升高而增加，在坡度 15°及以上范围随坡度升高而降低。土壤侵蚀减少面积主要集中分布在坡度 6°～15°和 15°～25°两个范围内，两个范围内的土壤侵蚀减少面积分别占土壤侵蚀减少总面积的 43.04％和 30.43％。

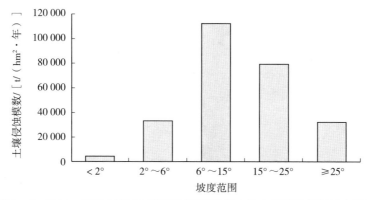

图 3-6　2000—2018 年黄土高原不同坡度范围内的土壤侵蚀模数减少面积

3.4.3　生态系统服务变化

(1) 植被碳汇

基于黄土高原 2000 年的植被碳汇数据，运用 ArcGIS 软件中的自然断点法将其从低到高划分为了五个等级。五个等级的划分范围分别为：低等级，$0～435.12gC/(m^2 \cdot 年)$；中低等级，$435.13～767.86gC/(m^2 \cdot 年)$；中等等级，$767.87～1\ 087.80gC/(m^2 \cdot 年)$；中高等级，$1\ 087.81～1\ 471.73gC/(m^2 \cdot 年)$；高等级，$1\ 471.74～3\ 263.40gC/(m^2 \cdot 年)$。再以此为标准，将黄土高原 2001—2018 年植被碳汇划分为了五个等级。

①植被碳汇时空变化。从黄土高原植被碳汇的整体特征来看（图 3-7），2000—2018 年黄土高原多年平均植被碳汇量为 $1\ 013.88gC/(m^2 \cdot 年)$。在空间分布上，黄土高原植被碳汇的空间分布格局同植被覆盖度基本一致，在空间上呈自东南向西北递减态势。

从黄土高原植被碳汇的等级变化来看（表 3-3），2000—2018 年黄土高原中等及以下等级的植被碳汇面积占黄土高原总面积的比例均有不同程度的减少，而中高及以上等级的植被碳汇面积占黄土高原总面积的比例均有不同程度的增加。各等级植被碳汇面积的具体变化为：低等级植被碳汇面积减少最大，由 2000 年占黄土高原总面积的 30.64％减少到 2018 年仅占黄土高原总面积的

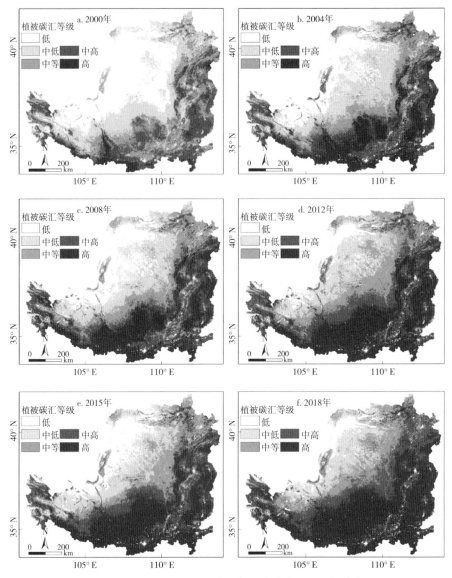

图 3-7 2000—2018 年黄土高原植被碳汇的空间分布

6.06%；中低等级植被碳汇面积占黄土高原总面积的比例由 2000 年的 25.46% 减少至 2018 年的 15.18%；中等等级植被碳汇面积占黄土高原总面积的比例由 2000 年的 21.31% 减少至 2018 年的 17.16%；中高等级植被碳汇面积占黄土高原总面积的比例由 2000 年的 18.18% 上升至 2018 年的 21.23%；高等级植被碳汇面积占黄土高原总面积的比例由 2000 年的 4.41% 上升至 2018

年的 40.37%，为植被碳汇变化最大的等级类型。

表 3-3 2000—2018 年黄土高原各等级植被碳汇的面积统计与变化

植被碳汇等级	2000 年		2018 年		2000—2018 年 变化幅度/%
	面积/km²	占比/%	面积/km²	占比/%	
低	199 624.25	30.64	39 470.25	6.06	-24.58
中低	165 856	25.46	98 871	15.18	-10.28
中等	138 838.75	21.31	111 832.5	17.16	-4.15
中高	118 472.75	18.18	138 303	21.23	3.05
高	28 740	4.41	263 055	40.37	35.96

从黄土高原植被碳汇的时空变化来看（图 3-8a），2000—2018 年黄土高原植被碳汇整体呈波动增长态势（$p < 0.01$），由 2000 年的 737.68gC/（m²·年）增长至 2018 年的 1 296.35gC/（m²·年），提升幅度为 75.73%，年均增长率为 3.99%。在空间上对 2000—2018 年植被碳汇的变化趋势进行分析可得（图 3-8b），在 5% 显著性水平下，黄土高原有 26.32% 区域的植被碳汇保持不变，集中分布在黄土高原的河谷平原区以及西北部的干旱荒漠地区；有 0.82% 区域的植被碳汇减少，主要集中分布在黄土高原河谷平原区内的快速城市化地区以及西北干旱荒漠地区；有 72.85% 区域的植被碳汇增加，主要集中分布在除植被碳汇保持不变和退化外的大多数地区。

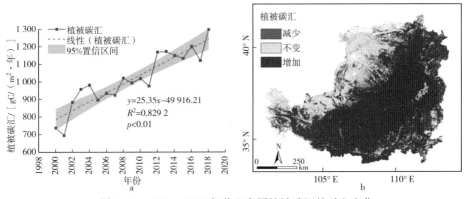

图 3-8 2000—2018 年黄土高原植被碳汇的时空变化

②植被碳汇变化对坡度的响应。由黄土高原各坡度范围内植被碳汇变化类型的面积分布占比可得（图 3-9），在坡度小于 25°范围内，植被碳汇增长面积占各坡度范围总面积的比例随坡度上升而增加，而后在坡度 25°及以上范围内下降。相反，在坡度小于 25°范围内，植被碳汇保持不变面积占各坡度范围

总面积的比例随坡度上升而减小，而后在坡度 25°及以上范围内增加。在坡度小于 6°范围内，植被碳汇减少面积占各坡度范围总面积的比例整体表现为随坡度上升而下降趋势。整体而言，各坡度范围内的植被碳汇增加面积均大于减少面积。其中，15°～25°为植被碳汇增加面积最大的坡度范围，植被碳汇增加面积占该坡度范围内植被碳汇变化总面积的 89.54%；在 6°～15°和 25°及以上坡度范围内，植被碳汇增加面积分别占各自坡度范围内植被碳汇变化总面积的 85.18%和 79.39%；在小于 2°坡度范围内，植被碳汇增加面积占比最少，但仍占该坡度范围植被碳汇变化总面积的 47.75%。

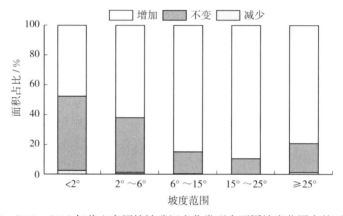

图 3 - 9 2000—2018 年黄土高原植被碳汇变化类型在不同坡度范围内的面积占比

（2）土壤保持变化

基于黄土高原 2000 年的土壤保持数据，运用 ArcGIS 软件中的自然断点法将其从低到高划分为了四个等级。四个等级的划分范围分别为：低等级，$0～254.88t/(hm^2 \cdot 年)$；较低等级，$254.89～892.07t/(hm^2 \cdot 年)$；较高等级，$892.08～2\,230.24t/(hm^2 \cdot 年)$；高等级，$2\,230.25～8\,124.45t/(hm^2 \cdot 年)$。再以此为标准，将黄土高原 2001—2018 年土壤保持划分为了四个等级。

①土壤保持时空变化。从黄土高原土壤保持的整体特征来看（图 3 - 10），2000—2018 年黄土高原多年平均土壤保持为 $227.83t/(hm^2 \cdot 年)$。由黄土高原土壤保持的空间分布可得，土壤保持高值及中高值区域主要分布在黄土高原南部、东部、中部和西部山区，土壤保持较低区域主要分布在黄土高原中部、东北部、西南部以及东部地区，土壤保持低值区域则主要分布在黄土高原河谷平原区、沙地和沙漠地区。

从黄土高原植被覆盖度等级变化来看（表 3 - 4），2000—2018 年黄土高原各土壤保持等级面积除低值区域减少外，其余等级面积均有不同程度的增加。具体而言：黄土高原土壤保持低值区域面积由 2000 年的 475 195.75km² 减少

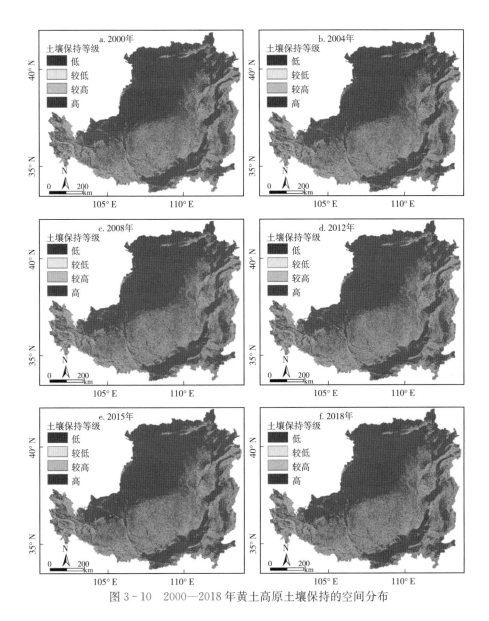

图 3-10 2000—2018 年黄土高原土壤保持的空间分布

至 2018 年的 470 432.75km² ，减少幅度为 0.75%；土壤保持较低值区域面积由 2000 年的 129 763km² 增长至 2018 年的 131 642.75km² ，增长幅度为 0.30%；土壤保持较高值区域面积由 2000 年的 33 005.75km² 增长至 2018 年的 35 699.5km² ，增长幅度为 0.41%，为增加最多的土壤保持等级；土壤保持高值区域面积由 2000 年的 5 891.25km² 增长至 2018 年的 6 080.75km² ，增长幅度为 0.03%。

表 3 - 4 2000—2018 年黄土高原各等级土壤保持的面积统计与变化

土壤保持分级	2000 年		2018 年		2000—2018 年
	面积/km²	占比/%	面积/km²	占比/%	变化幅度（%）
低	475 195.75	73.81	470 432.75	73.06	−0.75
较低	129 763	20.15	131 642.75	20.45	0.30
较高	33 005.75	5.13	35 699.5	5.54	0.41
高	5 891.25	0.91	6 080.75	0.94	0.03

从黄土高原土壤保持的时空变化来看（图 3 - 11a），2000—2018 年黄土高原平均土壤保持整体呈波动增长态势（$p < 0.01$），由 2000 年的 224.11t/（hm² · 年）增长至 2018 年的 232.08t/（hm² · 年），平均土壤保持在研究期内共增长了 7.97t/（hm² · 年），增长幅度为 3.56%，年均增长率为 0.19%。由 2000—2018 年黄土高原土壤保持的空间变化趋势结果可得（图 3 - 11b），在 5% 显著性水平下，黄土高原土壤保持增加区域面积占土壤保持变化总面积的 33.77%，主要分布在黄土高原中部和东北部的丘陵沟壑区、西部和西南部的高原沟壑区、东部和北部的土石山区；黄土高原土壤保持不变区域面积占土壤保持变化总面积的 64.46%，主要分布在黄土高原南部、东部和北部的河谷平原区、西北部的沙地和沙漠区；黄土高原土壤保持减少区域面积仅占土壤保持变化总面积的 1.77%，主要分布在黄土高原中东部和西北角地区。

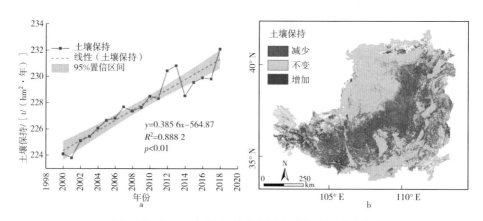

图 3 - 11 2000—2018 年黄土高原土壤保持的时空变化

②土壤保持对坡度的响应。由黄土高原各坡度范围内土壤保持变化类型的面积分布占比可得（图 3 - 12），在坡度小于 25°范围内，土壤保持增长面积占各坡度范围总面积的比例随坡度范围上升而增加，而在坡度 25°及以上范围内下降。相反，在坡度小于 25°范围内，土壤保持不变面积占各坡度范围总面积

的比例随坡度范围上升而减少，而在坡度 25°及以上范围内增加。土壤保持减少面积占各坡度范围总面积的比例整体呈随坡度范围上升而增加态势。整体而言，各坡度范围内的土壤保持增加面积均大于减少面积。其中，15°～25°为土壤保持增加面积最大的坡度范围，土壤保持增加面积占该坡度范围内土壤保持变化总面积的 60.79%；在 6°～15°和 25°及以上坡度范围内，土壤保持增加面积分别占各自坡度范围内土壤保持变化总面积的 53.33%和 46.62%；在 2°～6°和小于 2°坡度范围内，土壤保持增加面积占比最少，分别占各自坡度范围内土壤保持变化总面积的 20.07%和 2.10%。

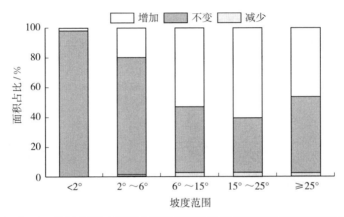

图 3-12　2000—2018 年黄土高原土壤保持变化类型在不同坡度范围内的面积占比

(3) 水源涵养服务能力变化

基于黄土高原 2000 年的水源涵养数据，运用 ArcGIS 软件中的自然断点法将其从低到高划分为了五个等级。五个等级的划分范围分别为：低等级（0～0.032 6）、中低等级（0.032 7～0.079 4）、中等等级（0.079 5～0.135 4）、中高等级（0.135 5～0.200 8）和高等级（0.200 9～0.595 5）。再以此为标准，将黄土高原 2001—2018 年水源涵养服务能力划分为了五个等级。

①水源涵养服务能力时空变化。从黄土高原水源涵养服务能力的整体特征来看（图 3-13），2000—2018 年黄土高原多年平均水源涵养能力指数为 0.087。在空间分布上，黄土高原水源涵养服务能力空间分布格局同植被覆盖度基本一致，在空间上呈自东南向西北递减态势。这也在一定程度上表明了植被覆盖度越好的地方，其水源涵养服务能力越强。

从黄土高原水源涵养服务能力等级变化来看（表 3-5），2000—2018 年黄土高原水源涵养服务能力中低及以下等级面积有不同程度的减少，中等及以上等级面积有不同程度的增加。各等级变化具体为：低等级面积由 2000 年的 187 791.70km² 减少至 2018 年的 131 691.73km²，减少幅度为 8.71%；中低

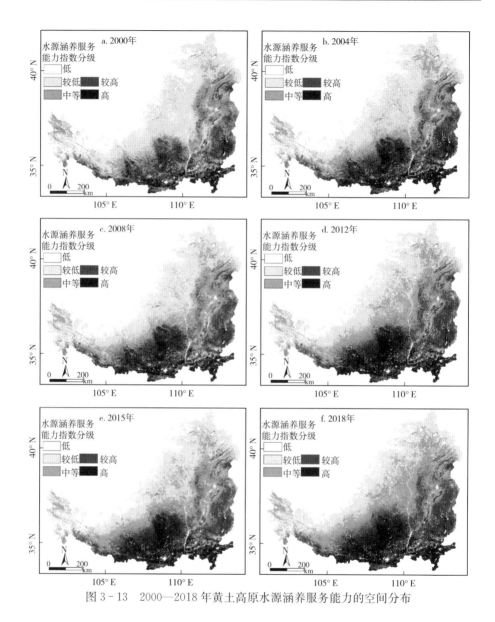

图 3-13　2000—2018 年黄土高原水源涵养服务能力的空间分布

等级面积由 2000 年的 209 511.24km² 减少至 2018 年的 154 678.80km²，减少幅度为 8.51%；中等等级面积由 2000 年的 125 737.23km² 增长至 2018 年的 164 086.26km²，增长幅度为 5.95%；中高等级面积由 2000 年的 92 179.74km² 增长至 2018 年的 114 679.11km²，增长幅度为 3.49%；高等级面积由 2000 年的 29 086.83km² 增长至 2018 年的 79 176.43km²，增长幅度为 7.78%。

表 3-5　2000—2018 年黄土高原各等级水源涵养服务能力的面积统计与变化

水源涵养服务能力分级	2000 年		2018 年		2000—2018 年变化幅度/%
	面积/km²	占比/%	面积/km²	占比/%	
低	187 791.70	29.15	131 691.73	20.44	−8.71
中低	209 511.24	32.52	154 678.80	24.01	−8.51
中等	125 737.23	19.51	164 086.26	25.46	5.95
中高	92 179.74	14.31	114 679.11	17.80	3.49
高	29 086.83	4.51	79 176.43	12.29	7.78

从黄土高原水源涵养服务能力的时空变化来看（图 3-14a），2000—2018 年黄土高原平均水源涵养服务能力指数整体呈波动上升态势（$p<0.01$），由 2000 年的 0.076 3 增长至 2018 年的 0.102 8，平均水源涵养服务能力指数在研究期内共增长了 0.026 5，增长幅度为 34.73%，年均增长率为 1.83%。由 2000—2018 年黄土高原水源涵养服务能力的空间变化趋势结果可得（图 3-14b），在 5% 显著性水平下，黄土高原水源涵养服务能力增加区域面积占水源涵养服务能力变化总面积的 54.01%，主要集中分布在黄土高原中部与东北部的丘陵沟壑区、西南部的高原沟壑区、东部的土石山区；水源涵养服务能力保持不变区域面积占水源涵养服务能力变化总面积的 43.78%，主要集中分布在黄土高原西北部的河谷平原区和沙地沙漠区；水源涵养服务能力下降区域面积占水源涵养服务能力变化总面积的 2.20%，主要集中分布在黄土高原西部、西南部、南部和东部的河谷平原区。

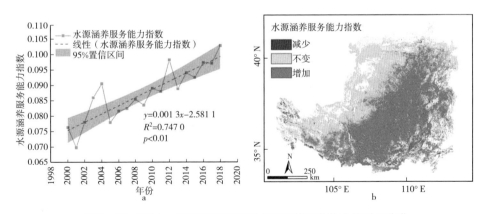

图 3-14　2000—2018 年黄土高原水源涵养服务能力的时空变化

②水源涵养服务能力变化对坡度的响应。由黄土高原各坡度范围内水源涵养服务能力变化类型的面积占比可得（图 3-15），在坡度小于 25° 范围内，水

源涵养服务能力提升面积占各坡度范围总面积的比例随坡度范围上升而增加，而后在坡度 25°及以上范围内下降。相反，在坡度小于 25°范围内，水源涵养服务能力保持不变面积占各坡度范围总面积比例随坡度范围上升而减少，而后在坡度 25°及以上范围内增长。水源涵养服务能力下降面积占各坡度范围内水源涵养服务能力变化总面积的比例在坡度小于 15°范围内随坡度范围上升而下降，而后在坡度 15°及以上范围内随坡度范围上升而增加。整体而言，各坡度范围内的水源涵养增加面积均大于减少面积。其中，15°～25°为水源涵养增加面积最大的坡度范围，水源涵养增加面积占该坡度范围内水源涵养变化总面积的 68.54%；在 6°～15°、25°及以上和 2°～6°坡度范围内，水源涵养增加面积分别占各自坡度范围内水源涵养变化总面积的 68.44%、46.76% 和 46.18%；在小于 2°坡度范围内水源涵养增加面积最小，但仍占该坡度范围水源涵养变化总面积的 28.49%。

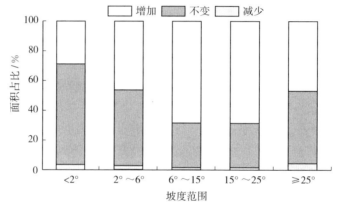

图 3-15　2000—2018 年黄土高原水源涵养服务能力
变化类型在不同坡度范围内的面积占比

（4）生物多样性维护服务能力变化

基于黄土高原 2000 年的生物多样性维护数据，运用 ArcGIS 软件中的自然断点法将其从低到高划分为了五个等级。五个等级的划分范围分别为：低等级（0～0.036 1）、中低等级（0.036 2～0.089 1）、中等级（0.089 2～0.151 7）、中高等级（0.151 8～0.238 4）和高等级（0.238 5～0.614 1）。再以此为标准，将黄土高原 2001—2018 年生物多样性维护服务能力划分为了五个等级。

①生物多样性维护服务能力时空变化。从黄土高原生物多样性维护服务能力的整体特征来看（图 3-16），2000—2018 年黄土高原平均生物多样性维护服务能力指数为 0.067 9。在空间分布上，黄土高原生物多样性维护服务能力

空间分布格局同植被覆盖度基本一致，在空间上呈自东南向西北递减分布。

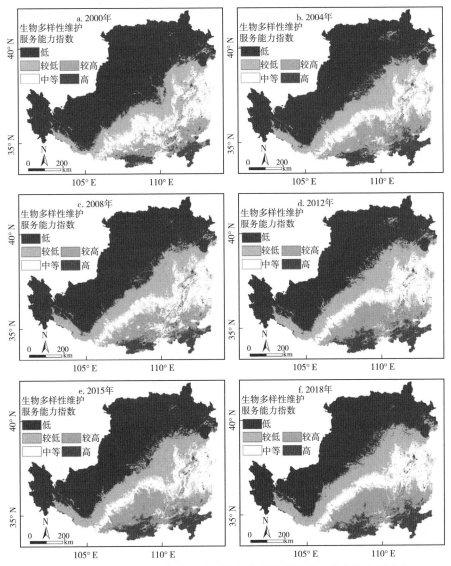

图 3 - 16　2000—2018 年黄土高原生物多样性维护服务能力的空间分布

从黄土高原生物多样性维护服务能力等级变化来看（表 3 - 6），2000—2018 年黄土高原生物多样性维护服务能力低等级和中等等级面积有不同程度的减少，中低、中高和高等级面积有不同程度的增加。各等级变化具体为：低等级面积由 2000 年的 368 928.75km² 减少至 2018 年的 303 753.25km²，减少幅度为 10.12%；中低等级面积由 2000 年的 105 438.75km² 增长至 2018 年的

115 656.25km²，增长幅度为 1.58%；中等等级面积由 2000 年的 98 381km²
减少至 2018 年的 96 702.25km²，减少幅度为 0.27%；中高等级面积由 2000
年的 51 986km² 增长至 2018 年的 92 720.25km²，增长幅度为 6.31%；高等级
面积由 2000 年的 20 078.75km² 增长至 2018 年的 36 235.5km²，增长幅度
为 2.51%。

表 3-6　2000—2018 年黄土高原各等级生物多样性维护服务能力的面积统计与变化

生物多样性维护 服务能力分级	2000 年		2018 年		2000—2018 年 变化幅度/%
	面积/km²	占比/%	面积/km²	占比/%	
低	368 928.75	57.21	303 753.25	47.09	−10.12
中低	105 438.75	16.35	115 656.25	17.93	1.58
中等	98 381	15.26	96 702.25	14.99	−0.27
中高	51 986	8.06	92 720.25	14.37	6.31
高	20 078.75	3.11	36 235.5	5.62	2.51

　　从黄土高原生物多样性维护服务能力的时空变化来看（图 3-17a），
2000—2018 年黄土高原平均生物多样性维护服务能力指数整体呈波动上升态
势（$p<0.01$），由 2000 年的 0.059 7 增长至 2018 年的 0.079 8，平均生物多
样性服务能力指数在研究期内共增长了 0.020 1，增长幅度为 33.67%，年均
增长率为 1.77%。由 2000—2018 年黄土高原生物多样性维护服务能力的空间
变化趋势结果可得（图 3-17b），在 5% 显著性水平下，黄土高原生物多样性
维护服务能力增加区域面积占生物多样性维护服务能力变化总面积的
39.29%，主要集中分布在黄土高原中部与东北部的丘陵沟壑区、西南部的高
原沟壑区、东部的部分土石山区；生物多样性维护服务能力保持不变区域面积
占生物多样性维护服务能力变化总面积的 59.76%，主要集中分布在黄土高原

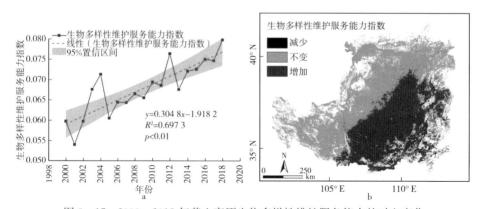

图 3-17　2000—2018 年黄土高原生物多样性维护服务能力的时空变化

西南部、西北部及北部地区；生物多样性维护服务能力下降区域面积占生物多样性维护服务能力变化总面积的 0.95%，主要集中分布在黄土高原南部和东南部的河谷平原区。

②生物多样性维护服务能力变化对坡度的响应。由黄土高原各坡度范围内生物多样性维护服务能力变化类型的面积占比可得（图 3 - 18），在坡度小于 25°范围内，生物多样性维护服务能力提升面积占各坡度范围总面积的比例随坡度范围上升而增加，而后在坡度 25°及以上范围内下降。相反，生物多样性维护服务能力保持不变面积在坡度小于 25°范围内占各坡度范围总面积比例随坡度范围上升而减少，而后在坡度 25°及以上范围内增长。生物多样性维护服务能力下降面积占各坡度范围内生物多样性维护服务能力变化总面积的比例整体表现为随坡度范围上升而下降。整体而言，各坡度范围内的生物多样性维护服务能力增加面积均大于减少面积。其中，15°～25°为生物多样性维护服务能力增加面积最大的坡度范围，生物多样性维护服务能力增加面积占该坡度范围内生物多样性维护服务能力变化总面积的 54.64%；在 6°～15°、25°及以上和 2°～6°坡度范围内，生物多样性维护服务能力增加面积分别占各自坡度范围内生物多样性维护服务能力变化总面积的 51.11%、42.45% 和 29.36%；在小于 2°坡度范围内的生物多样性维护服务能力增加面积最小，占该坡度范围内生物多样性维护服务能力变化总面积的 14.20%。

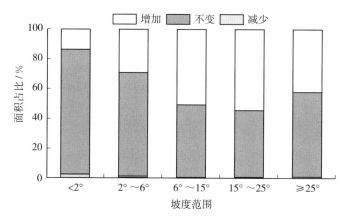

图 3 - 18　2000—2018 年黄土高原生物多样性维护服务能力
变化类型在不同坡度范围内的面积占比

3.5　本章小结

本章从退耕还林工程生态效果的植被覆盖度和生态系统服务两方面出发，基于多源遥感数据，在 GIS 技术支持下，运用像元二分法、RUSLE 等生物物理模型对 2000—2018 年黄土高原的植被覆盖度、土壤侵蚀以及生态系统服务进行了计算，并在此基础上，就三者的时空变化及其对坡度的响应进行了深入分析。由此对黄土高原退耕还林工程的生态效果进行了系统全面的评价。本章得到的主要结论如下。

①在植被覆盖度变化上，2000—2018 年黄土高原植被覆盖度在退耕还林工程实施后得到了显著提升。从时间变化看，黄土高原平均植被覆盖度由 2000 年的 45.09% 增长至 2018 年的 64.15%。植被覆盖度较低及以下等级面积不断缩小，较高及以上等级面积不断扩大。从空间变化看，2000—2018 年黄土高原植被覆盖度得到提升的区域面积占植被覆盖度变化总面积的 60.76%，且主要分布在黄土高原沟壑区和黄土丘陵沟壑区。从对坡度的响应来看，植被覆盖度变化在各坡度范围内的提升面积远大于退化面积，其中植被覆盖度在坡度 6°～15° 和 15°～25° 范围内得到提升的面积占各自坡度范围内植被覆盖变化总面积的比例最大。

②在土壤侵蚀变化上，2000—2018 年黄土高原土壤侵蚀在退耕还林工程实施后得到了有效遏制。从时间变化看，黄土高原平均土壤侵蚀模数由 2000 年的 21.84t/(hm² · 年) 下降至 2018 年的 13.86t/(hm² · 年)，减少幅度为 36.54%。2000—2018 年黄土高原土壤侵蚀等级除微度侵蚀的面积增加外，其余各等级土壤侵蚀面积均有不同程度的减少。从空间变化看，土壤侵蚀减少主要集中分布在黄土高原西南部的黄土高原沟壑区、黄土高原中部和东北部的黄土高原丘陵沟壑区、黄土高原东部的土石山区，上述地区严重的土壤侵蚀情况得到了有效控制。从土壤侵蚀减少在不同坡度范围内的分布来看，土壤侵蚀减少面积主要集中分布在坡度 6°～15° 和 15°～25° 两个范围内，两个范围内的土壤侵蚀减少面积分别占土壤侵蚀减少总面积的 43.04% 和 30.43%。

③在生态系统服务变化上，2000—2018 年黄土高原各项生态系统服务均在退耕还林工程实施后得到了显著提升。从时间变化看，黄土高原平均土壤保持量由 224.11t/(hm² · 年) 增长至 232.08t/(hm² · 年)，增长幅度为 3.56%；平均植被碳汇量由 737.68gC/(m² · 年) 增长至 1 296.35gC/(m² · 年)，提升幅度为 75.73%；平均水源涵养服务能力指数由 0.076 3 增长至 0.102 8，增长幅度为 34.73%；平均生物多样性维护服务能力指数由 0.059 7 增长至 0.079 8，增长幅度为 33.67%。2000—2018 年四项生态系统服务在空间上的较高及高值区域均有不同程度扩大，较低及低值区域均有不同程度缩小。从空间变化来看，黄土高原土壤保持、植被碳汇、水源涵养服务能力及生物多样性维护服务能力增加区域面积分别占各自变化总面积的 33.77%、72.85%、54.01% 和 39.29%，并主要集中分布在黄土高原中部与东北部的丘陵沟壑区、西南部的高原沟壑区、东部的土石山区。从各项生态系统服务变化对坡度的响应来看，

各项生态系统服务在不同坡度范围内的增加面积均大于减少面积。其中，6°～15°和 15°～25°为各项生态系统服务增加面积占各坡度范围生态系统服务变化总面积的最大坡度范围。

　　④将坡度作为表征退耕还林工程的政策变量，通过分析植被覆盖度、土壤侵蚀和生态系统服务变化对坡度的响应可得：无论是植被覆盖度增加、土壤侵蚀减少，还是生态系统服务增加，均集中在 6°～25°坡度范围内。由此可得，黄土高原的 6°～25°坡度范围为退耕还林工程实施重点区域，通过在该区域内实施大面积的退耕造林，黄土高原实施退耕还林工程取得了显著的生态效果，生态环境得到了巨大改善。

第4章 黄土高原退耕还林工程生态效果的影响因素分析

通过第3章实证可得，黄土高原实施退耕还林工程取得了显著的生态效果，生态环境得到了巨大改善。那我们是否可以将黄土高原的生态环境改善全都归因于退耕还林工程呢？不可以。因为退耕还林是一个涉及自然环境和社会经济的复杂系统工程，所以黄土高原生态环境的改善不仅受到退耕还林工程的影响，还受到自然条件和社会经济的影响。那么在充分考虑自然条件、社会经济和退耕还林工程对生态环境的影响后，退耕还林工程是否还是促进生态环境改善的主导因素？退耕还林工程对生态环境改善的净效应有多大？自然条件和社会经济因素对生态环境的影响如何？以上都是本章所要回答的问题。本章的主要研究内容为：首先，将退耕还林工程视为一项准自然实验，采用多期DID方法分析了黄土高原退耕还林工程生态效果的影响因素，明晰了退耕还林工程对黄土高原生态环境改善的净效应，并在此基础上就自然条件和社会经济因素对黄土高原生态环境的影响进行了分析；其次，采用了多种方式进行稳健性检验，以确保基准回归结果准确可靠；最后，对黄土高原不同气候分区下的退耕还林工程生态效果影响因素进行了异质性分析。

4.1 理论分析

在退耕还林工程产生生态效果的作用机理上，就退耕还林工程实施对退化生态系统恢复的过程而言，实施退耕还林工程进行生态恢复，先通过调整土地利用结构使地表植被覆盖层得到改变（Xu et al.，2004），具体表现为坡耕地的减少和林地面积的增加，原本的生态系统结构也随之发生改变，最终通过物质循环和能量流动等生态过程，导致生态系统服务发生变化（张琨等，2016）。李世荣（2006）、吕粉桃（2007）认为，实施退耕还林工程所带来的林地面积增加，使更多的树木参与光合作用，从而增加生态系统生物量的积累，最终促使生态系统生产力（植被碳汇）得到提升。同时，彭少麟（2000，2001）、任海等（2004）认为，退耕还林工程使植被群落结构得以恢复，森林覆盖率的增加会促使林冠截留率和凋落物对降水的截留和蓄水能力得到提升，进而使生态系统的水源涵养功能得到提升。另外，林地面积增加可以直接削减雨滴动能、减少降雨对地面直接冲刷的面积、提高降水在土壤中的渗透性能、减缓径流，降低水土流失，减少土壤侵蚀，增强水土保持（傅伯杰等，1999；郭旭东等，1999）。韩新辉（2008）认为，因退耕还林工程实施而增加的植被覆盖率，能使植被群落的生态环境因退耕树木的生长发育而得到改变，从而为物种的自然入侵、定居和种群扩大创造有利条件，最终促进生态系统生物多样性的发展。随着时间推移，退耕还林树木作用于生态系统的恢复过程存在累积效应，即退耕还林工程对退化生态系统的恢复作用会随着时间的推移逐渐增强（韩新辉，2008）。基于此可提出以下假设。

假设 1：退耕还林工程有助于黄土高原植被覆盖度的增加。

假设 2：退耕还林工程有助于黄土高原生态系统服务的增加。

假设 3：退耕还林工程对黄土高原植被覆盖度和生态系统服务的增加具有持续性，且该效应随着时间的推移逐渐增大。

然而，退耕还林工程是一项涉及自然条件和社会经济的复杂工程，其生态效果除了受到工程实施的影响外，还受到自然条件和社会经济的影响（Yin et al.，2012；韩新辉，2008）。在自然条件方面，气候、土壤、地形等是影响树木生长的重要因素，若退耕区域拥有适合树木生长的自然资源禀赋，将会有利于退耕树木的生长（张金屯，2004）。在社会经济方面，退耕还林工程实施必定会对区域农户生计、人口结构、产业结构、社会形态等产生影响，而这些影响反过来又会作用于生态过程，最终对生态环境产生影响（徐彩瑶等，2022）。基于此，可提出以下假设。

假设 4：黄土高原退耕还林工程的生态效果不仅受到工程实施的影响，还受到自然条件和社会经济的影响。

4.2　模型设定

4.2.1　基础模型

双重差分（Difference-in-difference，DID）模型由 Ashenfelter 和 Card（1984）在研究 CETA 训练项目学员的收入结构的纵向变化时首次提出，该方法近年来被广泛地运用在对公共政策或项目实施效果的定量评估中，并取得了显著的效果（Lechner，2011；Stuart et al.，2014；Villa，2016；卞元超等，2019）。当某一公共政策或项目实施时，其对于不同组别（"实验组""对照组"）对象的影响往往不是完全随机的。对于非随机分配政策实验组和对照组的试验称为自然试验（Imbens et al.，2009），该类试验有着较为显著的特点，即难以保证不同组间样本在政策或项目实施前不存在事前差异，此时若采用单一前后对比或横向对比分析法去探究政策效应，则极有可能会忽略这种差异，继而导致对政策或项目实施效果的有偏估计（Holland，1986；Lechner，2001；叶芳等，2013）。针对这一背景，DID模型应运而生，DID模型基于自然试验得到的数据，通过建模对研究对象间的事前差异进行有效控制，继而将政策或项目实施的真实效应进行有效剥离，以做出更为科学合理的推断（陈林等，2015）。当将DID模型运用在宏观经济政策评估或公共项目的政策效应评价中时，其核心是将样本随机分为实验组和对照组，在剔除事前差异的前提下，通过将试验的"前后差异对比"和"有无差异对比"相结合，再加入一些控制变量，尽可能地去模仿上述自然试验的现实情况，继而得出政策或项目实施产生的净效应（刘玮辰等，2021）。政策一般是外生的，不存在逆向因果关系，因此使用DID方法对政策效应进行评估，不仅可以有效解决遗漏变量偏误问题，还能在极大程度上规避内生性问题的产生（肖浩等，2014；许红伟等，2012；周黎安等，2005）。但在使用DID方法进行政策评估时，须满足两大假设：一是同质性假设，除政策冲击之外，实验组和对照组样本受到无关因素的影响是相同的；二是平行趋势假设，在没有受到政策干预之前，实验组和对照组样本的趋势应该是一致的（Adam et al.，2022；Villa，2016）。

一般的DID模型设定如下：

$$Y_{it} = \beta_0 + \beta_1 treated_i + \beta_2 time_t + \beta_3 treated_i \times time_t + \varepsilon_{it} \quad (4-1)$$

式中，下标i和t分别代表地区和时间；$time$为时间虚拟变量，用来区分政策实施前后，若政策在第t年实施则取值为1，反之取值为0。$treated$为分组虚拟变量，用来区分实验组和对照组。若i地区实施了政策，则为实验组，其$treated$设置为1；若i地区未实施政策，则为对照组，其$treated$设置为0。$treated \times time$为分组虚拟变量和时间虚拟变量的交互项，其系数为双重差分的估计量；ε为随机扰动项，表示其他可能会对被解释变量产生影响的因素；Y为被解释变量。系数β_1代表实验组和对照组之间的差异，系数β_2代表了时间效应，系数β_3为政策实施对被解释变量的净效应。如果β_3显著为正，则表示政策实施对被解释变量具有显著促进作用；如果β_3显著为负，则表示政策实施对被解释变量具有显著抑制作用。DID模型对政策效应的估计原理如表4-1所示。

表4-1　DID模型估计原理

组别	政策实施前（$time=0$）	政策实施后（$time=1$）	差分
实验组（$treated=1$）	$\beta_0 + \beta_1$	$\beta_0 + \beta_1 + \beta_2 + \beta_3$	$\beta_2 + \beta_3$
对照组（$treated=0$）	β_0	$\beta_0 + \beta_2$	β_2
差分	β_1	$\beta_1 + \beta_3$	β_3

　　将退耕还林工程看作一项准自然实验，利用 DID 模型来识别退耕还林工程实施对生态效果的影响，最重要的为测度出工程实施对生态环境改善的净效应。下面将从植被覆盖度和生态系统服务两方面对退耕还林工程生态效果的影响因素进行分析。此外，考虑到自然条件和社会经济因素同样会对生态效果产生影响，因此在加入个体固定效应、时间固定效应、一系列自然条件和社会经济控制变量后，将 DID 模型设定如下：

$$VFC_{it} = \alpha_0 + \alpha_1 DID_{it} + \alpha_2 Z_{it} + F_i + F_t + \varepsilon_{it} \qquad (4-2)$$

$$ES_{it} = \alpha_0 + \alpha_1 DID_{it} + \alpha_2 Z_{it} + F_i + F_t + \varepsilon_{it} \qquad (4-3)$$

　　式中，下标 i、t 分别表示县域、年份，VFC_{it} 表示 t 年 i 县的植被覆盖度，ES_{it} 表示 t 年 i 县的生态系统服务，本章用植被 NPP 代替。系数 α_1 为重点关注的核心变量，其代表退耕还林工程实施对植被覆盖度或植被 NPP 变化的净效应。如果 α_1 为显著为正，则表示退耕还林工程有利于植被覆盖度或植被 NPP 提升，反之则表示退耕还林工程不利于植被覆盖度或植被 NPP 提升。Z_{it} 为控制变量合集，本章从自然条件和社会经济两方面选取了人均 GDP、人口密度、年均气温、年均降水量、年均风速和年均日照时数为控制变量。F_i 为县域固定效应，其在县域层面控制不随时间变化的因素对生态环境的影响；F_t 为时间固定效应，其为剔除时间趋势的影响；ε_{it} 为误差项。

4.2.2　PSM-DID 模型

　　由第 3 章可得，黄土高原各县域之间存在着显著的空间异质性，这导致很难找到与实验组特征完全一致的对照组。而实验组县域与对照组县域在政策实施前就存在的系统性差异将会致使有偏估计，最终导致使用 DID 模型得到的估计结果存在偏误（董艳梅等，2016；谢申祥等，2021）。为了解决这一问题，ROSENBAUM 和 RUBIN（1983）提出了倾向得分匹配法（propensity score matching method，PSM），该方法可以很好地解决 DID 模型中实验组和对照组样本因选择偏误导致的有偏估计问题，进而使后续的 DID 模型估计结果更加准确可靠（宋昌耀等，2018；Fan et al.，2021）。但在使用倾向得分匹配法时，为了保证其匹配效果，需要满足以下两个前提条件（公茂刚等，2022；邹克等，2022；Wang et al.，2019）：第一，平衡性假定，即需保证实验组和对照组的倾向得分尽可能地相似或相同；第二，共同支撑假设，即需保证实验组和对照组协变量的取值范围尽可能地重叠。一般使用实验组和对照组在匹配前后的核密度曲线进行分析，两个样本组在匹配后的核密度曲线越贴近，则表示匹配效果越好。

　　使用 PSM-DID 法的具体步骤为：首先，对实验组和对照组样本进行倾向匹配得分处理，找到与实验组各方面特征高度一致的对照组；其次，对实验组和匹配后的对照组进行 DID 估计（Heckman et al.，1997，1998）。具体而言，倾向匹配得分立足于反事实框架，以分组虚拟变量为因变量，以可能影响结果的混杂因素为协变量，构建 Logit 回归模型，估计出倾向得分，将倾向匹配得分最相近的县域作为对照组。完成倾向得分匹配后，得出与实验组特征最为相似的对照组样本。PSM-DID 的平均处理效应（sverage treatment effect on the treated，ATT）为：

$$ATT_{PSM-DID} = E\left[V_{t1}^{T} - V_{t0}^{T} \,\big|\, X_{t0}, treated = 1\right] - E\left[V_{t1}^{C} - V_{t0}^{C} \,\big|\, X_{t0}, treated = 0\right]$$

$$(4-4)$$

$$ATT_{PSM-DID} = E\left[N_{t1}^{T} - N_{t0}^{T} \,\big|\, X_{t0}, treated = 1\right] - E\left[N_{t1}^{C} - N_{t0}^{C} \,\big|\, X_{t0}, treated = 0\right]$$

$$(4-5)$$

式中，V 和 N 均是结果变量，V 为植被覆盖度；N 为生态系统服务，用植被 NPP 表示；T 为实验组，C 为对照组；$t0$ 表示退耕还林工程实施前，$t1$ 表示退耕还林工程实施后；$treated$ 为工程实施虚拟变量，若实验组县域实施了退耕还林工程就取 1，若对照组没有实施工程就取 0；实验组在工程实施前后的植被覆盖度变化为 $V_{t1}^{T} - V_{t0}^{T}$，生态系统服务变化为 $N_{t1}^{T} - N_{t0}^{T}$；对照组在工程实施前后植被覆盖度变化为 $V_{t1}^{C} - V_{t0}^{C}$，生态系统服务变化为 $N_{t1}^{C} - N_{t0}^{C}$；X_{t0} 为影响结果变量的协变量，即选取的控制变量。

4.3　变量选取与理论分析

4.3.1　被解释变量

本章选取的被解释变量须能反映退耕还林工程的生态效果。由前文可得，黄土高原退耕还林工程的生态效果主要包含两方面：一方面为退耕还林后带来的数量变化，即植被覆盖度变化；另一方面为退耕还林后带来的质量变化，即生态系统服务变化。为此，将选取植被覆盖度和生态系统服务作为被解释变量，以分别探究两者的影响因素，以及理清退耕还林工程对两者的净效应大小。在指标选取上，受数据获取限制，我们无法获取用于计算 1990—2000 年前各项生态系统服务的各项数据。我们将用植被 NPP 作为表征生态系统服务的指标，原因如下：地球生命系统的大多数生态系统服务都与植被 NPP 密切相关（谢高地等，2010；Richmond et al.，2007；Vargas et al.，2019），植被 NPP 与土壤保持、植被碳汇、生物多样性和水源涵养这四项生态系统服务之间有着高度的正相关性（李晶等，2016；谢高地等，2015；Feng et al.，2016；Wang et al.，2020）。

4.3.2　核心解释变量

本章采用虚拟变量形式对是否参与以及何时参与退耕还林工程的县域进行

赋值。退耕还林工程于1999年开始在黄土高原所属的甘肃、陕西两省内试点实施，而后从2002年开始在黄土高原所属七个省份内全面实施。因而在工程实施的不同时期，黄土高原各县域通过退耕还林所完成的植树造林面积是连续变化的，各县域退耕还林工程的目标任务和实施进度也存在较大差异。这意味着工程的实施既制造了同一县域退耕还林面积在工程实施前后的差异，又制造了在同一时点上不同县域之间退耕还林面积的差异，这为本章运用DID模型来估计退耕还林工程对黄土高原生态环境的影响提供了基础。

　　本章的DID模型具体设定如下：①区别于一般的DID模型利用虚拟变量来划分实验组和对照组，本章借鉴梁志会等（2021）、汪伟等（2013）的研究设计，利用"退耕还林面积"这个连续变量来划分实验组和对照组。这样，工程实施将样本划分为实验组（退耕还林面积多的样本）和对照组（退耕还林面积少的样本）。这样做不仅能避免人为设定实验组和对照组可能导致的误设偏差，而且能充分利用样本中的变异信息，有利于得到更精确的估计（Gruber，1994；Kiel et al.，1995；Nunn et al.，2011）。具体的操作为，基于1999—2015年黄土高原参与退耕还林县域的累计造林面积，运用分位数法将黄土高原参与退耕还林工程的县域划分为实验组（2.25万 hm^2≤累计退耕还林面积＜38.28万 hm^2）和对照组（0.003万 hm^2＜累计退耕还林面积＜2.25万 hm^2）。为此，将实验组县域的虚拟变量 *treated* 设置为1，将对照组县域的虚拟变量 *treated* 设置为0。②由于黄土高原各县域为渐进参与退耕还林工程，所以首先将1999年前黄土高原所有县域的时间虚拟变量设置为0；其次，在实验组县域中，将从1999年开始参与退耕还林工程县域的时间虚拟变量设置为1，将剩余实验组县域和未参与对照组县域的时间虚拟变量设置为0；最后，将剩余实验组县域从2002年开始参与退耕还林工程的时间虚拟变量设置为1，未参与退耕还林工程对照组县域的时间虚拟变量设置为0。由于数据获取限制，本章用于DID模型分析的县域样本为258个，其中实验组县域有143个，对照组县域有115个。

4.3.3　控制变量

　　通过借鉴成佩昆等（2018）、丁振民（2021）、度阳等（2017）和钱琛等（2020）的研究设计，结合黄土高原退耕还林工程的执行及植被生长的实际情况，在考虑数据可获得性的前提下，从影响植被生长的社会经济和自然条件两方面出发，分别选取了人均GDP、人口密度、降水量、气温、风速和日照时数共六个控制变量。每一个控制变量选取的依据及可能对植被生长产生的影响具体如下。

（1）人均 GDP

人均 GDP 是衡量地区经济发展水平高低的核心指标（王小鲁等，2005）。通常情况下，随着地区社会经济的快速发展，人类对土地资源的需求也在不断扩大和深化，逐渐出现了对土地资源的不合理利用，从而造成生态环境被破坏，不利于植被生长。然而，大量研究又表明，在库兹涅茨曲线假说框架下，当地区经济发展到一定程度后，随着技术创新和资源使用效率的提高、产业转型升级的加快，生态环境会随着经济发展得到逐步改善（刘民权等，2010）。综上所述，我们暂无法预期黄土高原人均 GDP 对植被生长的影响方向。

（2）人口密度

人口密度反映了单位土地面积上的人口数量。通常而言，一地的生态环境承载力是有限的，而人口密度大的地区会对生态环境产生过多的干扰，导致生态环境遭到破坏（潘景璐，2013；王兵等，2014）。就黄土高原而言，人口密度大的地区多集中在河谷平原区，随着社会经济发展和退耕还林工程的开展，大面积的农村劳动力转移到河谷平原区，导致建成区面积不断扩大，周围植被遭到破坏。从这一点来看，人口密度对植被覆盖度的影响为负。然而，对黄土高原其他地区而言，劳动力的大面积转移导致区域内从事退耕还林工程的人数下降，反而不利于退耕还林工程的开展。从这一点来看，人口密度对植被生长的影响又为正。因此，我们暂无法预期黄土高原人口密度对植被生长的影响方向。

（3）降水量

降水是植物生长的基础（Jiao et al.，2021）。降水不仅是黄土高原植被生长最主要的水分来源（张宝庆等，2021），更是决定黄土高原植被覆盖度空间分布的主导因素（Sun et al.，2015）。植被覆盖度对降水变化非常敏感，特别是在干旱半干旱地区，降水同植被生长有着显著的正向关系（Zhang et al.，2022）。降水量增多能直接促进黄土高原干旱半干旱地区土壤水分的增加，进而促进植被的生长（He et al.，2022）。而降水量减少则可能导致自然降水无法满足植被生长所消耗的地下水和深层土壤水的补给需求（Cheng et al.，2017），进而加速土壤干燥化，限制植被生长（Cao et al.，2011）。综上所述，我们预期，在黄土高原，降水量对植被生长的影响为正。

（4）气温

一般来说，气温升高会加快植物生理生化反应，进而促进植被生长；而气温降低则会减慢植物生理生化反应，进而减缓植被生长（薛建辉，2018）。具体到黄土高原地区，信忠保等（2007）、Cao 等（2018）和 Kong 等（2020）的研究表明，虽然气温不是黄土高原植被生长的限制性因子，但是气温升高会加速地表蒸散发过程，在一定程度上加剧干旱，进而导致地表水分及土壤有效含水量减少，对植被生长有着明显的抑制作用。因此，我们预期，在黄土高原，气温对植被生长的影响为负。

（5）风速

风速对植物生长有利有弊。有利的一面在于风速能降低空气温度和湿度，提高树木的蒸腾速率，降低高温生长环境下树木的温度，促进水分、矿物质的运输，从而促进植被生长。不利的一面在于风速过大会加剧树木蒸腾，导致植物耗水过多，抑制光合生产过程，导致树木生长量大幅下降（陈祥伟等，2006）。因此，我们暂无法预期风速对黄土高原植被生长的影响方向。

（6）日照时数

日照时数有利于植被进行光合作用，将光能转变为化学能贮存在植被有机体中，从而使植物积累的养分增多，促进植被生长（薛建辉，2018）。但日照时数过长会导致植被蒸腾增加，加速土壤水分消耗，不利于植物生长（何远梅，2015；刘静等，2020）。因此，我们暂无法预期日照时数对黄土高原植被生长的影响方向。

4.4　数据来源与说明

4.4.1　遥感数据

（1）植被遥感数据

植被覆盖度、植被 NPP 和植被 GPP（gross primary productivity，GPP）数据均来源于国家地球系统科学数据中心发布的 GLASS 产品—植被覆盖度数据集，时间范围为 1990—2018 年，空间分辨率为 5km。GLASS 植被覆盖度是美国马里兰大学梁顺林教授及其团队基于美国国家航天航空局（NASA）发布的 avhrr 全球高空间分辨率植被覆盖度样本数据，通过多种机器学习算法生成的高精度、长时间序列的全球植被覆盖度数据集。数据下载地址为：http：//www. geodata. cn/data/datadetails. html？dataguid＝7435090。该数据集已被国家遥感中心用于对全球生态环境演变规律和水土资源持续利用、生态环境监测等领域，数据可信度高。

NDVI 数据来源于国家科技基础条件平台——国家地球系统科学数据中心发布的中国 5km 分辨率逐月 NDVI 数据集，时间范围为 1990—2018 年，空间分辨率为 5km。该数据集借助 Google Earth Engine 平台，根据 NASA AVHRR CDR NDVI V5 版逐日数据进行月度合成、镶嵌和裁剪后制作而成。在该数据加工完成后，经多人复核审查，其数据完整性、逻辑一致性、位置精度、属性精度等均符合有关技术规定和标准要求，已被广泛用于生态学、地理学、气候学等相关领域研究中。其下载地址为：http：//www. geodata. cn/

data/datadetails. html？dataguid＝239118756960240＆docId＝3156。

（2）气候遥感数据

气温和降水量数据来源于中国科学院资源环境科学与数据中心发布的我国 1980 年以来逐年降水量和逐年平均气温空间插值数据集，时间范围为 1990—2015 年。该数据集基于全国 2 400 多个气象站点日观测数据，通过整理、计算和空间插值处理生成，下载地址为：https：//www. resdc. cn/data. aspx？ DATAID＝229。2016—2018 年气温和降水量数据下载于国家气象科学数据中心公布的气象站点数据（http：//data. cma. cn），通过整理、计算和空间插值处理生成。最终将数据时间统一为 1990—2018 年。

风速和日照时数来源于国家科技基础条件平台——国家地球系统科学数据中心—黄土高原分中心发布的中国 1km 分辨率月平均风速数据集和中国 1km 分辨率月日照时数数据集，数据时间范围为 1990—2015 年。上述数据下载地址为：http：//loess. geodata. cn。2016—2018 年风速和日照时数数据下载于国家气象科学数据中心公布的气象站点数据（http：//data. cma. cn），通过整理、计算和空间插值处理生成。最终将数据时间统一为 1990—2018 年。

4.4.2 社会经济数据

社会经济数据主要包括人均 GDP 和人口密度两个指标，时间跨度为 1990—2018 年。该数据申请于国家地球系统科学数据中心—黄土高原分中心发布的黄土高原县（市、区）社会经济数据集（1980—2019 年），该数据整理自黄土高原涉及的陕西、甘肃、山西、青海、河南、内蒙古及宁夏各地市统计年鉴和中国县（市）社会经济统计年鉴，然后将规范化整理后的数据与原始数据经过两轮人工校核与抽查对比后得出。数据的属性值与原始数据相符，具有逻辑一致性，质量可靠。对于部分县域缺失数据通过插值法补充获得。数据的申请地址为：http：//loess. geodata. cn/data/datadetails. html？ dataguid＝128950061187032＆docId＝869。

4.4.3 数据处理与描述性统计

本节中黄土高原各县域所对应的遥感数据均通过 ArcGIS 10.7 软件中的 Zonal Statistics As Table 工具提取获得。由于 1990—2000 年部分县域数据缺失，将数据缺失县域进行了剔除，最终将本章中参与回归的县域数量确定为 258 个，时间跨度为 1990—2018 年。表 4 - 2 为利用 Stata 16.0 软件对面板数据的描述性统计结果。

表 4 - 2　变量的描述性统计

变量类型	变量名称	变量单位	样本数	均值	标准差	最小值	最大值
被解释变量	$\ln fvc$	%	7 482	3.32	0.76	−0.34	4.29
	$\ln npp$	gC/(m²·年)	7 482	5.84	0.53	3.46	6.66
核心解释变量	$slcp$	—	7 482	0.36	0.48	0	1
控制变量	$\ln pop$	人/km²	7 482	4.94	1.11	0.73	8.42
	$\ln pgdp$	元/人	7 482	9.00	1.47	5.04	13.94
	$\ln pre$	mm	7 482	6.20	0.31	4.26	7.01
	$\ln tem$	℃	7 482	2.23	0.30	−3.61	2.78
	$\ln wind$	m/s	7 482	0.74	0.15	0.18	1.43
	$\ln sun$	h	7 482	5.52	0.13	4.97	5.87

注：$\ln fvc$ 为植被覆盖度，$\ln npp$ 为植被 NPP，$slcp$ 为退耕还林工程，$\ln pop$ 为人口密度，$\ln pgdp$ 为人均 GDP，$\ln pre$ 为年均降水量，$\ln tem$ 为年均气温，$\ln wind$ 为年均风速，$\ln sun$ 为年均日照时数。所有变量均进行了取对数处理。

4.5　基准回归结果

基于多期 DID 模型考察了黄土高原退耕还林工程生态效果的影响因素，回归结果如表 4 - 3 所示。模型 1 和模型 2 考察了生态效果中植被覆盖度的影响因素，结果表明，在仅考虑退耕还林工程对植被覆盖度的影响下，退耕还林工程实施显著提升了 16.71% 的植被覆盖度，前文所提出的假设 1 得到了验证。在加入了自然条件和社会经济等控制变量后，退耕还林工程实施对植被覆盖度的影响虽有所减弱，但仍能使黄土高原的植被覆盖度显著提升 15.78%，前文所提出的假设 4 得到了验证。以上结果表明，自然条件和社会经济因素的确会对退耕还林工程的生态效果产生影响，导致植被覆盖度受退耕还林工程实施的影响有所减弱，但影响较小，退耕还林工程实施的确是促使黄土高原植被覆盖度得到显著提升的重要原因。从模型 2 各控制变量对植被覆盖度的影响来看，首先，自然条件因素对植被覆盖度的影响大于社会经济因素对植被覆盖度的影响；其次，除年均风速和年均气温对植被覆盖度提升有着显著的阻碍影响外，其余各因素均对植被覆盖度提升有着显著的正向影响。具体而言，整体来看，自然条件因素中的年均降水量对植被覆盖度的影响最大，当年均降水量增加 1% 时，能使植被覆盖度提升 21.18%；年均日照时数、人口密度和人均 GDP 仅能分别使植被覆盖度提升 9.86%、7.99% 和 5.38%。而在阻碍因素中，年均气温最不利于植被覆盖度的提升，当年均气温增加 1% 时，将导致植被覆盖度降低 11.64%；年均风速则会导致植被覆盖度降低 6.70%。

表 4-3 基准回归结果

变量	模型 1	模型 2	模型 3	模型 4
	lnfvc	lnfvc	lnnpp	lnnpp
$slcp$	0.167 1***	0.157 8***	0.105 2***	0.096 8***
	(0.008 6)	(0.008 4)	(0.006 5)	(0.006 1)
ln$pgdp$		0.053 8***		0.046 5***
		(0.004 9)		(0.003 7)
lnpop		0.079 9***		0.067 4***
		(0.010 3)		(0.007 9)
lntem		−0.116 4***		−0.118 4***
		(0.038 0)		(0.042 3)
lnpre		0.211 8***		0.254 4***
		(0.016 0)		(0.012 5)
ln$wind$		−0.067 0**		−0.119 7***
		(0.032 2)		(0.022 3)
lnsun		0.098 6***		0.041 9
		(0.037 7)		(0.028 0)
常数项	3.266 0***	0.842 1***	5.800 6***	3.595 7***
	(0.004 0)	(0.261 0)	(0.002 8)	(0.211 6)
控制变量	否	是	否	是
时间固定	是	是	是	是
个体固定	是	是	是	是
N	7 482	7 482	7 482	7 482
$Adj\ R^2$	0.945 2	0.948 6	0.937	0.944 9

注：***、** 和 * 分别表示在 1%、5% 和 10% 水平上显著。括号内为稳健标准误。

模型 3 和模型 4 考察了生态效果中生态系统服务的影响因素，结果表明，在仅考虑退耕还林工程对生态系统服务的影响下，退耕还林工程实施显著提升了 10.52% 的植被 NPP，前文所提出的假设 2 得到了验证。在加入了自然条件和社会经济等控制变量后，退耕还林工程实施对植被 NPP 的影响虽有所减弱，但仍能使黄土高原的植被 NPP 显著提升 9.68%，前文所提出的假设 4 得到了验证。以上结果表明，自然条件和社会经济因素的确会对退耕还林工程的生态效果产生影响，导致植被 NPP 受退耕还林工程实施的影响有所减弱，但影响较小，退耕还林工程实施的确是促使黄土高原生态系统服务得到增强的重要原因。从模型4各控制变量对植被 NPP 的影响来看，首先，自然因素对植被 NPP 的影响大于社会经济因素对植被 NPP 的影响；其次，除年均风速和年均气温对植被 NPP 提升有着显著的阻碍影响外，其余各因素均对植被 NPP 提升有着显著的正向影响。具体而言，整体来看，自然条件因素中的年均降水量对植被 NPP 的影响最大，当年均降水量增加 1% 时，能使植被 NPP 提升 25.44%。年均人口密度和人均 GDP 仅能分别使植被 NPP 提升 6.74% 和 4.65%。年均日照时数虽也有利于植被 NPP 提升，但未通过显著性检验。而在阻碍因素中，年均气温最不利于植被 NPP 的提升，当年均气温增加 1% 时，将导致植被覆盖度降低 11.84%。

4.6 平行趋势与动态性检验

前文使用多期 DID 模型对退耕还林工程生态效果的影响因素进行了分析，结果表明，在排除自然条件和社会经济的影响后，退耕还林工程实施的确促使黄土高原取得了显著的生态效果，境内生态环境得到了巨大改善。然而，要保证上述估计结果无偏的一个重要前提条件为，要确保实验组和对照组之间满足平行趋势检验（梁若冰等，2022；梁志会等，2021；罗知等，2021；Huang et al.，2022），即黄土高原参与退耕还林工程县域的植被覆盖度、植被 NPP 与未参与退耕还林工程县域的植被覆盖度、植被 NPP 在参与退耕还林工程之前具有相同的变动趋势，否则使用多期 DID 模型得到的回归结果将高估或低估由退耕还林工程实施所带来的生态效果，导致前文得到的基准回归结果不具有可信度。此外，由多期 DID 模型得到的结果仅能揭示退耕还林工程实施后黄土高原县域相较于退耕还林工程实施前对植被覆盖度和植被 NPP 的平均影响，无法揭示退耕还林工程实施对植被覆盖度和植被 NPP 的动态影响。为此，将参考 Bertrand 和 Mullainathan（2003）、La Ferrara 等（2012）在研究中采用的事件研究法（event-study）对多期 DID 模型得到的回归结果进行平行趋势与动态性检验。将式 4-2 和 4-3 进行拓展，可得到如下回归方程：

$$VFC_{it} = \alpha_0 + \sum_{k=-M}^{N} \delta_k policy_{i,t+k} + \gamma Z_{it} + F_i + F_t + \varepsilon_{it}$$

$$(4-6)$$

$$ES_{it} = \alpha_0 + \sum_{k=-M}^{N} \delta_k policy_{i,t+k} + \gamma Z_{it} + F_i + F_t + \varepsilon_{it}$$

式中，VFC 和 ES 为被解释变量，VFC 为植被覆盖度，ES 为生态系统服务，用植被 NPP 表示；$policy_{i,t+k}$ 为政策虚拟变量，若县域 i 在 $t+k$ 时期实施了退耕还林工程，则将该变量设置为 1，否则设置为 0。如当 $k=2$ 时，政策

虚拟变量 $policy_{i,t+2}$ 表示县域 i 在 $t+2$ 时期实施了退耕还林工程，其表示的为工程实施第二年后的效应。δ_0 衡量的是工程实施当期效应，δ_{-M} 到 δ_{-1} 衡量的是工程实施前 $1 \sim M$ 期的效应，δ_1 到 δ_N 衡量的是工程实施后 $1 \sim N$ 期的效应，其余变量和基础模型保持一致。如果 δ_{-M} 到 δ_{-1} 不显著为 0，则表示在工程实施之前 $1 \sim M$ 期实验组和对照组之间不存在显著差异，平行趋势假定成立。

表 4-4 表示了退耕还林工程实施对植被覆盖度和生态系统服务影响的平行趋势检验结果。首先，从植被覆盖度的平行趋势检验结果可得，在工程实施前 8 年，代表工程实施的 δ_k 系数仅在 1993 年显著，而在工程实施后 20 年，工程实施的 δ_k 系数均显著大于 0。这表明在工程实施之前，实验组和对照组县域的植被覆盖度变化趋势基本一致，两组样本之间的植被覆盖度不存在显著差异。其次，从生态系统服务的平行趋势检验结果可得，在工程实施前 8 年，代表工程实施的 δ_k 系数仅在 1993 年和 1994 年显著，而在工程实施后 20 年，工程实施的 δ_k 系数均显著大于 0。这表明在工程实施之前，实验组和对照组县域的生态系统服务变化趋势基本一致，两组样本之间的生态系统服务不存在显著差异。

表 4-4 植被覆盖度和生态系统服务的平行趋势和动态性检验

年份	变量	回归系数	标准误	变量	回归系数	标准误
1991	$policy_{VFC}^{-8}$	0.010 4	0.031 7	$policy_{ES}^{-8}$	0.027 8	0.018 5
1992	$policy_{VFC}^{-7}$	0.034 3	0.026 6	$policy_{ES}^{-7}$	0.001 1	0.019 4
1993	$policy_{VFC}^{-6}$	0.101 7***	0.020 9	$policy_{ES}^{-6}$	0.064 9***	0.014 8
1994	$policy_{VFC}^{-5}$	0.027 0	0.026 2	$policy_{ES}^{-5}$	0.084 0***	0.019 4
1995	$policy_{VFC}^{-4}$	0.047 3	0.026 0	$policy_{ES}^{-4}$	−0.030 8	0.018 8
1996	$policy_{VFC}^{-3}$	−0.001 0	0.026 2	$policy_{ES}^{-3}$	0.013 3	0.015 8
1997	$policy_{VFC}^{-2}$	0.033 9	0.025 1	$policy_{ES}^{-2}$	−0.019 9	0.017 6
1998	$policy_{VFC}^{-1}$	0.018 1	0.028 8	$policy_{ES}^{-1}$	−0.002 1	0.017 1
1999	$policy_{VFC}^{0}$	0.073 6***	0.023 3	$policy_{ES}^{0}$	0.037 1***	0.015 2
2000	$policy_{VFC}^{1}$	0.090 9***	0.019 9	$policy_{ES}^{1}$	0.032 2**	0.015 2
2001	$policy_{VFC}^{2}$	0.098 0***	0.021 0	$policy_{ES}^{2}$	0.032 1**	0.015 1
2002	$policy_{VFC}^{3}$	0.115 0***	0.023 3	$policy_{ES}^{3}$	0.067 8***	0.014 5
2003	$policy_{VFC}^{4}$	0.159 8***	0.021 4	$policy_{ES}^{4}$	0.056 6***	0.015 9
2004	$policy_{VFC}^{5}$	0.171 1***	0.020 9	$policy_{ES}^{5}$	0.057 1***	0.014 3
2005	$policy_{VFC}^{6}$	0.165 8***	0.021 6	$policy_{ES}^{6}$	0.105 2***	0.014 5
2006	$policy_{VFC}^{7}$	0.193 4***	0.024 4	$policy_{ES}^{7}$	0.105 9***	0.016 6

（续）

年份	变量	回归系数	标准误	变量	回归系数	标准误
2007	$policy_{VFC}^8$	0.214 1***	0.020 6	$policy_{ES}^8$	0.104 5***	0.015 1
2008	$policy_{VFC}^9$	0.219 2***	0.021 5	$policy_{ES}^9$	0.145 3***	0.015 3
2009	$policy_{VFC}^{10}$	0.197 8***	0.022 2	$policy_{ES}^{10}$	0.144 1***	0.015 2
2010	$policy_{VFC}^{11}$	0.259 4***	0.024 6	$policy_{ES}^{11}$	0.174 3***	0.016 4
2011	$policy_{VFC}^{12}$	0.220 6***	0.024 0	$policy_{ES}^{12}$	0.140 2***	0.016 5
2012	$policy_{VFC}^{13}$	0.251 6***	0.023 1	$policy_{ES}^{13}$	0.167 2***	0.016 5
2013	$policy_{VFC}^{14}$	0.285 5***	0.025 5	$policy_{ES}^{14}$	0.192 1***	0.017 6
2014	$policy_{VFC}^{15}$	0.266 1***	0.025 0	$policy_{ES}^{15}$	0.171 9***	0.017 6
2015	$policy_{VFC}^{16}$	0.265 4***	0.026 3	$policy_{ES}^{16}$	0.191 7***	0.018 0
2016	$policy_{VFC}^{17}$	0.295 4***	0.032 1	$policy_{ES}^{17}$	0.224 4***	0.022 8
2017	$policy_{VFC}^{18}$	0.294 4***	0.035 1	$policy_{ES}^{18}$	0.173 4***	0.023 4
2018	$policy_{VFC}^{19}$	0.335 0***	0.036 0	$policy_{ES}^{19}$	0.270 9***	0.025 8
	常数项	1.337 9***	0.260 3	常数项	3.973 9***	0.205 4
	$Adj\ R^2$	0.950 2		$Adj\ R^2$	0.947 8	
	控制变量			是		
	时间固定			是		
	个体固定			是		

注：***、** 和 * 分别表示在 1%、5% 和 10% 水平上显著。

图 4-1 更加直观地展示了退耕还林工程对植被覆盖度和生态系统服务影响的平行趋势假设检验与动态效应。图中绘制了工程实施 δ_k 系数的估计值及其 95% 的置信区间，横轴表示退耕还林工程实施前后的年份，纵轴表示退耕还林工程对植被覆盖度和生态系统服务影响的净效应估计值。由图 4-1a 可得，在退耕还林工程实施前 8 年，除 1993 年外，其余年份的 95% 置信区间都包含了 0，工程实施 δ_k 系数均不显著，这表明实验组和对照组县域的植被覆盖度在工程前不存在显著差异，满足平行趋势假设。且从动态效应来看，在工程实施后 20 年，工程实施 δ_k 系数不仅显著大于 0，而且呈不断增大态势，这表明退耕还林工程对实验组县域的植被覆盖度有着显著的提升作用，并且这种正向提升效应随着时间不断增加。再由图 4-1b 可得，在退耕还林工程实施前 8 年，除 1993 年和 1994 年外，其余年份的 95% 置信区间都包含了 0，工程实施 δ_k 系数均不显著，这表明实验组和对照组县域的生态系统服务状况在工程前不存在显著差异，满足平行趋势假设。且从动态效应来看，在工程实施后 20 年，工程实施 δ_k 系数不仅显著大于 0，而且呈不断增大态势，这表明退耕还林工程对实验组县域的生态系统服务有着显著的提升作用，并且这种正向提升效应随着时间不断增加。综上，前文所提出的假设 3 得到了验证。

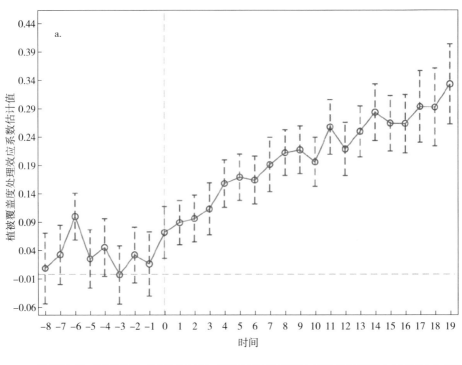

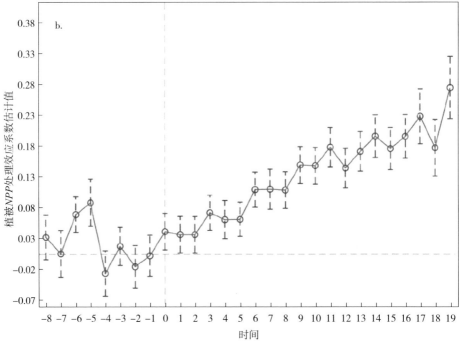

图 4-1　植被覆盖度和生态系统服务的平行趋势和动态性检验结果

4.7　稳健性检验

基准回归结果表明，退耕还林工程实施对黄土高原植被覆盖度和植被 NPP 提升均具有显著的促进作用，黄土高原取得良好的生态效果的确是由退耕还林工程实施所带来的。然而，还需要对基准回归结果进行稳健性检验，以确保基准回归结果的可靠性。下面将采用 PSM-DID、更换因变量和将控制变量滞后一期等方法进行稳健性检验。

4.7.1　PSM-DID 方法

使用双重差分方法对政策效应进行评估的一个重要前提为，实验组和对照组在政策实施之前须具有相同的变化趋势。为此，前文已经通过事件研究法验证了平行趋势的存在，但考虑到选取的退耕还林工程实施实验组县域和对照组县域本身存在的特征差异，将可能导致前文得到的基准回归结果受到这些特征差异的影响，进而导致估计结果偏差。为了消除这种样本自选择偏误问题，提高估计结果的稳健性，将使用倾向得分匹配（PSM）和双重差分（DID）相结合的方法（PSM-DID 方法）对退耕还林工程生态效果的影响因素进行分析。PSM-DID 方法可以有效减少实验组和对照组样本之间的选择性偏误问题，提高两组样本之间的可比性，降低双重差分方法的估计偏误。使用 PSM-DID 方法的具体步骤为：选择人均 GDP（lngdp）、人口密度（lnpop）、年均气温（lntem）、年均降水量（lnpre）、年均风速（lnwind）和年均日照时数（lnsun）作为匹配变量，采用 1∶1 近邻匹配法对实验组样本和对照组样本进行匹配。为检验倾向匹配得分是否有效，进行了共同支撑假设检验与平衡性假设检验。

（1）共同支撑假设检验

图 4-2 展示了实验组和对照组在匹配前后的倾向匹配得分概率密度。由图可得，匹配前实验组和对照组的倾向得分概率密度分布曲线重合度低，两条曲线比较分散，间距较大，各分值下的样本数量分布情况差异较大；匹配后的实验组和对照组的倾向得分概率密度分布曲线几乎完全重合，各分值下的样本数量分布情况差异缩小，表明匹配效果较好，匹配有效剔除了部分干扰样本，证实了倾向得分匹配的共同支撑假设成立，可以利用匹配后的实验组和对照组进行双重差分回归。

（2）平衡性假设检验

由表 4-5 可得，匹配前，实验组与对照组在六个控制变量上均存在显著差异，t 统计值所对应的 p 值均在 1% 的显著性水平下显著。但在经过匹配后可得，六个控制变量的标准偏差均呈大幅下降，其中 lnpop 和 lnsun 的下降幅

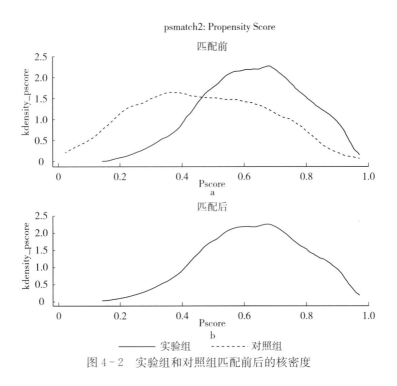

图 4-2 实验组和对照组匹配前后的核密度

度超过 90%；匹配后的控制变量 t 统计值除 $\ln pgdp$ 和 $\ln wind$ 仍然显著外，其余四个控制变量的 t 统计值都不再显著。这表明实验组和对照组之间存在的选择性偏差得到有效减小，匹配后的实验组与对照组数据满足条件独立同分布假设，控制变量的选择是合适的，匹配效果较好。同时，由图 4-3 可得，匹配前各控制变量的标准偏差绝对值差异较大，$\ln pgdp$ 和 $\ln wind$ 的标准偏差绝对值均超过了 40%；而各控制变量的标准偏差绝对值在匹配后几乎都在 10% 以内，大多数控制变量的标准化偏差在匹配后呈较大幅度减小。综上，表 4-5 和图 4-3 证实了倾向得分匹配的平衡性假定成立。

表 4-5 匹配前后的平衡性检验结果

变量	匹配前后	均值差异检验		标准化差异检验		t 检验	
		实验组	对照组	标准误/%	标准误降幅/%	t 值	p 值
$\ln pgdp$	匹配前	8.87	9.16	−20.3		−8.65	0.000
	匹配后	8.87	9.04	−11.6	42.90	−5.06	0.000
$\ln pop$	匹配前	4.61	5.35	−70.4		−30.45	0.000
	匹配后	4.61	4.59	2.2	96.80	1.02	0.308

（续）

变量	匹配前后	均值差异检验		标准化差异检验		t 检验	
		实验组	对照组	标准误/%	标准误降幅/%	t 值	p 值
ln*tem*	匹配前	2.18	2.28	−31.7		−13.78	0.000
	匹配后	2.18	2.17	3.2	89.80	1.26	0.209
ln*pre*	匹配前	6.19	6.21	−7.0		−3.01	0.003
	匹配后	6.19	6.19	−0.9	87.00	−0.39	0.697
ln*wind*	匹配前	0.77	0.71	42.6		18.46	0.000
	匹配后	0.77	0.78	−8.1	81.10	−3.65	0.000
ln*sun*	匹配前	5.54	5.50	29.4		12.69	0.000
	匹配后	5.54	5.53	1.6	94.60	0.76	0.450

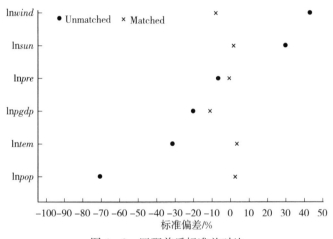

图 4 - 3 匹配前后标准差对比

在满足了倾向匹配的平衡性假定和共同支撑假设的基础上，进行多期 DID 模型回归。具体的操作步骤同基准回归一致，结果如表 4 - 6 所示。模型 1 和模型 2 探究了黄土高原退耕还林工程生态效果中植被覆盖度的影响因素，结果表明，在仅考虑退耕还林工程对植被覆盖度的影响下，退耕还林工程实施显著提升了 15.05% 的植被覆盖度，在加入了自然条件和社会经济等控制变量后，退耕还林工程实施对植被覆盖度的影响虽有所减弱，但仍能使黄土高原的植被覆盖度显著提升 13.75%。控制变量的影响方向和显著性水平同基准回归结果保持一致。模型 3 和模型 4 探究了黄土高原退耕还林工程生态效果中生态系统服务的影响因素，结果表明，在仅考虑退耕还林工程对植被 NPP 的影响下，退耕还林工程实施显著提升了 10.33% 的植被 NPP，在加入了自然条件和社会经济等控制变量后，退耕还林工程实施对植被 NPP 的影响虽有所减弱，但仍能使黄土高原的植被 NPP 显著提升 8.99%。在控制变量中，除年均日照时数的影响系数在 10% 水平上显著外，其余各控制变量的影响方向和显著性水平同基准回归结果保持一致。综上所述，PSM-DID 的回归结果与基准回归结果并无明显差异，验证了基准回归结果的稳健性。

表 4-6　PSM-DID 回归结果

变量	模型 1	模型 2	模型 3	模型 4
	$\ln fvc$	$\ln fvc$	$\ln npp$	$\ln npp$
$slcp$	0.150 5***	0.137 5***	0.103 3***	0.089 9***
	(0.014 2)	(0.013 7)	(0.010 6)	(0.010 0)
$\ln pgdp$		0.052 4***		0.055 9***
		(0.007 8)		(0.006 6)
$\ln pop$		0.099 3***		0.097 2***
		(0.015 2)		(0.012 8)
$\ln tem$		−0.093 3**		−0.087 7**
		(0.036 9)		(0.038 2)
$\ln pre$		0.192 5***		0.226 3***
		(0.023 0)		(0.019 8)
$\ln wind$		−0.083 3*		−0.155 1***
		(0.045 5)		(0.034 1)
$\ln sun$		0.111 4**		0.081 0*
		(0.055 7)		(0.046 7)
常数项	3.337 9***	0.848 6**	5.841 6***	3.329 8***
	(0.006 3)	(0.367 5)	(0.004 4)	(0.303 1)
控制变量	否	是	否	是
时间固定	是	是	是	是
个体固定	是	是	是	是
N	3 260	3 260	3 260	3 260
$Adj R^2$	0.951 3	0.954 2	0.934 7	0.942 4

注：***、** 和 * 分别表示在 1%、5% 和 10% 水平上显著。括号内为稳健标准误。

4.7.2　更换因变量

大量研究表明，植被覆盖度与植被 $NDVI$ 具有显著的正相关（李红梅等，2022；王晓蕾等，2022），因此学者们常将植被 $NDVI$ 作为植被覆盖度的替代指标并将其用于探究植被变化的研究中。另外，植被生产力分为植被 GPP 和植被 NPP，后者为前者在扣除了本身呼吸消耗的部分后形成的植被生长量

（方精云等，2001；袁文平等，2014），因此部分学者也常将植被 GPP 指标用于表征生态系统服务（闵庆文等，2004；Chen et al.，2022；Heinsch et al.，2006；Ma et al.，2019）。基于此，本章参考周京奎等（2019）和李春涛等（2020）在研究中的做法，将被解释变量植被覆盖度和植被 NPP 分别替换为植被 $NDVI$ 和植被 GPP 后，重新进行多期 DID 回归，以对基准回归结果进行稳健性检验。结果表明（表 4-7），黄土高原退耕还林工程实施对植被 $NDVI$ 和植被 GPP 具有显著的正向影响，并且在考虑了自然条件和社会经济因素后，虽然导致植被 $NDVI$ 和植被 GPP 受退耕还林工程实施的影响有所减弱，但影响较小，这与基准回归得到的结果一致。同时各控制变量的影响方向和显著性水平也同基准回归结果保持一致，由此验证了基准回归结果的稳健性，也进一步表明退耕还林工程实施的确是促使黄土高原取得显著生态效果的重要原因。

表 4-7　更换因变量后的稳健性检验回归结果

变量	模型 1	模型 2	模型 3	模型 4
	$\ln ndvi$	$\ln ndvi$	$\ln gpp$	$\ln gpp$
$slcp$	0.035 2***	0.032 0***	0.104 8***	0.096 4***
	(0.004 8)	(0.004 7)	(0.006 5)	(0.006 1)
$\ln pgdp$		0.014 1***		0.046 5***
		(0.002 4)		(0.003 7)
$\ln pop$		0.040 8***		0.067 3***
		(0.005 5)		(0.007 9)
$\ln tem$		−0.072 0***		−0.118 3***
		(0.020 6)		(0.042 3)
$\ln pre$		0.124 9***		0.254 3***
		(0.008 9)		(0.012 5)
$\ln wind$		−0.085 4***		−0.120 1***
		(0.016 9)		(0.022 3)
$\ln sun$		0.049 5**		0.041 6
		(0.021 9)		(0.028 0)
常数项	−0.896 9***	−2.048 5***	6.370 1***	4.168 8***
	(0.002 1)	(0.147 7)	(0.002 8)	(0.211 5)
控制变量	否	是	否	是
时间固定	是	是	是	是
个体固定	是	是	是	是
N	7 482	7 482	7 482	7 482
$Adj R^2$	0.911 3	0.915 9	0.940 8	0.948 2

注：***、** 和 * 分别表示在 1%、5% 和 10% 水平上显著。括号内为稳健标准误。

4.7.3 控制变量滞后一期

为了降低由潜在双向因果关系导致的内生性问题，借鉴曹翔等（2021）、王贤彬和谢倩文（2021）、彭羽和郑枫（2022）、刘长庚等（2022）的研究设计，将所有控制变量滞后一期后，重新进行多期 DID 回归，以对基准回归结果进行稳健性检验。回归结果如表 4-8 所示。结果表明，在将所有控制变量滞后一期后，退耕还林工程实施对黄土高原植被覆盖度和植被 NPP 的影响依然显著为正，且影响大小与基准回归几乎一致。各控制变量的影响方向和显著性也与基准回归基本保持一致。综上，将控制变量滞后一期后，回归结果再次证实了基准回归结果的稳健性。

表 4-8 控制变量滞后一期的稳健性检验回归结果

变量	模型 1	模型 2
	$\ln fvc$	$\ln npp$
$slcp$	0.158 5***	0.099 3***
	(0.008 8)	(0.006 6)
$L.\ln pgdp$	0.049 1***	0.044 0***
	(0.005 0)	(0.003 6)
$L.\ln pop$	0.074 8***	0.065 6***
	(0.010 7)	(0.007 7)
$L.\ln tem$	−0.138 4***	−0.130 1***
	(0.047 2)	(0.042 2)
$L.\ln pre$	0.103 1***	0.098 1***
	(0.014 9)	(0.013 1)
$L.\ln wind$	−0.016 2	0.028 2
	(0.033 6)	(0.024 8)
$L.\ln sun$	0.004 5	0.065 0**
	(0.039 1)	(0.029 7)
常数项	2.120 0***	4.387 9***
	(0.273 4)	(0.220 4)
控制变量	是	是
时间固定	是	是
个体固定	是	是
N	7 199	7 199
$Adj R^2$	0.947 3	0.940 5

注：***、** 和 * 分别表示在 1%、5% 和 10% 水平上显著。括号内为稳健标准误。

4.7.4　调整样本期

由前文 1.7.2 可知，退耕工程实施至今可划分为如下几个阶段：探索阶段（1999—2001 年）、全面实施阶段（2002—2006 年）、巩固阶段（2007—2013 年）以及新一轮退耕还林实施阶段（2014—2020 年）。为此，通过参考李卫兵和张凯霞（2019）、王雄元和卜落凡（2019）、熊勇清等（2021）的研究，将时间窗口缩小到 1990—2001 年、1990—2006 年和 1990—2013 年，重新进行多期 DID 回归，以对基准回归结果进行稳健性检验。结果表明（表 4-9），在三个不同的样本期内，退耕还林工程、自然条件和社会经济因素对黄土高原植被覆盖度和植被 NPP 的影响方向和显著性没有发生明显变化，再次证明本章得到的基准回归结果是稳健的。在不同样本期内，退耕还林工程实施都是促使黄土高原取得显著生态效果的重要原因。

表 4-9　调整样本期后的稳健性检验回归结果

变量	1990—2001 年		1990—2006 年		1990—2013 年	
	$\ln fvc$	$\ln npp$	$\ln fvc$	$\ln npp$	$\ln fvc$	$\ln npp$
$slcp$	0.076 8***	0.026 8***	0.103 8***	0.048 6***	0.137 6***	0.078 8***
	(0.014 0)	(0.010 2)	(0.009 3)	(0.006 7)	(0.008 2)	(0.006 0)
$\ln pgdp$	0.034 1***	0.031 0***	0.035 9***	0.033 7***	0.049 3***	0.045 2***
	(0.006 4)	(0.005 7)	(0.005 8)	(0.004 5)	(0.004 9)	(0.003 8)
$\ln pop$	0.053 2***	0.048 5***	0.051 5***	0.045 1***	0.074 5***	0.066 3***
	(0.012 5)	(0.011 3)	(0.011 5)	(0.009 1)	(0.009 9)	(0.008 0)
$\ln tem$	−0.348 0***	−0.409 8***	−0.289 0***	−0.344 8***	−0.217 7***	−0.220 9***
	(0.103 2)	(0.089 1)	(0.074 0)	(0.069 7)	(0.050 5)	(0.045 3)
$\ln pre$	0.087 8***	0.275 8***	0.184 0***	0.256 5***	0.170 8***	0.238 7***
	(0.023 1)	(0.017 3)	(0.022 6)	(0.016 9)	(0.017 7)	(0.013 9)
$\ln wind$	−0.280 4***	−0.281 2***	−0.242 1***	−0.239 8***	−0.032 2	−0.089 7***
	(0.065 7)	(0.051 1)	(0.065 7)	(0.041 1)	(0.046 1)	(0.031 4)
$\ln sun$	−0.046	−0.201 6***	0.080 0*	−0.015 8	0.030 4	−0.026
	(0.058 3)	(0.049 9)	(0.047 4)	(0.036 0)	(0.041 6)	(0.030 7)
常数项	3.337 5***	5.758 2***	1.900 0***	4.694 5***	1.731 7***	4.277 8***
	(0.439 8)	(0.351 9)	(0.356 9)	(0.275 7)	(0.295 4)	(0.229 8)
控制变量	是	是	是	是	是	是
时间固定	是	是	是	是	是	是
个体固定	是	是	是	是	是	是
N	3 096	3 096	4 386	4 386	6 192	6 192
$Adj R^2$	0.970 0	0.964 3	0.961 1	0.958 4	0.954 1	0.950 9

注：***、**和*分别表示在 1%、5%和 10%水平上显著。括号内为稳健标准误。

4.8 异质性分析

前文的基准回归和稳健性表明，实施退耕还林工程的确是促使黄土高原植被覆盖度和植被 *NPP* 显著提升的重要原因，进而使黄土高原取得了显著的生态效果。但由于黄土高原地域辽阔，各个县域在自然条件和社会经济上存在着很大的差异，使得实施退耕还林工程取得的生态效果差异较大。尤其是退耕还林工程作为一项植树造林工程，自然因素是决定其实施效果的主导因素（Amacher et al.，2009；Zhang et al.，2011），这一点从前文的基准回归中也得到了证实。李妙宇等（2021）、Feng 等（2013）根据黄土高原各区的气候特点，将黄土高原划分为了半湿润地区、半干旱地区和干旱地区（图 4 - 4）。基于此，为了进一步分析基准回归结果的区域适用性和差异，将在气候分区下对黄土高原退耕还林工程生态效果的影响因素进行分析，着重探讨退耕还林工程对生态效果的异质性影响。

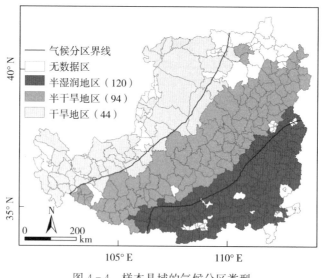

图 4 - 4　样本县域的气候分区类型

4.8.1 退耕还林工程对植被覆盖度的异质性影响分析

表 4 - 10 从植被覆盖度出发，探究了不同气候分区下黄土高原退耕还林工程生态效果的影响因素。结果表明，退耕还林工程实施有利于各气候分区下的植被覆盖度提升。在仅考虑退耕还林工程对植被覆盖度的影响下，退耕还林工程实施能显著促使半湿润地区、半干旱地区和干旱地区的植被覆盖度分别提升

3.04%、14.41%和22.86%。同基准回归一样，在综合考虑退耕还林工程、自然条件和社会经济因素对植被覆盖度的影响后，虽然退耕还林工程对植被覆盖度提升的影响有所减弱，但影响较小，退耕还林工程实施仍能显著促使半湿润地区、半干旱地区和干旱地区的植被覆盖度分别提升2.85%、10.78%和20.14%。以上结果表明，在植被覆盖度方面，各气候分区内取得的显著生态效果的确是由实施退耕还林工程导致的。

表4-10 气候分区下植被覆盖度的影响因素回归结果

变量	半湿润地区		半干旱地区		干旱地区	
	$\ln fvc$	$\ln fvc$	$\ln fvc$	$\ln fvc$	$\ln fvc$	$\ln fvc$
$slcp$	0.030 4***	0.028 5***	0.144 1***	0.107 8***	0.228 6***	0.201 4***
	(0.007 6)	(0.007 3)	(0.015 7)	(0.015 4)	(0.024 2)	(0.023 9)
$\ln pgdp$		−0.006 6*		0.094 0***		0.051 2***
		(0.003 4)		(0.007 9)		(0.011 2)
$\ln pop$		0.011 4		0.098 0***		−0.065 7
		(0.007 9)		(0.017 3)		(0.060 7)
$\ln tem$		−0.130 1***		−0.267 7***		−0.079 9**
		(0.033 2)		(0.066 7)		(0.039 9)
$\ln pre$		0.140 9***		0.200 5***		0.341 0***
		(0.018 3)		(0.015 8)		(0.046 2)
$\ln wind$		−0.013 5		0.115 0**		−0.121 9*
		(0.023 1)		(0.052 0)		(0.070 7)
$\ln sun$		−0.050 3		0.163 4**		0.129 8
		(0.032 3)		(0.082 9)		(0.083 5)
常数项	3.797 6***	3.501 6***	3.136 8***	0.587	2.186 3***	−3.858 1***
	(0.002 5)	(0.211 7)	(0.009 5)	(0.537 6)	(0.010 7)	(1.246 4)
控制变量	否	是	否	是	否	是
时间固定	是	是	是	是	是	是
个体固定	是	是	是	是	是	是
N	3 480	3 480	2 726	2 726	1 276	1 276
$Adj R^2$	0.861 7	0.867 8	0.884 7	0.899 3	0.935 5	0.939 6

注：***、** 和 * 分别表示在1%、5%和10%水平上显著。括号内为稳健标准误。

从控制变量对各气候分区的植被覆盖度的影响来看，各控制变量的影响方向和程度各不相同。具体为：①在半湿润地区，植被覆盖度除受退耕还林工程影响外，还受到人均GDP、年均气温和年均降水量的显著影响。半湿润地区的人均GDP在10%的显著性水平下每变动1%，将会导致植被覆盖度下降0.66%；年均气温在1%的显著性水平下每变动1%，将会导致植被覆盖度下降 13.01%；年均降水量在 1% 的显著性水平下每变动 1%，将会促进植被覆盖度提升 14.09%。②在半干旱地区，植被覆盖度除受退耕还林工程影响外，还受到人均 GDP、人口密度、年均气温、年均降水量、年均风速和年均日照时数的显著影响。人均 GDP、人口密度和年均降水量在 1% 的显著性水平下每变动 1%，将会分别促进植被覆盖度提升 9.40%、9.80% 和 20.05%；年均风速和年均日照时数在 5% 的显著性水平下每变动 1%，将会分别促进植被覆盖度提升 11.50% 和 16.34%；年均气温在 1% 的显著性水平下每变动 1%，将会导致植被覆盖度下降 26.77%。③在干旱地区，植被覆盖度除受退耕还林工程影响外，还受到人均 GDP、年均气温、年均降水和年均风速的影响。人均 GDP 和年均降水量在 1% 的显著性水平下每变动 1%，将会分别促使植被覆盖度提升 5.12% 和 34.10%；年均气温在 5% 的显著性水平下每变动 1%，将会导致植被覆盖度下降 7.99%；年均风速在 10% 的显著性水平下每变动 1%，将会导致植被覆盖度下降 12.19%。综上可得，排除退耕还林工程影响后，自然条件因素为影响各气候分区植被覆盖度变化的主导因素，其中年均降水量是最主要的驱动因素，而年均气温则是最主要的阻碍因素。

此外，为比较退耕还林工程、自然条件和社会经济因素在不同气候分区样本中对植被覆盖度的影响作用是否存在显著差异，参考连玉君等（2008，2010）和 Cleary（1999）在研究中的做法，利用费舍尔组合检验来进行组间系数差异检验，具体做法为：先两两比较各气候分区之间的变量回归系数差异，再统一对三个气候分区的变量回归系数差异进行分析。检验结果表明（表 4-11），半湿润地区和半干旱地区、半湿润地区和干旱地区、半干旱地区和干旱地区之间的变量回归系数均存在显著差异（经验 p 值均小于 0.1），表明可以对不同气候分区下的变量回归系数进行比较（连玉君等，2017）。

表 4-11　对植被覆盖度的费舍尔组合检验结果

变量	半湿润地区-半干旱地区	$p\text{-}value$	半湿润地区-干旱地区	$p\text{-}value$	半干旱地区-干旱地区	$p\text{-}value$
$slcp$	−0.079	0.000	−0.173	0.000	−0.094	0.002
$\ln pgdp$	−0.101	0.000	−0.058	0.000	0.043	0.000
$\ln pop$	−0.087	0.000	0.077	0.001	0.164	0.000
$\ln tem$	0.138	0.046	−0.050	0.000	−0.188	0.069
$\ln pre$	−0.060	0.000	−0.200	0.000	−0.141	0.000
$\ln wind$	−0.129	0.040	0.108	0.034	0.237	0.015
$\ln sun$	−0.214	0.003	−0.180	0.000	−0.574	0.000

注：使用费舍尔检验来分析组间系数差异的统计显著性，经过 1 000 次重复抽样得到系数差异的经验 p 值。

首先，重点关注各气候分区下退耕还林工程对植被覆盖度变化的影响大小，结果表明，在各气候分区下，退耕还林工程实施对植被覆盖度的影响大小排序为干旱地区＞半干旱地区＞半湿润地区。其次，从各气候分区下的控制变量对植被覆盖度的影响大小来看，在各气候分区下，人均 GDP 对植被覆盖度的影响大小排序为半干旱地区＞干旱地区，年均气温阻碍植被覆盖度的影响大小排序为半干旱地区＞半湿润地区＞干旱地区，年均降水量对植被覆盖度的影响大小排序为干旱地区＞半干旱地区＞半湿润地区。

4.8.2　退耕还林工程对生态系统服务的异质性影响分析

表 4-12 从生态系统服务出发，探究了不同气候分区下黄土高原退耕还林工程生态效果的影响因素。结果表明，退耕还林工程的实施有利于各气候分区下的生态系统服务提升。在仅考虑退耕还林工程对植被 NPP 的影响下，退耕还林工程实施能显著促使半湿润地区、半干旱地区和干旱地区的植被 NPP 分别提升 4.40%、11.21% 和 8.10%。同基准回归一样，在综合考虑退耕还林工程、自然条件和社会经济因素对植被 NPP 的影响后，虽然退耕还林工程对植被 NPP 提升的影响有所减弱，但影响较小，退耕还林工程实施仍能显著促使半湿润地区、半干旱地区和干旱地区的植被 NPP 分别提升 3.79%、7.83% 和 6.30%。以上结果表明，在生态系统服务方面，各气候分区内取得的显著生态效果的确是由实施退耕还林工程导致的。

表 4-12　气候分区下生态系统服务的影响因素回归结果

变量	半湿润地区		半干旱地区		干旱地区	
	lnnpp	lnnpp	lnnpp	lnnpp	lnnpp	lnnpp
$slcp$	0.044 0***	0.037 9***	0.112 1***	0.078 3***	0.081 0***	0.063 0***
	(0.007 2)	(0.006 8)	(0.010 2)	(0.009 2)	(0.018 3)	(0.018 0)
ln$pgdp$		0.002 9		0.061 4***		0.033 1***
		(0.003 7)		(0.004 8)		(0.008 4)
lnpop		0.029 9***		0.068 4***		−0.001 6
		(0.008 3)		(0.011 3)		(0.049 3)
lntem		−0.218 7***		−0.307 5***		−0.073 9*
		(0.031 4)		(0.049 7)		(0.044 7)
lnpre		0.229 5***		0.279 9***		0.249 2***
		(0.015 8)		(0.018 1)		(0.033 9)
ln$wind$		−0.042 6*		−0.009 8		−0.285 1***
		(0.023 7)		(0.036 2)		(0.047 9)

（续）

变量	半湿润地区		半干旱地区		干旱地区	
	lnnpp	lnnpp	lnnpp	lnnpp	lnnpp	lnnpp
lnsun		0.062 2**		0.091 8*		0.118 2
		(0.028 2)		(0.051 6)		(0.135 5)
常数项	6.142 5***	4.718 4***	5.704 8***	3.271 5***	5.112 4***	3.069 9***
	(0.002 2)	(0.216 4)	(0.006 1)	(0.338 0)	(0.007 1)	(0.866 9)
控制变量	否	是	否	是	否	是
时间固定	是	是	是	是	是	是
个体固定	是	是	是	是	是	是
N	3 480	3 480	2 726	2 726	1 276	1 276
$Adj R^2$	0.843 9	0.859 6	0.908 6	0.927 4	0.931 4	0.938 7

注：***、**和*分别表示在1%、5%和10%水平上显著。括号内为稳健标准误。

从控制变量对各气候分区的植被NPP的影响来看，各控制变量的影响方向和程度各不相同。具体为：①在半湿润地区，植被NPP除受退耕还林工程影响外，还受到人口密度、年均气温、年均降水量、年均风速和年均日照时数的显著影响。半湿润地区的人口密度和年均降水量在1%的显著性水平下每变动1%，将会促使植被NPP分别提升2.99%和22.95%；年均日照时数在5%的显著性水平下每变动1%，将会促使植被NPP提升6.22%；年均气温在1%的显著性水平下每变动1%，将会导致植被NPP下降21.87%；年均风速在10%的显著性水平下每变动1%，将会导致植被NPP下降4.26%。②在半干旱地区，植被NPP除受退耕还林工程影响外，还受到人均GDP、人口密度、年均气温、年均降水量和年均日照时数的显著影响。人均GDP、人口密度和年均降水量在1%的显著性水平下每变动1%，将会促进植被覆盖度分别提升6.14%、6.84%和27.99%；年均日照时数在10%的显著性水平下每变动1%，将会促使植被NPP提升9.18%；年均气温在1%的显著性水平下每变动1%，将会导致植被NPP下降30.75%。③在干旱地区，植被NPP除受退耕还林工程影响外，还受到人均GDP、年均气温、年均降水量和年均风速的影响。人均GDP和年均降水量在1%的显著性水平下每变动1%，将会分别促使植被NPP提升3.31%和24.92%；年均气温在10%的显著性水平下每变动1%，将会导致植被NPP下降7.39%；年均风速在1%的显著性水平下每变动1%，将会导致植被NPP下降28.51%。综上可得，排除退耕还林工程影响后，自然条件因素为影响各气候分区植被NPP变化的主导因素，其中年均降水量是最主要的驱动因素，而年均气温则是最主要的阻碍因素。

此外，为比较退耕还林工程、自然条件和社会经济因素在不同气候分区样

本中对植被 *NPP* 的影响作用是否存在显著差异，同样利用费舍尔组合检验对不同气候分区的组间系数差异进行了检验。检验结果表明（表 4-13），半湿润地区和半干旱地区、半湿润地区和干旱地区、半干旱地区和干旱地区之间的变量回归系数均存在显著差异（经验 *p* 值均小于 0.1），表明可以对不同气候分区下的变量回归系数进行比较（连玉君等，2017）。

表 4-13　对生态系统服务的费舍尔组合检验结果

变量	半湿润地区—半干旱地区	*p-value*	半湿润地区—干旱地区	*p-value*	半干旱地区—干旱地区	*p-value*
slcp	-0.040	0.000	-0.025	0.096	0.015	0.068
ln*pgdp*	-0.059	0.000	-0.030	0.003	0.028	0.005
ln*pop*	-0.038	0.014	0.031	0.077	0.070	0.000
ln*tem*	0.089	0.002	-0.145	0.015	-0.234	0.011
ln*pre*	-0.050	0.028	-0.020	0.005	0.031	0.023
ln*wind*	-0.033	0.093	0.242	0.000	0.275	0.000
ln*sun*	-0.030	0.005	-0.056	0.069	-0.026	0.021

注：使用费舍尔检验来分析组间系数差异的统计显著性，经过 1 000 次重复抽样得到系数差异的经验 *p* 值。

首先，重点关注各气候分区下退耕还林工程对植被 *NPP* 变化的影响大小，结果表明，在各气候分区下，退耕还林工程实施对植被 *NPP* 的影响大小排序为半干旱地区＞干旱地区＞半湿润地区。其次，从各气候分区下的控制变量对植被 *NPP* 的影响大小来看，在各气候分区下，人均 GDP 对植被 *NPP* 的影响大小排序为半干旱地区＞干旱地区，人口密度对植被 *NPP* 的影响大小排序为半干旱地区＞半湿润地区，年均气温阻碍植被 *NPP* 的影响大小排序为半干旱地区＞半湿润地区＞干旱地区，年均降水量对植被 *NPP* 的影响大小排序为半干旱地区＞干旱地区＞半湿润地区，年均风速对植被 *NPP* 的影响大小排序为干旱地区＞半湿润地区，年均日照时数对植被 *NPP* 的影响大小排序为半湿润地区＞半干旱地区。

4.9　本章小结

本章立足于反事实框架，将退耕还林工程实施看作一项准自然实验，基于 1990—2018 年黄土高原 258 个县域的面板数据，运用多期 DID 模型从植被覆盖度和生态系统服务两方面分析了黄土高原退耕还林工程生态效果的影响因素，探究了退耕还林工程实施对生态效果的净效应。同时，为了确保基准回归结果的可靠性，采用平行趋势检验、PSM-DID 方法等多种形式对基准回归结果进行了稳健性检验。最后，基于黄土高原气候分区，对不同气候分区下的退耕还林工程生态效果影响因素进行了异质性分析。本章得到的主要结论如下。

①退耕还林工程实施是促使黄土高原生态环境得到巨大改善的重要原因。虽然自然条件和社会经济因素对生态环境改善亦有贡献，但在实施退耕还林工程后，黄土高原植被覆盖度和生态系统服务的提升主要还是由实施退耕还林工程引起的。基准回归结果表明，在排除了自然条件和社会经济对生态环境改善的影响后，退耕还林工程实施能使植被覆盖度和植被 NPP 分别提升 15.78％和 9.68％。从自然条件和社会经济因素对生态效果的影响可得，自然条件因素对黄土高原生态效果的影响大于社会经济因素。在自然条件因素中，年均降水量是植被覆盖度和植被 NPP 的主要驱动因素，而年均气温则是最主要的阻碍因素。在社会经济因素中，人均 GDP 和人口密度均是植被覆盖度和植被 NPP 的驱动因素。并且上述结论在进行平行趋势检验、使用 PSM-DID 方法、变换因变量、将控制变量滞后一期和调整样本期之后，结果依旧稳健。

②退耕还林工程对黄土高原生态环境的改善存在持续影响，且影响随着时间推移逐渐增大。由动态性检验结果可得，自退耕还林工程实施后，退耕还林工程不仅对植被覆盖度和植被 NPP 提升存在持续的显著影响，而且随着时间的推移，影响逐渐增大。1999—2018 年退耕还林工程实施促使植被覆盖度提升从 9.09％增长至 33.50％，促使植被 NPP 提升从 3.71％增长至 27.09％。

③退耕还林工程对黄土高原生态环境的改善存在明显的区域异质性，但在排除自然条件和社会经济对生态环境改善的影响后，退耕还林工程实施仍是促使各区域生态环境得到巨大改善的主要原因。从气候分区来看，退耕还林工程对各区域植被覆盖度产生的影响大小排序为干旱地区＞半干旱地区＞半湿润地区，退耕还林工程促使半湿润地区、半干旱地区和干旱地区的植被覆盖度分别提升了 2.85％、10.78％和 20.14％；退耕还林工程对各区域生态系统服务产生的影响大小排序为半干旱地区＞干旱地区＞半湿润地区，退耕还林工程促使半干旱地区、干旱地区和半湿润地区的植被 NPP 分别提升了 7.83％、6.30％和 3.79％。从各气候分区的自然条件和社会经济因素对区域内植被覆盖度和植被 NPP 的影响来看，自然条件因素是主导生态环境改善的重要原因。各气候区内，年均降水量是促使生态环境改善的最重要的驱动因素，年均气温则是最重要的阻碍因素。

第5章 黄土高原退耕还林工程的生态效率测算

通过第3章、第4章可得，在巨大的资源投入下，黄土高原退耕还林工程取得了显著的生态效果，使生态环境得到了巨大改善。那么，黄土高原退耕还林工程在实施过程中的投入产出是否有效率，即退耕还林工程的生态效率如何？退耕还林工程生态效率的时间演变规律如何？空间分布规律如何？退耕还林工程生态效率在空间上是否存在异质性和关联性？退耕还林工程的生态效果与生态效率之间的关系如何？以上为本章所要重点解决的问题。本章的研究目的为：对黄土高原退耕还林工程生态效率进行评价，并对其时空演变进行刻画分析。具体研究内容为：首先，从多投入和多产出视角构建退耕还林工程生态效率评价指标体系；其次，利用DEA-BCC模型对黄土高原退耕还林工程生态效率进行测算；然后，运用GIS技术、核密度及相关空间统计模型，对黄土高原退耕还林工程生态效率的时空演变进行刻画；最后，基于第4章的退耕还林工程生态效果及本章所测算的退耕还林工程生态效率，对黄土高原退耕还林工程的生态效果与生态效率间的关系进行分析。

5.1 理论分析与退耕还林工程生态效率的测算指标体系构建

5.1.1 理论分析

退耕还林工程是世界上最大的林业生态工程，其在实施过程中投入了大量的人力、物力和财力。在如此庞大的生态环境保护公共支付体系下，退耕还林工程实施过程中的投入产出是否有效率，以及后续工程实施过程中如何提高工程实施效率，十分值得关注。为此首先需要对退耕还林工程生态效率进行评价，在评价之前，需对退耕还林工程的投入与产出要素进行明确。在退耕投入方面，由国务院于2002年颁布的《退耕还林条例》可知，在实施退耕还林工程对生态系统的修复中，投入要素主要包括资金（退耕还林补助）、面积（退耕还林面积）和劳动力（退耕还林工程参与农户），在产出方面实施退耕还林工程的核心目标是改善生态环境。由前文可知，退耕还林工程对生态环境改善的作用路径为：通过作用于土地利用变化（调整土地利用结构），增加植被覆盖，从而使水土保持、碳储存、水源涵养等生态系统服务功能得到提升，最终促使生态环境得到改善。因此本章认为，退耕还林工程在生态方面的产出为生态系统服务。值得注意的是，虽然土地利用和植被覆盖变化也是由实施退耕还林工程所引起的，但因土地利用和植被覆盖变化只是退耕还林工程作用于生态环境改善的过程和途径（王军等，2015），所以不能认为其是退耕还林工程的生态产出。

5.1.2 退耕还林工程生态效率的测算指标体系构建

基于前文对退耕还林工程生态效率的定义，从多投入和多产出两方面出发，分别选取了三个投入指标和四个产出指标（表5-1）。需要说明的是，受数据获取限制，仅获得了黄土高原在1999—2015年的退耕还林工程相关数据。本章只对2002—2015年黄土高原退耕还林工程的生态效率进行了测算，原因如下：首先，1999—2001年黄土高原仅有陕西和甘肃两个省份实施了退耕还林工程，其余五个省份暂未实施退耕还林工程。从2002年开始，黄土高原七个省份才开始全面实施退耕还林工程。因此，为保证效率评价的时间统一性，将黄土高原退耕还林工程生态效率的评价时间统一设为2002—2015年。其次，受数据获取限制，仅获得了1999—2015年黄土高原的退耕还林工程相关数据，未获得2016年至今的数据。这并不会影响我们对退耕还林工程生态效率做出全面、客观、准确的评价，因为1999—2015年为退耕还林工程实施力度最大

表5-1 黄土高原退耕还林工程生态效率测算指标体系

指标	变量	变量描述	单位
投入	土地	2002年到退耕还林工程实施当年的累计退耕面积	亩
	资金	2002年到退耕还林工程实施当年的累计投入资金	元
	劳动力	2002年到退耕还林工程实施当年的累计参与农户数	户
产出	土壤保持	退耕还林工程实施当年相比于2002年的平均土壤保持增加量	$t/(hm^2 \cdot 年)$
	植被碳汇	退耕还林工程实施当年相比于2002年的平均植被碳汇增加量	$gC/(m^2 \cdot 年)$
	水源涵养	退耕还林工程实施当年相比于2002年的平均水源涵养指数增加值	无量纲，值域0～1
	生物多样性	退耕还林工程实施当年相比于2002年的平均生物多样性指数增加值	无量纲，值域0～1

的阶段，在该阶段内，无论是在退耕还林面积、退耕还林投资上还是在退耕还林参与农户数上，均远大于 2016 年至今实施的退耕还林工程。综上所述，对黄土高原退耕还林工程生态效率测算的时间设定为 2002—2015 年。

（1）投入指标选取

在退耕还林工程投入上共选取了土地、资金和劳动力三个指标。其中，土地具体指退耕还林工程所完成的累计退耕还林面积，资金具体指退耕还林工程中的累计投入资金，劳动力具体指累计参与退耕还林工程的农户数。本章在退耕还林工程投入指标上选择累计量的原因如下：①在退耕还林面积上，退耕还林工程具有渐进性，即从退耕还林工程实施初期开始，每年都会有新增的退耕还林面积。也就是说，从退耕还林工程实施初期开始，作用于生态环境改善的退耕还林面积是累计的。因为在退耕还林工程实施初期的退耕还林面积不会随着工程的继续实施而消失，而是会和新增的退耕还林面积一起产生生态效应（Deng et al.，2022a）。例如，陕西的退耕还林工程实施初期为 1999 年，那么陕西在 1999 年的土地投入即为 1999 年实施退耕还林工程的退耕还林面积，而陕西在 2006 年的土地投入则为 1999—2006 年实施退耕还林工程的累计退耕还林面积。②在退耕还林资金投入上，自退耕还林工程实施以来，退耕还林工程的补助办法为退耕地还生态林补助 8 年，还经济林补助 5 年，还草补助 2 年。2007 年开始，国务院决定对补助到期的退耕地按上述补助办法继续延长一个补助周期。由此可得，退耕还林工程的资金投入具有累计性，因为政府不仅会对当年的退耕还林面积进行补助，还会对当年之前已完成的退耕还林面积进行补助。③在退耕还林工程参与农户数上，农户是实施退耕还林和接受退耕还林补助的直接主体，考虑到退耕还林和退耕还林资金投入的累计性，在将退耕还林工程参与农户数作为测算退耕还林工程生态效率的指标时也应该使用累计量。因为当年的退耕还林工程参与农户既包括了当年新参与退耕还林工程的农户，也包括了从退耕还林工程实施初期到当年的退耕还林工程参与农户数。综上所述，在用于计算退耕还林工程生态效率的投入指标中，退耕还林面积、退耕还林投入资金和退耕还林工程参与农户数均为自退耕还林工程实施初期到各年的累积量。

（2）产出指标选取

在退耕还林工程生态效率产出上选取了植被碳汇、土壤保持、水源涵养和生物多样性四项生态系统服务用作测算退耕还林工程生态效率的产出指标。在对产出指标的设置上，需遵循以下三点原则：①退耕还林工程作为一项林业工程，在生态效率产出指标的选取上必须考虑产出相对于投入的滞后性（Amacher et al.，2009）。退耕还林工程生态效应一般存在两年的滞后期，再通过参考相关研究（丁振民，2021；王怡菲等，2019；Deng et al.，2022a；Qian et al.，2019），最终将黄土高原退耕还林工程产出相对于投入的滞后期确定为三年。例如，黄土高原1999年的退耕还林工程投入所对应的不是1999年的生态效率产出，而是2002年的退耕还林工程生态效率产出；2000年的退耕还林工程投入对应的是2003年的退耕还林工程生态效率产出。②退耕还林工程生态效率的产出量应该为增量。经济学是从边际角度出发去研究问题的，在评价林业生态工程所产生的生态效率时，应重点关注生态系统在实施林业生态工程后，由保护、扩大、增强某些或所有主要生态系统及其功能而产生的边际收益（Zhang et al.，2011），即应重点关注实施林业生态工程后的生态系统相较于未实施时所产生的生态效率增量。在退耕还林工程实施前，区域既有的生态系统就能产生一定的生态效率（存量），因此在评价退耕还林区域生态系统在实施退耕还林工程后所产生的生态效率时，应用生态系统在退耕还林工程实施后所产生的生态效率（存量＋流量）减去生态系统在退耕还林工程实施前所产生的生态效率（存量），由此得到退耕还林区域生态系统因实施退耕还林工程所产生的实际生态效率（流量）。③退耕还林工程生态效率的产出量不仅应为增量，更应为累计增量。由前文所述，退耕还林工程实施具有渐进性特点，即从退耕还林工程实施初期开始，每年都会有新增的退耕还林面积。也就是说，从退耕还林工程实施初期开始，作用于生态环境改善的退耕还林面积是累计的（Deng et al.，2022a）。综合上述三个原则，可得以下公式：

$$Output_{(j=x+i)k}=ES_{(j+3)k}-ES_{xk} \qquad (5-1)$$

式中，$Output_{(j=x+i)k}$ 为 j 年退耕还林工程的 k 类型生态产出，$j=2002$，2003，…，2015；k 代表植被碳汇，土壤保持，水源涵养，生物多样性；x 为开始实施退耕还林工程年份，$x=2002$；i 为退耕还林工程实施第 i 年，$i=0$，1，2，3，4，…，13。ES 为生态效率类型，$ES_{(j+3)k}$ 为 j 年退耕还林工程的 k 类型滞后三年的生态产出，即为 $j+3$ 年的退耕还林工程生态产出，$j+3=$ 2005，2006，…，2018。ES_{xk} 为开始实施退耕还林工程时的 k 类型生态产出。

5.2 研究方法与数据来源

5.2.1 DEA-BCC 模型

数据包络分析方法（data envelopment analysis，DEA）是运用线性规划方法构建观测数据的生产前沿面，并据此计算决策单元（decision making unit，DMU）的相对效率。DEA 模型不需要事先知道或给出各个投入要素和产出要素的权重值，无需对数据指标进行无量纲化处理，是解决多种投入与多种产出资源配置效率评价的理想方法之一。DEA 模型又可分为 CCR 模型和 BCC 模型。CCR 模型为 Charnes 等（1978）在 Farrell（1957）生产绩效测度的理论基础上提出的第一个 DEA 模型。随后，Banker 等（1984）在 CCR 模型的基础上，改进了 CCR 模型规模回报不变的设定，提出了规模回报可变的 BCC 模型，即当不是所有决策单元都处于最佳规模时，可变规模报酬模式（variable returns to scale，VRS）使得技术效益的测算不会受规模效益的影响。BCC 模型在测算综合技术效率的同时，还可以分解为纯技术效率和规模效率，分解公式为：综合效率＝纯技术效率×规模效率。综合效率反映了各决策单元的综合效率水平，纯技术效率反映了在一定生产技术下各决策单元对投入的利用和管理效率水平，规模效率则揭示了各决策单元的规模水平。考虑到退耕还林工程施行的实际情况以及退耕还林工程生态效率多投入、多产出和规模报酬可变的特征，采取 DEA-BCC 模型来测算退耕还林工程生态效率。具体模型如下：

$$\min\theta = \theta_k - \varepsilon\left(\sum_{r=1}^{s}s_r^+ + \sum_{i=1}^{m}s_i^-\right)$$

$$s.t.\begin{cases}\sum_{j=1}^{n}\lambda_j x_{ij} + S_i^- = \theta_k x_{ik} & i=1,2,\cdots,m \\ \sum_{j=1}^{n}\lambda_j y_{rj} - S_r^+ = y_{rk} & r=1,2,\cdots,s \\ \sum_{j=1}^{n}\lambda_j = 1 & j=1,2,\cdots,n \\ \lambda_j,S_i^-,S_r^+ \geqslant 0\end{cases} \quad (5-2)$$

式中，θ 为可变规模报酬模型（VRS）下的黄土高原退耕还林工程生态效率；$n=314$，为黄土高原县域数量；j 表示第 j 个县域，也可称为第 j 个生产决策单元（DMU）。θ_k 代表区域投入可能的减少程度，S_i^- 代表投入过程中的差额变量，S_r^+ 代表产出过程中的超额变量。λ_j 表示各决策单元某一要素投入指标的权重系数，x_{ij} 表示第 j 个县域的第 i 种要素投入量，y_{rj} 表示第 j 个县域的第 r 种产出量，x_{ik} 表示第 k 个县域的第 i 种要素投入量，y_{rk} 表示第 k 个县域的第 r 种产出量，s 和 m 分别表示产出、投入种类的数量。当 $\theta=0$ 时，表示该决策单元处于技术无效率状态。当 $0<\theta<1$ 时，表示该决策单元处于非完全技术有效状态，可以通过调整一定比例的各项投入来实现更多的产出；θ 的值越小，说明被评价单元的效率越低，存在的改善空间越大。当 $\theta=1$ 时，表示该决策单元处于完全技术有效状态。一般来说，θ 的取值范围在 0～1，DEA 值越大，说明对应的决策单元投入产出的比例越合理，生产过程中的效率越高。

当 S_i^- 和 S_r^+ 之和为 0 时，所有投入产出处于松弛状态，$\theta_k=1$，退耕还林工程生态效率处于完全效率。当 S_i^- 和 S_r^+ 之和不为 0 时，$\theta_k<1$，退耕还林工程生态

效率处于不完全效率，此时可以通过调整投入或产出水平来重新达到完全效率。

5.2.2 探索性空间数据分析方法

探索性空间数据分析方法（exploratory spatial data analysis，ESDA）是一系列空间数据分析方法和技术的集合，以空间关联度为核心，通过对事物或现象空间分布格局的描述与可视化分析，探索其空间集聚与空间异常（Dall'erba et al.，2020），其核心是通过全局空间自相关、局部空间自相关来度量和检验空间趋同性或异质性（Ye et al.，2011）。ESDA 常用的统计量有衡量全局自相关的 Moran's I 指数，以及衡量局部自相关的局部 Moran's I 指数或 Getis-Ord Gi^* 统计量。前者主要用来探测整个研究区的空间关联结构模式，后两者用来识别不同空间位置的高值簇和低值簇的空间分布特征。

(1) 全局空间自相关

全局空间自相关主要用来判断某现象在空间上是否存在集聚特征（Getis，2010），一般用 Moran's I 指数来度量（Moran，1950）。其计算公式为：

$$I = \frac{\sum_{i=1}^{n} \sum_{j=1}^{n} W_{ij}(Y_i - \bar{Y})(Y_j - \bar{Y})}{S^2 \sum_{i=1}^{n} \sum_{j=1}^{n} W_{ij}} \quad (5-3)$$

式中，$S^2 = \frac{1}{n} \sum_{i=1}^{n} (Y_i - \bar{Y})^2$，$\bar{Y} = \frac{1}{n} \sum_{i=1}^{n} Y_i$；$Y_i$ 表示第 i 地区的观测值，在此为 i 县的退耕还林工程生态效率；n 为地区数，在此为 314；Y 为所有县域退耕还林工程生态效率的平均值；W_{ij} 为空间权重矩阵，采用基于 rook 邻接原则的空间权重矩阵。I 的取值范围为 $[-1,1]$。当 I 大于 0 时，表明地区间存在空间正相关，I 越接近于 1，表示相似的观测值（高值或低值）在空间上越趋于集聚；当 I 小于 0 时，表明地区间存在空间负相关，I 越接近于 -1，表示相似的观测值在空间上越趋于分散；当 I 等于 0 时，表明地区间不存在空间相关性，观测值趋于随机分布。

(2) 局部空间相关性

全局空间自相关主要解释了某现象在空间上的平均关联程度，不能清晰地反映研究区域内哪些地区存在集聚。而局部空间自相关是从局域视角对研究对象空间相关性进行度量的指标，测度的是本区域观测值与周围邻近区域观测值之间的相似程度，可以用来识别局域空间格局集聚和离散特征，通常采用局部 Moran's I 指数来度量（Anselin，1995，1996）。其计算公式为：

$$I_i = Z_i \sum_{j=1}^{n} W_{ij} Z_j \quad (5-4)$$

式中，$Z_i = Y_i - \bar{Y}$，$Z_j = Y_j - \bar{Y}$；Y_i，Y_j 分别表示第 i、第 j 地区的观测值，在此指退耕还林工程生态效率；n 为地区数，在此为 314；W 为空间权重矩阵。局部 Moran's I 指数测度了第 i 地区与其周围其他地区间的相关程度。若 $I_i > 0$，表示局部区域邻近单元相似值空间集聚；若 $I_i < 0$，表示局部区域邻近单元非相似值空间集聚；若 $I_i = 0$，表示局部区域邻近单元值空间随机分布。具体可分为高高集聚（High-High）、低高离散（Low-High）、低低集聚（Low-Low）和高低离散（High-Low）四种局域集聚类型。

（3）冷热点分析

在全局空间自相关分析中，仅能对区域间是否存在集聚现象及其集聚类型进行判断，无法进一步表明聚类是由高值或是低值组成（潘竟虎，2014）。局部空间自相关能很好地弥补全局空间自相关的不足，即从局域视角对区域间的空间相关性进行度量，对本区域观测值与周围邻近区域观测值之间的相似程度进行测度，进而识别出研究单元在局域的空间上的集聚和离散特征（张欢等，2018）。然而，局部空间自相关容易过度关注区域中的个别高值或低值，导致相邻区域间的情况可能会被忽视（赵飞等，2021）。Getis-Ord Gi^* 统计（又称冷热点分析）能够避免过度关注高值或低值要素，识别出具有统计显著性的热点和冷点区域（Jana et al.，2016）。Gi^* 的计算公式为：

$$G_i^* = \frac{\sum\limits_{j=1}^{n} W_{ij} x_j - \bar{X} \sum\limits_{j=1}^{n} W_{ij}}{S \sqrt{\dfrac{\left[n \sum\limits_{j=1}^{n} W_{ij}^2 - \left(\sum\limits_{j=1}^{n} W_{ij}\right)^2\right]}{n-1}}} \tag{5-5}$$

式中，x_j 为县域 j 的退耕还林工程生态效率，W_{ij} 为县域 i 和县域 j 的空间权重，n 为县域个数。且有：

$$\bar{X} = \frac{\sum\limits_{j=1}^{n} x_j}{n} \tag{5-6}$$

$$S = \sqrt{\frac{\sum\limits_{j=1}^{n} x_j^2}{n} - (\bar{X})^2} \tag{5-7}$$

冷热点分析的显著性水平用正态分布统计量的 Z 值和 p 值确定，由 Z 值确定冷热点区域的聚类情况（潘竟虎，2014；张欢等，2018；赵飞等，2021；Jana et al.，2016）。Z 值越高且为正值，表明该县域为退耕还林工程生态效率的热点区域；Z 值越低且为负值，表明该县域为退耕还林工程生态效率的冷点区域。

5.2.3　核密度估计

核密度估计（kernel density estimation）是研究事物空间不平衡分布的重要方法之一，本质上是将离散采样点进行表面插值的平滑方法（Rosenblatt，1956；Parzen，1962）。核密度估计结果用连续的密度曲线代替直方图，能更好、更准确地对事物的空间分布形态进行描述（侯孟阳等，2018）。核密度估计作为一种非参数估计法，其具体原理为：设随机变量的密度函数为 $f(x)$，对于随机变量 Y 有 n 个独立同分布的观测值，分别为 y_1，y_2，…，y_n，则核密度函数的估计量为（闫军印等，2015）：

$$f(x) = \frac{1}{nh} \sum_{i=1}^{n} K\left(\frac{y_i - y}{h}\right) \qquad (5-8)$$

式中，n 为研究区域个数，h 为窗宽（bandwidth）；K（•）为随机核函数，是一种加权函数或平滑函数，包括高斯（正态）核、Epanechnikov 核、三角核（triangular）、四次核（quartic）等类型。窗宽的选择决定了所估计密度函数的平滑程度，窗宽越大，核估计的方差越小，密度函数曲线越平滑，但估计的偏差越大，因此，最佳窗宽的选择必须在核密度估计的方差和偏差之间进行权衡，使均方误差最小（侯孟阳等，2018）。根据叶阿忠（2005）的相关研究，对应的最佳窗宽为 $h = cN^{-0.2}$（c 为常数）。本章采用高斯正态分布的核密度函数，窗宽设定为 $h = 0.9SeN^{-0.2}$（即 $c = 0.9Se$，Se 是随机变量观测值的标准差）。

5.2.4　标准差椭圆与重心转移

标准差椭圆（standard deviational ellipse，SDE）是用于揭示地理要素空间分布整体特征的有效方法（Lefever，1926），其基本参数有中心、长轴、短轴、方位角等（Yuill，1971）。基于 SDE 基本参数，可从全局和空间角度对地理要素的空间分布特征及其时空演化过程进行描述（Gong，2002）。SDE 基于通过地理要素构建的空间分布椭圆，从其具有的中心性、方向性和空间分布形态等特征去反映和解释地理要素的空间分布特点。其中，以 SDE 的中心反映地理要素分布的重心，以 SDE 的方位角（椭圆长轴由正北方向顺时针旋转的角度）反映地理要素分布的趋势方向，以 SDE 的椭圆轴反映地理要素在 X 方向和 Y 方向上的标准差（Furfey，1927）。SDE 中心可反映地理要素的空间分布在二维空间上的相对位置，即其空间分布中心（gravity centre，GC），能解释地理要素在某区域的重心轨迹变化与空间转移特征，进而有利于掌握其背后的变化发展规律。SDE 和重心模型主要参数的计算公式为：

$$\text{重心坐标：} X = \sum_{i=1}^{n} \omega_i x_i \Big/ \sum_{i=1}^{n} \omega_i ; Y = \sum_{i=1}^{n} \omega_i y_i \Big/ \sum_{i=1}^{n} \omega_i \qquad (5-9)$$

$$\sigma_x = \sqrt{\sum_{i=1}^{n} (\omega_i x_i^* \cos\theta - \omega_i y_i^* \sin\theta)^2 \Big/ \sum_{i=1}^{n} \omega_i^2} \qquad (5-10)$$

$$\sigma_y = \sqrt{\sum_{i=1}^{n} (\omega_i x_i^* \sin\theta - \omega_i y_i^* \cos\theta)^2 \Big/ \sum_{i=1}^{n} \omega_i^2}$$

$$\tan\theta = \left[\left(\sum_{i=1}^{n} \omega_i^2 x_i^{*2} - \sum_{i=1}^{n} \omega_i^2 y_i^{*2} \right) + \sqrt{\left(\sum_{i=1}^{n} \omega_i^2 x_i^{*2} - \sum_{i=1}^{n} \omega_i^2 y_i^{*2} \right)^2 - 4 \sum_{i=1}^{n} \omega_i^2 x_i^{*2} y_i^{*2}} \right] \Big/$$

$$2 \sum_{i=1}^{n} \omega_i^2 x_i^* y_i^* \qquad (5-11)$$

以上各式中，(X, Y) 为某地理要素的重心坐标，(x_i, x_j) 为研究区域的空间坐标，(x_i^*, y_i^*) 为各区域与区域重心的相对坐标，ω_i 为权重，地理要素为黄土高原314个县域的退耕还林工程生态效率，σ_x、σ_y 分别为沿 x 轴和 y 轴的标准差；θ 为椭圆方位角，表示正北方向顺时针旋转到椭圆长轴所形成的夹角。另外，根据随时间变化的重心转移可以测算重心移动的距离：

$$D_{\alpha \to \beta} = k \times \sqrt{(x_{i\alpha} - x_{i\beta})^2 + (y_{i\alpha} - y_{i\beta})^2} \qquad (5-12)$$

式中，$D_{\alpha \to \beta}$ 表示各县域退耕还林工程生态效率的重心从第 α 年到第 β 年移动的距离（km），$(x_{i\alpha}, y_{i\alpha})$、$(x_{i\beta}, y_{i\beta})$ 分别表示重心随时间变化而移动的地理坐标；k 一般等于 111.111km，表示由地球表面坐标单位（度）转化为平面距离（km）的系数。

5.2.5　数据来源

本章数据来源主要包括两部分，一是计算黄土高原退耕还林工程生态效率的投入数据，二是产出数据。投入产出数据的描述性统计如表5-2所示。

表 5 - 2　变量描述性统计

	变量	平均值	标准差	最小值	最大值
	单位变量	0.492	0.311	0.002 0	1.000
投入	土地/万亩	10.402	12.802	0.005 4	91.479
	资金/万元	1 388.851	1 730.261	0.486 0	15 162.800
	农户/万户	2.073	2.898	0.000 6	20.807
产出	植被碳汇/[gC/(m²·年)]	229.593	182.765	0.000 1	858.155
	土壤保持/[t/(hm²·年)]	4.770	6.019	0.000 0	53.558
	水源涵养/无量纲	0.014	0.016	0.000 0	0.093
	生物多样性/无量纲	0.016	0.015	0.000 0	0.070

投入数据方面，主要包括2002—2015年黄土高原314个县域的退耕还林

面积、资金和参与农户数据。其中，面积和资金数据由课题组从国家林业和草原局中南调查规划院收集整理获得。参与农户数据获取通过以下步骤获得：首先，从《中国林业统计年鉴（2003—2014）》获取黄土高原所辖七个省份的退耕还林工程参与农户数；其次，计算得到七个省份所辖县域在各年的退耕还林资金投入占各省份退耕还林资金总投入的百分比；最后，将各省份各年参与农户数与计算得到的各省份县域在各年的退耕还林资金占比相乘，即可得到各省份县域在各年的退耕还林工程参与农户数。需要说明的是，由于从《中国林业统计年鉴》上仅能获得 2002—2013 年的参与农户数，所以本章所使用的 2014 年和 2015 年参与农户数由 2013 年参与农户数代替。

产出数据方面，以第 4 章计算获得的黄土高原各项生态系统服务为基础，包括植被碳汇、土壤保持、水源涵养和生物多样性。再借助 ArcGIS 10.7 软件提取获得 2002—2015 年黄土高原各县域的四项生态系统服务相比于 2002 年的平均增量。

5.3　黄土高原退耕还林工程的生态效率测算结果

由 2002—2015 年黄土高原退耕还林工程生态效率的计算结果可得（表 5 - 3）：从整体来看，黄土高原退耕工程生态效率整体水平偏低，研究期内退耕还林工程生态效率均值仅为 0.492。从气候分区来看，三大分区的退耕还林工程生态效率均值也偏低，半湿润地区、半干旱地区和干旱地区的生态效率均值分别为 0.499、0.474、0.364。

表 5 - 3　2002—2015 年黄土高原及其气候分区的退耕还林工程生态效率

年份	黄土高原	半湿润地区	半干旱地区	干旱地区
2002	0.254	0.255	0.240	0.219
2003	0.309	0.318	0.305	0.225
2004	0.447	0.443	0.406	0.373
2005	0.487	0.491	0.476	0.342
2006	0.418	0.425	0.393	0.307
2007	0.518	0.525	0.482	0.369
2008	0.439	0.454	0.413	0.226
2009	0.609	0.623	0.585	0.456
2010	0.526	0.527	0.515	0.378
2011	0.524	0.531	0.525	0.390

（续）

年份	黄土高原	半湿润地区	半干旱地区	干旱地区
2012	0.544	0.552	0.499	0.391
2013	0.544	0.558	0.557	0.420
2014	0.620	0.629	0.603	0.451
2015	0.649	0.654	0.631	0.543
平均值	0.492	0.499	0.474	0.364

在时序变化上（图 5-1），黄土高原及其分区的退耕还林工程生态效率均呈波动上升趋势，其中半干旱地区的退耕还林工程生态效率提升最快，干旱地区的退耕还林工程生态效率提升最慢。具体而言，黄土高原退耕还林工程生态效率由 2002 年的 0.254 增至 2015 年的 0.649，年均增长率达 11.09%，生态效率水平由较低水平逐步提升至较高水平；半湿润地区退耕还林工程生态效率由 2002 年的 0.255 增至 2015 年 0.654，年均增长率达 11.14%，生态效率水平由较低水平逐步提升至较高水平；半干旱地区退耕还林工程生态效率由 2002 年的 0.240 增至 2015 年的 0.631，年均增长率达 11.61%，生态效率水平由低水平逐步提升至较高水平；干旱地区退耕还林工程生态效率由 2002 年的 0.219 增至 2015 年的 0.543，年均增长率达 10.55%，生态效率水平由低水平逐步提升至较高水平。

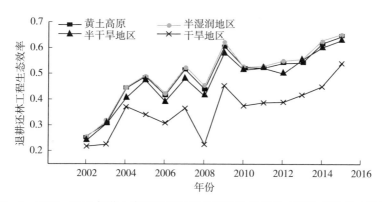

图 5-1　2002—2015 年黄土高原及其气候分区的退耕还林工程生态效率时间变化

进一步由退耕还林工程生态效率变化趋势以及工程实施的实际情况，可将退耕还林工程生态效率时序变化划分为以下三个阶段：第一阶段为 2002—2005 年，退耕还林工程生态效率在该阶段内呈逐年增长态势；第二阶段为 2006—2009 年，退耕还林工程生态效率在该阶段内呈波动增长态势；第三阶段为 2010—2015 年，退耕还林工程生态效率在该阶段内呈缓慢增长态势。

5.4 黄土高原退耕还林工程生态效率的时空演变

5.4.1 生态效率的时间演变特征

使用核密度估计分析样本考察期内黄土高原退耕还林工程生态效率的分布动态演进，不仅能对退耕还林工程生态效率分布的整体形态进行刻画，而且能通过比较不同时期的生态效率分布，把握生态效率分布的动态特征。具体而言，将对核密度曲线的位置、形态以及延展性等方面的具体特征进行分析，以对 2002—2015 年黄土高原退耕还林工程生态效率的分布动态特征与演进趋势进行考察（图 5-2）。

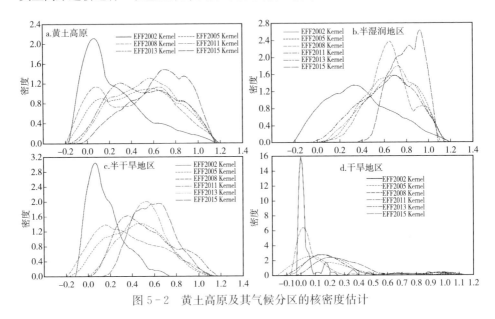

图 5-2　黄土高原及其气候分区的核密度估计

（1）分布位置

从分布位置来看，黄土高原、黄土高原半湿润地区、黄土高原半干旱地区及黄土高原干旱地区的核密度曲线中心整体表现为向右侧移动，且半湿润地区的重心右移幅度最大。这表明，随着退耕还林工程的进行，黄土高原及其分区的退耕还林工程生态效率均得到了有效提升，其中半湿润地区提升幅度最大。但值得注意的是，2008 年黄土高原及其分区的核密度曲线中心向左移动，表明黄土高原及其分区的退耕还林工程生态效率在 2008 年有所降低。分布曲线中心的移动特征与前文典型事实部分描述相一致。再从主峰分布位置的变化趋势来看，黄土高原、黄土高原半湿润地区和黄土高原半干旱地区的主峰呈"下降变宽—右移—上升变窄"的变化趋势。首先，主峰下降变宽表明在上述地区内退耕还林工程生态效率的绝对差距趋于扩大，各县域的退耕还林工程生态效率在较低水平上集聚；其次，主峰右移表明在上述地区内各县域的退耕还林工程生态效率得到了有效提升；最后，主峰右移后上升变窄表明在上述地区内退耕还林工程生态效率的绝对差异趋于缩小，各县域的退耕还林工程生态效率开始在较高水平上集聚。

（2）分布形态

从分布形态来看，黄土高原、黄土高原半湿润地区、黄土高原半干旱地区及黄土高原干旱地区的核密度曲线主峰在 2002 年均集中在左侧，除半湿润地区外，其余地区的主峰峰值较高且宽度较窄。这表明黄土高原及其分区除半湿润地区外，在退耕还林工程实施初期，区域内的生态效率绝对差异较小。而半湿润地区主峰峰值较低且宽度较大，表明黄土高原半湿润地区在退耕还林工程实施初期，区域内生态效率绝对差异较大。从变化上看，黄土高原、黄土高原半干旱地区及黄土高原干旱地区主峰均呈不断下降态势，且单峰波宽显著增大，这表明上述地区内的退耕还林工程生态效率绝对差异呈增大趋势。在黄土高原半湿润地区，其单峰波宽呈显著上升态势，且波宽为收窄态势，这表明该地区的退耕还林工程生态效率绝对差异呈缩小态势。

（3）极化特征

从极化特征来看，黄土高原半湿润地区和黄土高原半干旱地区不存在多级分化或两极分化现象。黄土高原地区和黄土高原干旱地区退耕还林工程生态效率呈现出双峰形态，但不同的是，黄土高原地区主峰值不断降低而侧峰值不断上升且双峰逐渐趋于平缓，而在黄土高原干旱地区左侧主峰值相较于右侧侧峰值一直较高。可见在黄土高原干旱地区内仍存在两极分化现象，而从黄土高原整体来看，县域之间的退耕还林工程生态效率两极分化现象有所改善，且由工程实施初期的"低低集聚"逐渐向"高高集聚"过渡。

（4）分布延展性

从分布延展性来看，黄土高原整体的分布曲线不存在明显的拖尾现象，表明在黄土高原整体区域内不存在退耕还林工程生态效率极高或极低的现象。然而，从分区来看，黄土高原半湿润地区存在轻微向左拖尾现象，表明在半湿润地区各县域退耕还林工程生态效率得到有效提升的环境下，仍存在少数县域退耕还林工程生态效率相对较低，差距较大。黄土高原半干旱地区存在轻微向右拖尾现象，表明在半干旱地区各县域退耕还林工程生态效率得到有效提升的环境下，仍存在少数县域生态效率具有绝对的领先优势。黄土高原干旱地区的分布曲线存在明显的右拖尾现象，区域内各县域间的退耕还林工程生态效率具有显著差距。

5.4.2　生态效率的空间分布特征

基于 2002—2015 年黄土高原各县域的退耕还林工程生态效率，将各县域的工程生态效率划分为以下四种类型：低效率（平均生态效率＜0.25）、中低效率（0.25≤平均生态效率＜0.5）、中高效率（0.5≤平均生态效率＜0.75）及高效率（平均生态效率≥0.75）。由 2002—2015 年黄土高原各县域的退耕还林工程生态效率空间分布可得（图 5-3）：①在空间分布上，黄土高原退耕还林工程生态效率低效率县域主要集中分布在黄土高原所辖干旱地区，少数分布在半干旱地区；中低效率和中高效率县域主要集中分布在黄土高原所辖半干旱地区，少数分布在半湿润地区，极少数分布在干旱地区；高效率县域主要集中

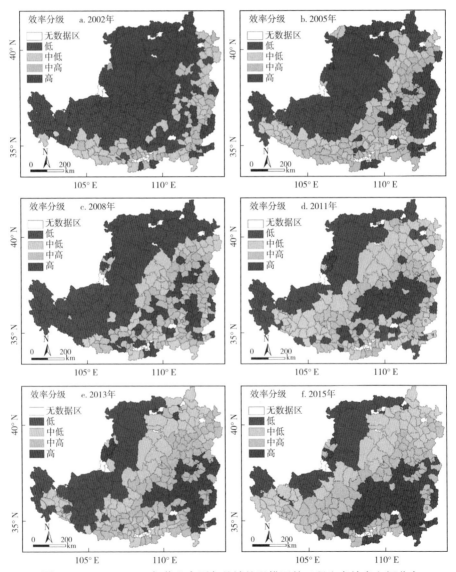

图 5-3 2002—2015 年黄土高原各县域的退耕还林工程生态效率空间分布

分布在黄土高原所辖半湿润地区，少数分布在半干旱地区，极少数分布在干旱地区。②在空间变化上，低效率县域范围不断自东南向西北向缩小，高效率、中高效率和中低效率县域范围则不断自东南向西北向扩大。整体而言，黄土高原退耕还林工程生态效率空间分布呈自东南向西北逐步递减趋势。

进一步统计可得（图 5-4），2002—2015 年黄土高原退耕还林工程生态效率低效率和中低效率县域数量呈波动减少态势。低效率县域数量由 2002 年的 188 个减少至 2015 年的 28 个，为减少最多的效率类型；中低效率县域数量由 2002 年的 73 个减少至 2015 年的 63 个，减少幅度较小。中高效率和高效率县域数量呈波动增加态势，中高效率县域数量由 2002 年的 30 个增加至 2015 年的 100 个；高效率县域数量由 2002 年的 23 个增加至 2015 年的 123 个，为增长最多的效率类型。

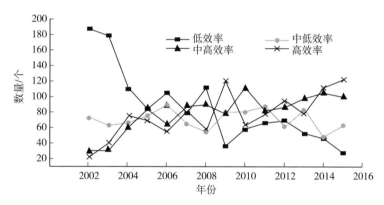

图 5-4　2002—2015 年黄土高原不同等级的退耕还林工程生态效率县域数量

（1）黄土高原退耕还林工程生态效率的重心转移

由黄土高原退耕还林工程生态效率重心分布可得（表 5-4、图 5-5），各特征时点的重心变动范围在 109°34′E—110°50′E，35°56′N—36°47′N，东西跨度大于南北跨度。从各特征时间的重心位置来看，在退耕还林工程实施前期（2002—2008 年），生态效率重心主要分布在半湿润地区内的宜川县、乡宁县和洛川县境内；而到了工程实施后期（2009—2015 年），生态效率重心则主要分布在半干旱地区内的延长县和延川县境内。

表 5-4　2002—2015 年黄土高原退耕还林工程生态效率重心参数

年份	重心坐标		方向	距离/km
	经度	纬度		
2002	110°23′	36°02′	—	—
2003	110°50′	35°56′	东南	41.82

（续）

年份	重心坐标		方向	距离/km
	经度	纬度		
2004	109°34′	35°56′	西南	111.56
2005	110°22′	36°28′	东北	92.80
2006	110°06′	36°07′	西南	45.28
2007	109°52′	36°09′	西北	20.78
2008	110°27′	36°18′	东北	53.58
2009	110°06′	36°33′	西北	41.42
2010	109°51′	36°41′	西北	27.11
2011	109°55′	36°40′	东南	6.42
2012	110°05′	36°13′	东南	54.51
2013	110°18′	36°47′	东北	67.26
2014	110°06′	36°35′	西南	28.03
2015	109°45′	36°28′	西南	33.31

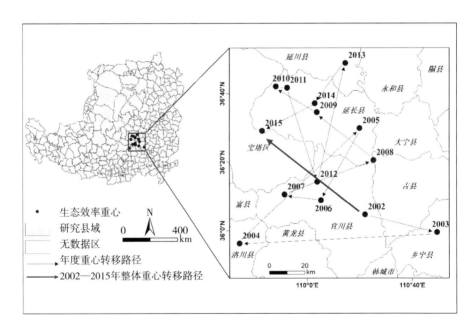

图 5-5　2002—2015 年黄土高原退耕还林工程生态效率重心转移变化

从移动方向和距离进行具体分析。①2002—2015 年生态效率重心表现为波动式向西北方向转移，整体上向西北方向移动了 74.10km，年均移动速度为5.29km。由前文分析可得，重心向东南方向移动表明黄土高原退耕还林工程生态效率高值县域数量减少，而重心向西北方向移动则表明生态效率高值县域数量增加。因此由2002—2015年生态效率的重心移动可得，西北方向县域的退耕还林工程生态效率得到了有效提升，高值县域数量得到了增加。具体到研究期内，生态效率重心在2002—2005年出现了较大波动，在移动方向和距离上，生态效率重心先是在2002—2003年往东南移动了41.82km，紧接着在2003—2004年重心向西南方向移动了111.56km，该距离也为整个时期内移动最大的距离，而后在2004—2005年重心又向东北方向移动了92.80km。由此可以得出，在退耕还林工程实施初期，由于工程实施推进过快，经验不足，加之工程规划不合理，导致各县的生态效率在空间分布上出现了较大波动。②生态重心在2006—2011年波动较小，在移动方向和距离上，生态效率重心在2005—2006年往西南方向移动了45.28km，接着在2006—2007年向西北方向移动了20.78km，在2007—2008年生态效率重心又向东北方向移动了53.58km，而后在2008—2009年和2009—2010年向西北方向分别移动了41.42km和27.11km，最后在2010—2011年向东南方向移动了6.42km。可以看出，在2006—2011年，随着工程的推进，西北方向各县域的工程生态效率在这一阶段得到了很大的提升，促使重心在这一阶段整体向西北移动了64.49km，年均移动速度为10.75km。但值得注意的是，重心在2007—2008年向东北方向移动，表明生态效率在2008年出现了下降。分析其原因，在2008年国家全面停止了下达退耕还林任务，一度影响了地方政府和农民参与退耕还林工程的积极性，部分地区甚至出现了毁林复耕现象，导致2008年退耕还林工程生态效率出现下降，进而使得重心向东北方向移动。③生态效率重心在2012—2015年开始重新出现波动，在移动方向和距离上，生态效率重心在2011—2012年向东南方向移动了54.51km，在2012—2013年向东北方向移动了67.26km，在2013—2014年向西南方向移动了28.03km，在2014—2015年向西南方向移动了33.31km。

(2) 黄土高原退耕还林工程生态效率的标准差椭圆

黄土高原退耕还林工程生态效率的标准差椭圆结果如表5-5和图5-6所示。下面将从四个方面对黄土高原退耕工程生态效率的标准差椭圆结果进行详细分析。①从椭圆形状与变化范围来看，退耕还林工程生态效率空间集聚格局具有明显的方向性，总体呈"东北—西南"方向的空间分布格局，且随着时间的推移，退耕还林工程空间分布格局逐渐向西北转移特征明显，表明西北方向县域的退耕还林工程生态效率得到了有效提升，而东南方向县域的退耕还林工程生态效率出现了下降。②从标准差椭圆的长短半轴长度变化可得，黄土高原退耕还林工程生态效率标准差椭圆的长短半轴以2008年为分界点，表现出

"先减后增"的变化趋势。长半轴先是由 2002 年的 413.50km 缩短至 2008 的 335.86km，而后到 2015 年增长至 380.65km，表明退耕还林工程生态效率在偏东北—偏西南方向上的空间集聚特征在 2002—2008 年变得更加明显，而后在 2008—2015 年出现下降。但从整体看，长半轴在 2002—2015 年减少，表明退耕还林工程生态效率在偏东北—偏西南方向上的空间集聚特征整体变得更加明显。短半轴先是由 240.66km 缩短至 2008 年的 215.92km，而后到 2015 年增长至 259.07km，表明退耕还林工程生态效率在偏东南—偏西北方向上的空间集聚特征在 2002—2008 年变得更加明显，而后在 2008—2015 年出现下降。但从整体看，短半轴在 2002—2015 年减少，表明退耕还林工程生态效率在偏东南—偏西北方向上的空间集聚特征整体出现下降。③从标准差椭圆的椭圆扁率变化可得，椭圆扁率在 2002—2015 年波动减小，具体由 2002 年的 0.42 下降至 2015 年的 0.32，表明黄土高原退耕还林工程生态效率的空间集聚方向趋势越来越不显著。④从标准差椭圆的分布面积来看，2002—2008 年标准差椭圆的分布面积由 312 608.38km² 波动减少至 227 813.47km²，表明黄土高原各县域间的退耕还林工程生态效率差距在不断变大，退耕还林工程生态效率的空间集聚程度有所增强。2008—2015 年标准差椭圆的分布面积由 227 813.47km² 波动增长至 309 786.80km²，表明黄土高原各县域间的退耕还林工程生态效率差距在不断缩小，退耕还林工程生态效率的空间集聚程度有所降低。

表 5-5　2002—2015 年黄土高原退耕还林工程生态效率标准差椭圆参数

年份	长半轴/km	短半轴/km	面积/km²	椭圆扁率
2002	413.50	240.66	312 608.38	0.42
2003	313.27	219.25	215 769.87	0.30
2004	409.11	219.13	281 607.18	0.46
2005	379.03	249.74	297 362.29	0.34
2006	364.20	233.88	267 582.75	0.36
2007	362.45	228.26	259 896.00	0.37
2008	335.86	215.92	227 813.47	0.36
2009	355.21	265.36	296 107.34	0.25
2010	394.53	239.71	297 091.91	0.39
2011	362.56	246.57	280 831.99	0.32
2012	344.01	240.24	259 626.17	0.30
2013	357.10	274.50	307 933.09	0.23
2014	364.12	256.81	293 751.84	0.29
2015	380.65	259.07	309 786.80	0.32

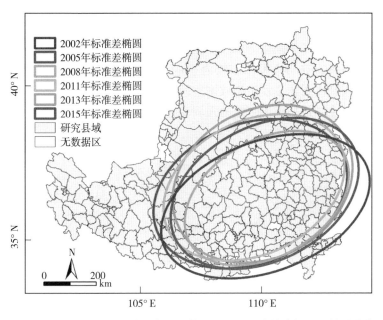

图 5-6　2002—2015 年黄土高原退耕还林工程生态效率标准差椭圆分布

5.5　黄土高原退耕还林工程生态效率的空间关联特征

为了探究黄土高原 314 个县域的退耕还林工程生态效率在空间上的关联特征，基于 ArcGIS 10.7 软件对黄土高原 314 个县域退耕还林工程生态效率的全局空间自相关 Moran'I 指数和局部空间自相关 LISA 聚类进行了计算分析。

5.5.1　生态效率的全局空间自相关

黄土高原各县域退耕还林工程生态效率存在显著的空间正相关关系。由全局空间自相关 Moran'I 指数计算结果可得，全局 Moran'I 指数均为正，值域范围在（0.659，0.828），且均在 1% 的水平上通过了显著性检验。这表明黄土高原各县域的退耕还林工程生态效率存在显著的空间正相关关系，即各县域退耕还林工程生态效率存在正向的集聚和依存特征。其空间关联特征具体表现为：生态效率较高的县域趋于同生态效率较高的县域相邻，生态效率较低的县域趋于同生态效率较低的县域相邻，即相邻县域多呈现"高—高"或"低—低"的空间集聚特征，而较少呈现"高—低"或"低—高"的空间集聚特征。

从变化情况来看（图 5-7），黄土高原各县域退耕还林工程生态效率空间正自相关关系呈现相对稳定态势。退耕还林工程生态效率的空间正相关关系在

2002—2006 年波动下降，2006—2009 年波动上升，2009—2011 年又下降，2011—2013 年先上升后下降，2013—2015 年上升。全局 Moran's I 指数值在 2011 年最低，为 0.659；在 2003 年最高，为 0.828。这表明黄土高原退耕还林工程生态效率的空间集聚状态较为稳定，但也具有一定的波动性。具体而言，相邻县域退耕还林工程生态效率空间格局的相对位置基本不变，但其相对差额具有多变性，并呈现出一定的强弱变化。

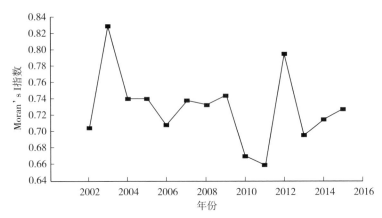

图 5-7　2002—2015 年黄土高原退耕还林工程生态效率 Moran's I 指数变化情况

5.5.2　生态效率的局部空间自相关

全局 Moran's I 指数可以从宏观上证明黄土高原退耕还林工程生态效率存在正向空间相关性，但无法反映其在局部的空间特征。因此，接下来借助局部 Moran's I 指数识别了黄土高原各县域退耕还林工程生态效率的局部空间特征。根据计算所得的 LISA 集聚图（图 5-8），可将退耕还林工程生态效率划分为四种不同的集聚类型：①高高集聚（High-High），该类型表示某县域退耕还林工程生态效率高，那么其周围邻近县域生态效率也高；②高低离散（High-Low），该类型表示虽然某县域退耕还林工程生态效率低，但其周围邻近县域生态效率高；③低低集聚（Low-Low），该类型表示不仅某县域退耕还林工程生态效率低，而且其周围邻近县域生态效率也低；④低高离散（Low-High），该类型表示虽然某县域退耕还林工程生态效率低，但其周围邻近县域生态效率高。

由 LISA 集聚图可得，黄土高原退耕还林工程生态效率在空间集聚形态上总体保持基本稳定，高高集聚区主要集中分布在黄土高原东南部的半湿润地区，低低集聚区主要集中分布在黄土高原西北部和西部的干旱地区，此外伴有高低离散区和低高离散区在黄土高原零星分布。与此同时，四种黄土高原退耕还林工程生态效率局部特征在时间演变上也发生着显著的变化（图 5-9）。

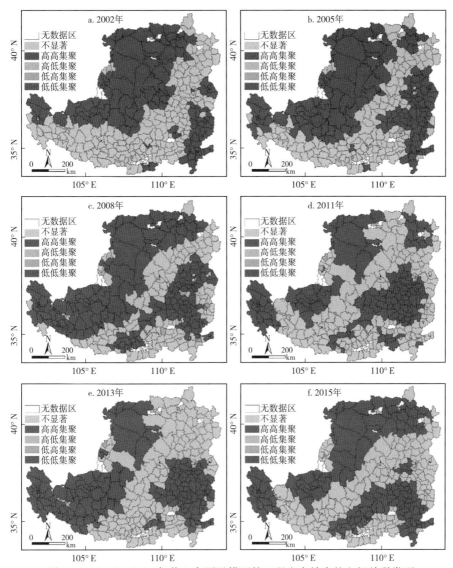

图 5 - 8　2002—2015 年黄土高原退耕还林工程生态效率的空间关联类型

（1）高高集聚区

黄土高原退耕还林工程生态效率高高集聚区主要分布在黄土高原东南部的半湿润地区，且随着工程的实施，东南部的高高集聚区逐步从半湿润地区蔓延至半干旱地区。从变化数量可得，高高集聚区的数量由 2002 年的 44 个增长至 2015 年的 74 个。

（2）低低集聚区

黄土高原退耕还林工程生态效率低低集聚区主要分布在黄土高原西北部和西部的干旱地区及部分半干旱地区，为黄土高原退耕还林工程生态效率集聚分布最多的类型，但随着工程的实施，低低集聚区的范围呈自东南向西北不断缩小态势。从变化数量可得，低低集聚区的数量由 2002 年的 80 个减少至 2015 年的 68 个。

（3）高低离散区

高低离散区主要分布在黄土高原西北部、北部，且在位置上具有较强的稳定性。虽然上述地区同处干旱地区，周围或外围为低低集聚县域，但可能因为上述地区地表水和地下水相对充裕，加之政府对工程实施的重视，所以其境内退耕还林工程生态效率也较高。从变化数量可得，高低离散区数量极少，数量在 0～5 个波动。

（4）低高离散区

低高离散区主要分布在黄土高原东南部的半湿润地区内，但在分布位置上不具有稳定性，随着工程实施的推进，呈随机零星分布。从变化数量可得，低高离散区数量极少，数量在 0～5 个波动。

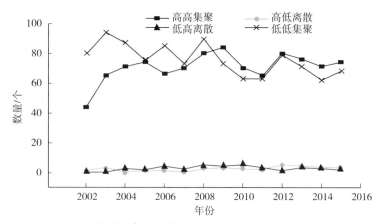

图 5-9　2002—2015 年黄土高原退耕还林工程生态效率的空间关联类型数量变化

5.5.3　生态效率的冷热点分析

借助 ArcGIS 10.7 软件计算了 2002—2015 年黄土高原各县域退耕还林工程生态效率的局域空间关联系数 Getis-Ord G_i^*，并采用 ArcGIS 软件中提供的 Jenks 最佳自然断点法对 2002—2015 年热点分析系数中得到的 Z 值进行聚类，划分为热点区、次热点区、次冷点区和冷点区，最终得到 2002—2015 年黄土高原各县域退耕还林工程生态效率空间格局的热点演化图（图 5-10）。

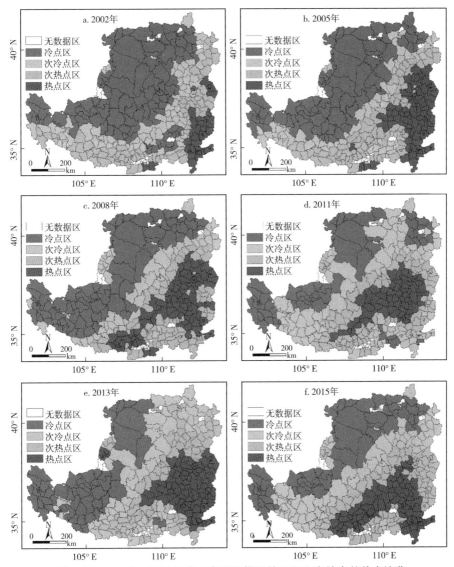

图 5 - 10　2002—2015 年黄土高原退耕还林工程生态效率的热点演化

与图 5 - 8 相比，图 5 - 10 能更为明显地反映出研究期内黄土高原各县域间退耕还林工程生态效率的集聚状态。①在整体的集聚位置上，热点区主要集中分布在黄土高原东南部的半湿润地区，冷点区主要集中分布在黄土高原西北部和西部的干旱及部分半干旱地区。这点基本与图 5 - 8 得到的结果一致，但进一步分析发现，热点区周围或边缘为次热点区集中分布地区，而冷点区的周围或边缘则为次冷点区集中分布地区。②在冷热点区位置随时间变化上，热点区以黄土高原东部边缘为中心，逐渐向北和向西增加扩散，而冷点区则以黄土高原西北部的干旱区为中心，逐渐向西北和向西减少收缩。这点基本与图 5-8 得到的结果一致，但进一步分析发现，随着工程推进，在黄土高原南部有一部分次热点区被热点区所包围，这些地区在某些年份也为热点区或为次冷点区。分析其原因：上述地区处于黄土高原河谷平原区，境内退耕还林工程实施强度较小，但其境内地形多平坦，水源充足，又地处半湿润地区，所以适合退耕树木生长，很快就取得了较大的边际生态效益；然而在退耕还林工程后期，由于无耕地可退、树木的老化以及管护不到位，导致可获得的边际生态效益逐年降低。因此，上述地区大致经历了从次冷点区变为热点区最后变为次热点区的过程。③再由图 5-10 可得，在黄土高原西北部宁夏境内，有一部分次热点区或次冷点区被冷点区所包围，这部分地区在个别年份甚至出现了热点区。这也是在前文分析中提到的高低离散区，即自身为高值区而周围县域却为低值区。本小节的冷热点分析不仅印证了前文得到的结果，而且更为直观全面地反映了该地区内各县域退耕还林工程生态效率出现异常值的空间集聚状态。

5.6 黄土高原退耕还林工程生态效率与生态效果的关系

由前文可得，黄土高原取得了显著的生态效果，但通过测算可得，黄土高原生态效率整体偏低，2002—2015 年的生态效率均值仅为 0.492，表明黄土高原在退耕还林工程实施中没能兼顾好生态效果与生态效率，两者之间存在不匹配的现象。为了更深入地了解黄土高原退耕还林工程的生态效果与生态效率之间的关系，从县域角度出发，将各县域工程生态效果与生态效率之间的关系划分为了四种类型（图 5-11）：低成效—低效率、低成效—高效率、高成效—低效率、高成效—高效率。

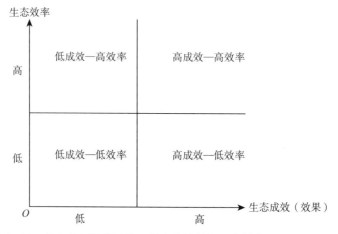

图 5-11 黄土高原退耕还林工程生态效果与生态效率之间的关系组合

为了得到各县域工程生态效果与生态效率之间的四种关系，首先，需基于各县域的退耕还林工程生态效果大小，将其划分为高成效和低成效两类。为此，使用 ArcGIS 软件进行了如下操作：①遵循生态效率测算时对各项生态产出指标的选取，使用 2018 年黄土高原的各项生态系统服务减去 2002 年黄土高原的各项生态系统服务[①]，由此得到 2002—2018 年黄土高原各项生态系统服务的变化；②考虑到各项生态系统服务之间的单位量纲不同，对各项生态系统服务进行了归一化处理，将各项生态系统服务在 2002—2018 年的变化值归一化到 0~1；③将各项归一化后的生态系统服务进行相加后得到一个综合图层，该图层即为 2002—2018 年黄土高原的退耕还林工程生态效果；④使用县域图层提取获得 2002—2018 年各县域的退耕还林工程生态效果均值；⑤使用自然断点法，将各县域的退耕还林工程生态效果划分为高成效（1.91≤综合生态效果均值<2.10）和低成效（1.77<综合生态效果均值<1.91）两类。其次，基于 2002—2015 年黄土高原各县域的退耕还林工程生态效率，遵循前文中对效率的分类方法，并根据实际的研究情况，将各县域工程生态效率划分为高效率（0.6≤平均生态效率<1）和低效率（0.03<平均生态效率<0.6）两类。最后，将划分好的生态效果和生态效率类型进行组合，得到黄土高原各县域的退耕还林工程生态效果与生态效率的关系组合（图 5 - 12）。

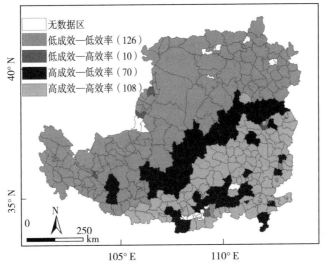

图 5 - 12　黄土高原退耕还林工程生态效果与生态效率的关系组合

---

① 各项生态产出存在三年的滞后期，因此在此处选用黄土高原 2018 年的各项生态系统，与测算生态效率的生态产出指标保持一致。

由图 5-12 可得，2002—2015 年黄土高原有 108 个县域的退耕还林工程生态效果与生态效率间关系为"高成效—高效率"类型，主要分布在黄土高原东南部的半湿润地区，该区域内各县域在退耕还林工程实施中兼顾了生态效果与生态效率。该区域内拥有适合植被生长的自然条件，温度、土壤质量等相对较好，同时该区域内县域社会经济发展较好，技术水平相对较高。虽然该区域的退耕还林工程实施获得的资金投入以及参与的退耕面积相对较少，但因该区域内有着适合植被生长的自然条件和利于工程实施的社会经济环境，促使退耕还林的树木能又好又快生长，所以获得了较大的生态效益，进而促使该区县域能同时兼顾生态效果与生态效率。

有 126 个县域的退耕还林工程生态效果与生态效率间关系为"低成效—低效率"类型，主要分布在黄土高原北部、西北部以及东部的干旱地区和部分半干旱地区。上述地区内适合植被生长的自然条件较差，干旱少雨，年日照时数长，土壤贫瘠，加之在退耕还林实施初期，该地区内的退耕还林树种选择和栽植密度不合理，导致退耕树木大面积死亡，甚至加剧了干旱。因此，该地区内退耕还林工程实施所取得的生态效果较差，使得退耕还林工程的生态效率较低。

有 70 个县域的退耕还林工程生态效果与生态效率间关系为"高成效—低效率"类型，主要分布在黄土高原中部、东北的干旱地区以及南部的半湿润地区内。该地区主要为黄土高原沟壑区和丘陵沟壑区，境内地形支离破碎，降水多集中在夏季，且多暴雨，导致境内水土流失极其严重。因此，自退耕还林工程开始实施以来，该地区内县域被国家列为工程实施核心区域，得到了国家巨大的人力、物力和财力支持，地区内大面积的坡耕地被用于退耕造林，取得了显著的生态效果。但在工程实施初期，由于退耕造林经验缺乏，工程规划不合理，加之该地区内社会经济相对落后，技术水平相对较低，致使大量的退耕资源没有得到合理利用，工程资源投入向生态产出的转换率较低，最终导致该地区内的退耕还林工程生态效率偏低。另外，对南部半湿润地区的"高成效—低效率"类型县域而言，该地区内拥有适合植被生长的自然条件和利于工程开展的社会经济环境，促使地区内退耕还林工程的实施取得了显著的生态效果。该地区内退耕还林工程生态效率较低可能是由退耕资源投入冗余和产出不足所导致的。

有 10 个县域的退耕还林工程生态效果与生态效率间关系为"低成效—高效率"类型，零星分布在黄土高原四处。该地区内各县域在实施退耕还林工程中虽然没有取得较好的生态效果，但是退耕还林工程的生态效率较高。

5.7 本章小结

本章基于构建的退耕还林工程生态效率测算指标体系，首先运用 DEA-BCC 模型从多投入多产出视角对 2002—2015 年黄土高原退耕还林工程生态效率进行了测算；其次，运用核密度估计法分析了退耕还林工程生态效率的时间演变特征；再次，使用重心转移和标准差椭圆两种方法度量了黄土高原退耕还林工程生态效率的空间分布特征；然后，运用 ESDA 法探究了黄土高原各县域退耕还林工程生态效率在空间上的关联情况以及集聚特征；最后，对黄土高原退耕还林工程生态效果与生态效率之间的关系进行了分析。本章得到的结论如下所示。

①在效率评价上，黄土高原退耕还林工程生态效率整体水平较低，2002—2015 年均值为 0.492。从各分区的退耕还林工程生态效率均值大小来看，黄土高原半湿润地区（0.499）＞黄土高原半干旱地区（0.474）＞黄土高原干旱地区（0.364）。

②在效率时间演变上，黄土高原退耕还林工程生态效率在时序变化上整体呈波动上升态势，生态效率整体水平由 2002 年的较低效（0.254）逐步提升到了 2015 年的较高效（0.649）。各分区退耕还林工程生态效率也在整体上呈波动上升态势，三大分区退耕还林工程生态效率水平均从工程实施初期的较低水平提升到了 2015 年的较高水平，其中半干旱地区为提升最快地区，而干旱地区提升最慢。从退耕还林工程生态效率的时间演变特征来看，生态效率的整体提升使得黄土高原各县域间的生态效率绝对差异趋于缩小，县域之间生态效率的两极分化现象有所改善，各县域间的生态效率逐步由工程实施初期的"低低集聚"迈入"高高集聚"。

③在效率空间分布上，黄土高原退耕还林工程生态效率在空间分布上存在明显的特征差异。从空间分布静态特征来看，黄土高原退耕还林工程生态效率在空间上整体呈自东南向西北逐步递减分布，东南部的半湿润地区为高值区，西北部的干旱地区为低值区。从空间分布动态特征来看，在整体变化上，随着黄土高原低效县域范围不断向西北方向收缩，高效县域范围不断向西北方向扩大，使得黄土高原退耕还林工程生态效率的重心和标准差椭圆整体向西北方向转移。同时，标准差椭圆的扁率和面积在研究期内波动下降，表明黄土高原各县域的退耕还林工程生态效率在空间集聚上的方向和程度均有所减弱。在局部变化上，因黄土高原部分县域的退耕还林工程生态效率出现波动，导致生态效率重心在个别年份出现向东南方向后退迹象，各县域退耕还林工程生态效率的空间集聚程度在偏东北—偏东南和偏东南—偏西北方向上均呈"先增强后减

弱"的变化趋势。

④在效率空间关联与分异特征上，黄土高原各县域间的退耕还林工程生态效率存在显著的空间正相关关系，各县域间存在正向的集聚和依存特征，但在时间上呈一定的强弱变化。同时，黄土高原各县域间的退耕还林工程生态效率在局部仍然表现出了较强的空间关联特征，各县域生态效率多表现为高高集聚和低低集聚，而低高离散和高低离散极少。高高集聚区分布在黄土高原东南部，低低集聚区分布在黄土高原西北沿线。在变化上，高高集聚区整体呈向西北方向扩大态势，低低集聚区则呈向西北方向收缩减少态势。冷热点分析不仅得到了和局部空间自相关相同的结果，而且通过进一步将生态效率划分为热点、次热点、次冷点和冷点四种类型，更为直观全面地反映了黄土高原各县域退耕还林工程生态效率在空间上的集聚和分异特征。

⑤黄土高原退耕还林工程的生态效果与生态效率存在着不匹配现象，从县域角度出发，可将黄土高原退耕还林工程的生态效果与生态效率之间的关系分为"低成效—低效率""低成效—高效率""高成效—低效率"和"高成效—高效率"四种类型。其中，有70个县域的工程生态效果与生态效率间关系为"高成效—低效率"类型，主要分布在黄土高原中部、东北的干旱地区以及南部的半湿润地区内；有10个县域的工程生态效果与生态效率间关系为"低成效—高效率"类型。

第 *6* 章　黄土高原退耕还林工程生态效率的影响因素分析

由第 5 章可得，黄土高原退耕还林工程生态效率整体偏低。在时间变化上，退耕还林工程生态效率整体呈波动增长趋势；在空间分布上，退耕还林工程生态效率呈东南高西北低，自东南向西北递减的分布态势，且退耕还林工程生态效率在空间上存在明显的空间差异性和集聚特征。那么，导致退耕还林工程生态效率整体偏低的原因是什么？影响退耕还林工程生态效率变化的因素有哪些？决定退耕还林工程生态效率空间分布的因素又有哪些？以上即为本章所要回答的问题。本章的研究目的为探究黄土高原退耕还林工程生态效率的影响因素。本章的研究内容为：首先，从影响退耕还林工程生态效率的可控因素出发，基于用 DEA-BCC 模型测算退耕还林工程生态效率时得到的投入冗余与产出不足值，对影响退耕还林工程生态效率高低的原因进行分析；其次，从影响退耕还林工程生态效率的不可控因素出发，运用 Tobit 模型对影响退耕还林工程生态效率变化的原因进行计量分析，并就退耕还林工程生态效率在不同气候分区下的影响因素进行异质性分析。

6.1　理论分析

影响效率高低的因素一般可分为内生因素和外生因素（陈诗一等，2008）。内生因素主要从效率内部系统出发，只考虑投入产出指标对效率的影响，因为可以通过直接调整投入和产出的数量来提升效率，所以影响效率高低的内生因素又叫可控因素。外生因素则主要从效率外部系统出发，包括地理区位、气候、土壤、社会经济发展水平、人口统计特征等，这些外生因素的差异是造成决策单元效率差异的重要原因，因为这些因素无法预测或控制，所以影响效率高低的外生因素又叫不可控因素。由于可控因素和不可控因素会共同对效率产生影响，所以现有文献中通常使用两阶段分析框架来处理这个问题（韩华为等，2010）。第一阶段利用可控因素估算出效率得分 δ_i，第二阶段则主要根据不可控因素来解释这个效率得分 δ_i 的分布情况（陈诗一等，2008）。本章在对退耕还林工程生态效率的影响因素分析中，也将遵循两阶段分析框架，即从可控因素和不可控因素两方面来对影响退耕还林工程生态效率高低的原因进行分析。在第一阶段中，由前文所述，本章将基于退耕还林工程可控因素中的多投入和多产出要素，运用 DEA 模型对退耕还林工程生态效率进行评价，并利用在 DEA 模型计算中分解得到的投入冗余量和产出不足量来对决策单元退耕还林工程的生态效率高低进行分析。在第二阶段中，由前文可得，退耕还林工程是一项涉及生态、经济、社会等诸多方面的复杂系统工程。前文所述的气候、水文、土壤、地形等自然条件因素和人口、产业结构、劳动力转移等社会经济因素不仅会对退耕还林工程生态效果产生影响，而且会对退耕还林工程生态效率产生影响。例如，王怡菲（2019）在研究中指出，西北地区受降水限制，使得该地区退耕还林工程生态效果远不及降水充沛的南方地区。这一点在 Qian 等（2019）的研究中得到了证实，其指出陕西南部雨热条件相较于北部更充沛，导致陕西南部地区退耕树木在存活率和生产力上普遍优于陕西北部地区，因此陕西南部地区的退耕还林生态效果优于陕西北部地区。由此可得，在适宜植被生长的区域实施退耕还林工程，能得到更高的投入产出比率。相反，在不适宜植被生长的区域实施退耕还林工程，则会导致工程的投入产出比率较低。这也就意味着在不适宜植被生长区域实施退耕还林工程，若想要实现退耕还林工程的预期目标，则需要政府投入更多的资源，承担更大的成本。因此，区域自然条件和社会经济因素的差异会直接影响区域退耕还林工程的投入产出率，即对退耕还林工程生态效率的高低产生影响。基于此，本章将使用 Tobit 模型来对第二阶段进行估计和分析。

6.2 研究方法

本章的研究方法主要包括以下两种：第一种是基于用 DEA-BCC 模型测算退耕还林工程生态效率时得到的投入冗余与产出不足值，将用于分析可控因素对黄土高原退耕还林工程生态效率的影响；第二种是 Tobit 模型，将用于分析不可控因素对黄土高原退耕还林工程生态效率的影响。研究方法具体设定如下。

6.2.1 投入冗余和产出不足分析

当通过第 5 章中的 DEA-BCC 模型计算黄土高原各县域的退耕还林工程生态效率时，对于未达到完全效率的县域，其必定存在投入冗余 ΔX_0 或产出不足 ΔY_0 的问题，即在产出不变的情况下投入可以在原来的基础上减少 ΔX_0，或在投入要素保持不变的情况下产出可以增加 ΔY_0。若 S_0^-、S_0^+、θ_0 为模型的最优解，相对于原来的 n 个县域，由 $(\hat{X}_0, \hat{Y}_0)$ 构成的投入和产出可达到完全有效。其中：

$$\hat{X}_0 = \theta_0 X_0 - S_0^-$$
$$\hat{Y}_0 = Y_0 + S_0^+ \tag{6-1}$$

其中，$(\hat{X}_0, \hat{Y}_0)$ 为黄土高原第 j_0 个县域对应于 (X_0, Y_0) 在 DEA 的相对有效面上的投影。则可得，投入冗余量 ΔX_0 和产出不足量 ΔY_0 各为：

$$\Delta X_0 = X_0 - \hat{X}_0 = (1 - \theta_0) X_0 + S_0^-$$
$$\Delta Y_0 = Y_0 - \hat{Y}_0 = -S_0^+ \tag{6-2}$$

根据上述公式，可以求得黄土高原各未达到完全效率县域相对于已达到完全效率县域而言，在保持其产出量不变的情况下各项指标的投入量相对应的调整量或者在保持投入既定的情况下各项指标产出量相对应的调整量。

6.2.2 Tobit 模型

下面将采用计量模型去探究影响退耕还林工程生态效率的不可控因素。其中，退耕还林工程生态效率值作为被解释变量，其值域范围都在 0~1，属于截断数据。若采用普通最小二乘法构建计量模型将会导致较大的模型误差，使回归结果无法对现实情况进行准确解释（陈强，2015）。而 Tobit 模型则可以较好地解决该问题，因为其要求被解释变量只能以受限形式被观测到，而解释变量则不受限制，可取实际观测值。这正好符合退耕还林工程生态效率介于 0 到 1 之间的特性。因此，将采用 Tobit 模型来探究影响退耕还林工程生态效率的不可控因素。Tobit 模型也称为样本选择模型、受限因变量模型，是因变量满足某种约束条件下取值的模型。面板 Tobit 模型是在 Heckman（1976）两步法的基础上，结合面板模型估计方法的特点扩展的。

模型基本结构为：

$$y_{it}^* = X_{it}\beta + \alpha_i + \varepsilon_{it}, y_{it} = \max(0, y_{it}^*)$$
$$i = 1, \cdots, N; t = 1, \cdots, T; \text{其中} \ \varepsilon_{it} \sim N(0, \sigma_{\varepsilon,t}^2) \tag{6-3}$$

假设个体效应可表示为：

$$\alpha_i = X_i\gamma + \mu_i, \overline{X}_i = \frac{1}{T}\sum_{s=1}^{T} X_{is}', \mu_i \sim N(0, \sigma_\mu^2) \tag{6-4}$$

则具有个体特殊效应的面板模型可记为：

$$y_{it}^* = X_{it}\beta + X_i\gamma + \mu_{it}, y_{it} = \max(0, y_{it}^*); i = 1, \cdots, N; t = 1, \cdots, T$$
$$\mu_{it} = \mu_i + \varepsilon_{it}, \mu_{it} \sim N(0, \sigma_t^2), \sigma_t^2 = \sigma_\mu^2 + \sigma_{\varepsilon,t}^2 \tag{6-5}$$

面板 Tobit 模型的估计方法主要有两种，分别是标准的面板 Tobit 估计方法（S-Tobit）和一阶差分形式的面板 Tobit 估计方法（FD-Tobit）。S-Tobit 方法为：

$$\tilde{\theta}_t = \mathrm{argmax} \sum_i^N \left\{ \left[1 - I_{(0,\infty)}(y_{it}) \right] \ln(L_{it}^1) + I_{(0,\infty)}(y_{it}) \ln(L_{it}^2) \right\}$$

$$(6-6)$$

$$\theta_t = (\beta_t, \gamma_t, \sigma_t), L_{it}^1 = \Phi\left[\frac{-(X_{it}\beta + \overline{X}_i\gamma)}{\sigma_t} \right], L_{it}^2 = \frac{1}{\sigma_t}\varphi\left[\frac{-(X_{it}\beta + \overline{X}_i\gamma)}{\sigma_t} \right]$$

$$(6-7)$$

如果 $y_{it} \geqslant 0$，$I_{(0,\infty)} = 1$；如果 $y_{it} < 0$，$I_{(0,\infty)} = 0$。

其中，Φ，φ 分别表示概率分布函数和概率密度函数。

FD-Tobit 方法为对具有个体特殊效应的面板模型相邻时间的两个变量进行差分以消除个体效应：

$$\Delta y_{it}^* = \Delta X_{it}\beta + \eta_{it}; i = 1, \cdots, N; t = 1, \cdots, T \qquad (6-8)$$

如果 $y_{is}^* > 0$，$y_{it}^* > 0$，则 $\Delta y_{it} = \Delta y_{it}^*$，否则，$\Delta y_{it} = 0$。

其中，$s = t-1$，$\Delta y_{it}^* = y_{it}^* - y_{is}^*$，$\Delta X_{it} = X_{it} - X_{is}$，$\eta_{it} = \mu_{it} - \mu_{is} (\equiv \varepsilon_{it} - \varepsilon_{is})$，

$$\eta_{it} \sim N(0, \sigma_{\eta,t}^2), \ \sigma_{\eta,t}^2 = \sigma_s^2 - 2\rho_t\sigma_s\sigma_t + \sigma_t^2 \qquad (6-9)$$

则分布函数为：

$$P(y_{ist}^* > 0, y_{it}^* > 0) = \mathrm{Pr}(\mu_{is} > -X_{is}\beta - \overline{X}_i\gamma, \ \mu_{it} > -X_{it}\beta - \overline{X}_i\gamma)$$

$$= \Phi_2\left(\frac{X_{is}\beta + \overline{X}_i\gamma}{\sigma_s}, \ \frac{X_{it}\beta + \overline{X}_i\gamma}{\sigma_t}, \ \rho_t \right) \equiv F_{it} \qquad (6-10)$$

概率密度函数为：

$$f(\eta_{it} \mid y_{is} > 0, y_{it} > 0) = f(\eta_{it} \mid \mu_{is} > -X_{is}\beta - \overline{X}_i\gamma, \ \mu_{it} > -X_{it}\beta - \overline{X}_i\gamma)n$$

$$= \frac{1}{F_{it}} \times \frac{1}{\sigma_{\eta,t}} \times \varphi\left(\frac{\eta_{it}}{\sigma_{\eta,t}} \right) \qquad (6-11)$$

一阶差分 MLE 的参数 $\theta_t = (\beta_t, \ \gamma_t, \ \sigma_s, \ \sigma_t, \ \rho_t)$ $\qquad (6-12)$

$$\tilde{\theta}_t = \mathrm{argmax}_\theta \sum_{i=1}^N \left[1 - I_{(0,\infty)}(y_{is}) \right] \ln(1 - F_{it}) + I_{(0,\infty)}(y_{is}) I_{(0,\infty)}(y_{it})$$

$$\ln\left[f(\Delta y_{it} - \Delta X_{it}\beta \mid y_{is} > 0, y_{it} > 0) \right] \times F_{it} \qquad (6-13)$$

本章用于考察黄土高原退耕还林工程生态效率影响因素的 Tobit 随机效应回归方程设定如下：

$$y_{it} = \beta_0 + \beta_1 \text{农村劳动力转移率}_{it} + \beta_2 \text{农民人均纯收入}_{it} +$$

$$\beta_3 \text{年均降水量}_{it} + \beta_4 \text{10°及以上年均积温}_{it} +$$

$$\beta_5 \text{土壤氮含量}_{it} + \beta_6 \text{平均河网密度}_{it} + \mu_i + \varepsilon_{it} \qquad (6-14)$$

其中，退耕还林工程生态效率值 y_{it} 为被解释变量，β_0 为截距项；$\beta_1 \sim \beta_6$ 为各自变量的回归系数；i 为黄土高原各县域，t 代表年份；μ_i 为随个体变化而变化，但不随时间变化且与解释变量不相关的随机变量；ε_{it} 为随时间和个体而独立变化的随机变量。

6.3 可控因素对黄土高原退耕还林工程生态效率的影响

在本部分中，将基于第 5 章中使用 DEA-BCC 模型计算退耕还林工程生态效率时得到的结果，使用式 6-2 计算得到退耕还林工程生态效率的投入冗余和产出不足值。基于此，首先将对黄土高原整体及其三大气候分区的退耕还林工程生态效率投入冗余与产出不足值进行分析，其次将对空间视角下黄土高原各县域的退耕还林工程生态效率投入冗余与产出不足值进行分析。

6.3.1 全域及气候分区下的投入冗余和产出不足分析

(1) 全域视角下退耕还林工程生态效率的投入冗余和产出不足分析

投入冗余方面，由表 6-1 可得，2002—2015 年黄土高原退耕还林工程在土地、资金和劳动力投入方面均存在不同程度的冗余。由 2002—2015 年各投入要素的平均冗余值可得，黄土高原退耕还林工程生态效率要达到 DEA 有效，在保持产出不变的情况下，需减少土地投入 5.75 万亩，减少资金投入 830.42 万元，减少劳动力投入 1.26 万户。从变化趋势来看，可以 2008 年为界，将投入要素冗余变化分为两个阶段。第一阶段为 2002—2008 年，土地、资金和劳动力的冗余值在这一阶段内呈波动增长趋势：土地投入冗余值由 2002 年的 3.82 万亩增长至 2008 年的 8.11 万亩，年均增长率为 16.07%；资金投入冗余值由 2002 年的 699.31 万元增长至 2008 年的 1 200.93 万元，年均增长率为 10.25%；劳动力投入冗余值由 2002 年的 0.58 万户增长至 2008 年的 2.09 万户，年均增长率为 37.58%。第二阶段为 2008—2015 年，土地、资金和劳动力的冗余值在这一阶段内呈波动减少趋势：土地投入冗余值由 2008 年的 8.11 万亩减少至 2015 年的 3.04 万亩，年均减少率为 7.82%；资金投入冗余值由 2008 年的 1 200.93 万元减少至 2015 年的 395.99 万元，年均减少率为 8.38%；劳动力投入冗余值由 2008 年的 2.09 万户减少至 2015 年的 0.84 万户，年均减少率为 7.46%。

表 6-1 2002—2015 年黄土高原退耕还林工程投入冗余值

年份	退耕还林面积/万亩	资金投入/万元	参与农户/万户
2002	3.82	699.31	0.58
2003	6.99	1 294.57	1.24
2004	6.39	1 063.73	0.58
2005	7.80	1 329.10	1.90

（续）

年份	退耕还林面积/万亩	资金投入/万元	参与农户/万户
2006	6.73	1 109.54	1.26
2007	5.96	939.42	1.53
2008	8.11	1 200.93	2.09
2009	4.89	744.17	1.54
2010	5.06	663.81	1.14
2011	3.76	448.90	1.37
2012	6.31	621.59	1.13
2013	9.18	816.49	1.72
2014	2.51	298.39	0.70
2015	3.04	395.99	0.84
平均	5.75	830.42	1.26

产出不足方面，由表 6-2 可得，2002—2015 年黄土高原退耕还林工程在植被碳汇、土壤保持、水源涵养和生物多样性维护方面均存在不同程度的产出不足。由 2002—2015 年黄土高原退耕还林工程各产出要素的产出不足情况来看，在保持既定投入不变的情况下，黄土高原若要实现效率有效，需增加植被碳汇 $36.79gC/(m^2 \cdot$ 年)、增加土壤保持 $2.40t/(hm^2 \cdot$ 年)、提升水源涵养功能指数 0.015 3 以及提升生物多样性维护功能指数 0.010 9。从各要素产出不足的变化趋势可得，2002—2015 年黄土高原植被碳汇产出不足整体呈波动下降趋势，由 2002 年的 $98.79gC/(m^2 \cdot$ 年) 下降至 2015 年的 $1.65gC/(m^2 \cdot$ 年)；土壤保持产出波动较大，但整体呈波动上升趋势，由 2002 年的 $0.94t/(hm^2 \cdot$ 年) 增长至 2015 年的 $4.20t/(hm^2 \cdot$ 年)。水源涵养功能指数和生物多样性维护功能指数在 2002—2008 年呈波动减少态势，水源涵养功能指数由 2002 年的 0.015 9 下降至 2008 年的 0.010 3，生物多样性维护功能指数由 2002 年的 0.010 6 下降至 2008 年的 0.005 4。然而，水源涵养服务功能指数和生物多样性维护功能指数在 2008—2015 年呈增长态势，水源涵养服务功能指数由 2008 年的 0.010 3 增长至 2015 年的 0.021 5，生物多样性维护功能指数则由 2008 年的 0.005 4 增长至 2015 年的 0.015 3。

表 6-2　2002—2015 年黄土高原退耕还林工程产出不足值

年份	植被碳汇/$[gC/(m^2 \cdot$ 年)]	土壤保持/$[t/(hm^2 \cdot$ 年)]	水源涵养	生物多样性维护
2002	98.79	0.94	0.015 9	0.010 6
2003	106.46	0.81	0.015 7	0.012 8

（续）

年份	植被碳汇/[gC/(m² · 年)]	土壤保持/[t/(hm² · 年)]	水源涵养	生物多样性维护
2004	31.30	1.58	0.011 2	0.005 5
2005	32.05	2.33	0.014 9	0.009 3
2006	47.25	1.66	0.010 9	0.009 2
2007	40.22	1.44	0.011 6	0.007 3
2008	64.22	0.71	0.010 3	0.005 4
2009	10.42	1.94	0.017 7	0.012 3
2010	8.21	2.35	0.014 6	0.013 7
2011	21.62	1.75	0.014 6	0.013 8
2012	32.68	6.59	0.017 0	0.012 5
2013	16.83	5.33	0.025 3	0.015 8
2014	3.42	1.93	0.013 8	0.008 9
2015	1.65	4.20	0.021 5	0.015 3
平均	36.79	2.40	0.015 3	0.010 9

（2）分区视角下退耕还林工程生态效率投入冗余与产出不足分析

①半湿润地区。投入冗余方面，由表 6-3 可得，2002—2015 年黄土高原半湿润地区的退耕还林工程生态效率在投入方面也存在不同程度的冗余，但从平均值来看，各要素在半湿润地区的投入冗余低于黄土高原整体各要素的投入冗余。在黄土高原半湿润地区若要达到 DEA 有效，在保持产出不变的情况下，需要减少土地投入 5.31 万亩，减少资金投入 767.81 万元，减少劳动力投入 1.16 万户。从变化趋势来看，黄土高原半湿润地区各投入要素的冗余值变化同黄土高原整体一样，以 2008 年为界分为两个阶段。第一阶段为 2002—2008 年，土地、资金和劳动力的冗余值在这一阶段内呈波动增长趋势：土地投入冗余值由 2002 年的 3.75 万亩增长至 2008 年的 7.56 万亩，年均增长率为 14.50%；资金投入冗余值由 2002 年的 689.55 万元增长至 2008 年的 1 118.08 万元，年均增长率为 8.88%；劳动力投入冗余值由 2002 年的 0.55 万户增长至 2008 年的 1.96 万户，年均增长率为 36.42%。第二阶段为 2008—2015 年，土地、资金和劳动力的冗余值在这一阶段内呈波动减少趋势：土地投入冗余值由 2008 年的 7.56 万亩减少至 2015 年的 2.76 万亩，年均减少率为 7.93%；资金投入冗余值由 2008 年的 1 118.08 万元减少至 2015 年的 358.30 万元，年均减少率为 8.49%；劳动力投入冗余值由 2008 年的 1.96 万户减少至 2015 年的 0.77 万户，年均减少率为 7.60%。

表 6-3　2002—2015 年黄土高原半湿润地区退耕还林工程投入冗余值

年份	退耕还林面积/万亩	资金投入/万元	参与农户/万户
2002	3.75	689.55	0.55
2003	6.55	1 209.72	1.13
2004	5.83	972.10	0.52
2005	7.27	1 240.80	1.79
2006	6.21	1 025.82	1.19
2007	5.37	844.71	1.39
2008	7.56	1 118.08	1.96
2009	4.48	675.46	1.39
2010	4.65	608.04	1.05
2011	3.45	412.91	1.28
2012	5.72	563.41	1.02
2013	8.44	752.04	1.60
2014	2.37	278.41	0.66
2015	2.76	358.30	0.77
平均	5.31	767.81	1.16

产出不足方面，由表 6-4 可得，2002—2015 年黄土高原半湿润地区退耕还林工程在植被碳汇、土壤保持、水源涵养和生物多样性维护方面均存在不同程度的产出不足。由 2002—2015 年黄土高原半湿润地区退耕还林工程各产出要素的产出不足情况来看，在保持既定投入不变的情况下，黄土高原半湿润地区若要实现效率有效，需增加植被碳汇 34.59gC/（m² · 年）、增加土壤保持 2.26t/（hm² · 年）、提升水源涵养功能指数 0.013 6 以及提升生物多样性维护功能指数 0.009 7。从各要素产出不足的变化趋势可得，2002—2015 年黄土高原植被碳汇产出不足整体呈波动下降趋势，由 2002 年的 95.31gC/（m² · 年）下降至 2015 年的 1.57gC/（m² · 年）；土壤保持产出波动较大，但整体呈波动上升趋势，由 2002 年的 0.96t/（hm² · 年）增长至 2015 年的 3.92t/（hm² · 年）。水源涵养功能指数和生物多样性维护功能指数在 2002—2008 年呈波动减少态势，水源涵养功能指数由 2002 年的 0.015 1 下降至 2008 年的 0.009 4，生物多样性维护功能指数由 2002 年的 0.010 0 下降至 2008 年的 0.004 6。然而，水源涵养服务功能指数和生物多样性维护功能指数在 2008—2015 年呈增长态势，水源涵养服务功能指数由 2008 年的 0.009 4 增长至 2015 年的 0.018 6，生物多样性维护功能指数则由 2008 年的 0.004 6 增长至 2015 年的 0.013 4。

表6-4　2002—2015年黄土高原半湿润地区退耕还林工程产出不足值

年份	植被碳汇/[gC/(m²·年)]	土壤保持/[t/(hm²·年)]	水源涵养	生物多样性维护
2002	95.31	0.96	0.015 1	0.010 0
2003	98.39	0.77	0.014 3	0.011 7
2004	29.37	1.33	0.009 6	0.004 8
2005	30.52	2.24	0.013 4	0.008 4
2006	45.85	1.64	0.009 9	0.008 4
2007	37.45	1.37	0.009 8	0.006 4
2008	56.90	0.70	0.009 4	0.004 6
2009	10.04	1.86	0.015 4	0.010 7
2010	7.97	2.24	0.013 0	0.012 3
2011	21.04	1.68	0.012 8	0.012 3
2012	30.11	6.08	0.014 7	0.010 8
2013	16.44	5.09	0.022 3	0.013 7
2014	3.29	1.80	0.012 0	0.008 0
2015	1.57	3.92	0.018 9	0.013 4
平均	34.59	2.26	0.013 6	0.009 7

②半干旱地区。投入冗余方面，由表6-5可得，2002—2015年黄土高原半干旱地区的退耕还林工程生态效率在投入方面也存在不同程度的冗余。从平均值来看，各要素在半干旱地区的投入冗余高于黄土高原整体各要素的投入冗余。在黄土高原半干旱地区若要达到DEA有效，在保持产出不变的情况下，需要减少土地投入5.88万亩，减少资金投入857.43万元，减少劳动力投入1.30万户。从变化趋势来看，黄土高原半湿润地区各投入要素的冗余值变化同黄土高原整体一样，以2008年为界分为两个阶段。第一阶段为2002—2008年，土地、资金和劳动力的冗余值在这一阶段内呈波动增长趋势：土地投入冗余值由2002年的4.01万亩增长至2008年的8.59万亩，年均增长率为16.27%；资金投入冗余值由2002年的739.48万元增长至2008年的1 286.59万元，年均增长率为10.57%；劳动力投入冗余值由2002年的0.63万户增长至2008年的2.24万户，年均增长率为36.76%。第二阶段为2008—2015年，土地、资金和劳动力的冗余值在这一阶段内呈波动减少趋势：土地投入冗余值由2008年的8.59万亩减少至2015年的3.05万亩，年均减少率为8.06%；资金投入冗余值由2008年的1 286.59万元减少至2015年的403.61万元，年均减少率为8.58%；劳动力投入冗余值由2008年的2.24万户减少至2015年的0.85万户，年均减少率为7.74%。

表 6 - 5 2002—2015 年黄土高原半干旱地区退耕还林工程投入冗余值

年份	退耕还林面积/万亩	资金投入/万元	参与农户/万户
2002	4.01	739.48	0.63
2003	7.08	1 306.62	1.27
2004	6.37	1 062.13	0.60
2005	8.04	1 373.56	1.92
2006	6.90	1 142.11	1.31
2007	6.12	974.25	1.58
2008	8.59	1 286.59	2.24
2009	4.94	773.20	1.60
2010	5.23	695.21	1.17
2011	3.88	467.25	1.38
2012	6.46	645.28	1.18
2013	9.20	827.73	1.72
2014	2.46	307.01	0.73
2015	3.05	403.61	0.85
平均	5.88	857.43	1.30

产出不足方面，由表 6 - 6 可得，2002—2015 年黄土高原半干旱地区退耕还林工程在植被碳汇、土壤保持、水源涵养和生物多样性维护方面均存在不同程度的产出不足。由 2002—2015 年黄土高原半干旱地区退耕还林工程各产出要素的产出不足情况来看，在保持既定投入不变的情况下，黄土高原半干旱地区若要实现效率有效，需增加植被碳汇 37.95gC/（m^2·年）、增加土壤保持 2.31t/（hm^2·年）、提升水源涵养功能指数 0.015 2 以及提升生物多样性维护功能指数 0.010 5。从各要素产出不足的变化趋势可得，2002—2015 年黄土高原植被碳汇产出不足整体呈波动下降趋势，由 2002 年的 100.01gC/（m^2·年）下降至 2015 年的 1.71gC/（m^2·年）；土壤保持产出波动较大，但整体呈波动上升趋势，由 2002 年的 0.94t/（hm^2·年）增长至 2015 年的 3.80t/（hm^2·年）。水源涵养功能指数和生物多样性维护功能指数在 2002—2008 年呈波动减少态势，水源涵养功能指数由 2002 年的 0.015 9 下降至 2008 年的 0.010 8，生物多样性维护功能指数由 2002 年的 0.010 2 下降至 2008 年的 0.005 5。然而，水源涵养服务功能指数和生物多样性维护功能指数在 2008—2015 年呈增长态势，水源涵养服务功能指数由 2008 年的 0.010 8 增长至 2015 年的 0.021 7，生物多样性维护功能指数则由 2008 年的 0.005 5 增长至 2015 年的 0.015 0。

表 6 - 6　2002—2015 年黄土高原半干旱地区退耕还林工程产出不足值

年份	植被碳汇/[gC/(m²·年)]	土壤保持/[t/(hm²·年)]	水源涵养	生物多样性维护
2002	100.01	0.94	0.015 9	0.010 2
2003	110.59	0.83	0.015 0	0.012 0
2004	31.78	1.51	0.011 2	0.005 5
2005	34.27	2.37	0.014 8	0.008 9
2006	49.07	1.68	0.011 0	0.009 0
2007	41.08	1.40	0.011 1	0.007 4
2008	68.58	0.74	0.010 8	0.005 5
2009	10.82	1.82	0.017 5	0.012 2
2010	8.33	2.18	0.013 6	0.012 1
2011	20.76	1.67	0.014 6	0.013 0
2012	33.57	6.35	0.017 3	0.012 6
2013	17.09	5.22	0.024 9	0.015 0
2014	3.59	1.89	0.013 8	0.008 9
2015	1.71	3.80	0.021 7	0.015 0
平均	37.95	2.31	0.015 2	0.010 5

　　③干旱地区。投入冗余方面，由表 6 - 7 可得，2002—2015 年黄土高原干旱地区的退耕还林工程生态效率在投入方面也存在不同程度的冗余。从平均值来看，各要素在干旱地区的投入冗余高于黄土高原整体、黄土高原半湿润地区和半干旱地区各要素的投入冗余。在黄土高原干旱地区若要达到 DEA 有效，在保持产出不变的情况下，需要减少土地投入 6.60 万亩，减少资金投入981.19 万元，减少劳动力投入 1.74 万户。从变化趋势来看，黄土高原干旱地区各投入要素的冗余值变化同黄土高原整体及其他分区一样，以 2008 年为界分为两个阶段。第一阶段为 2002—2008 年，土地、资金和劳动力的冗余值在这一阶段内呈波动增长趋势：土地投入冗余值由 2002 年的 3.63 万亩增长至2008 年的 9.73 万亩，年均增长率为 24.02%；资金投入冗余值由 2002 年的660.49 万元增长至 1 492.56 万元，年均增长率为 18.00%；劳动力投入冗余值由 2002 年的 0.88 万户增长至 2008 年的 3.04 万户，年均增长率为35.13%。第二阶段为 2008—2015 年，土地、资金和劳动力的冗余值在这一阶段内呈波动减少趋势：土地投入冗余值由 2008 年的 9.73 万亩减少至 2015 年的 3.58 万亩，年均减少率为 7.90%；资金投入冗余值由 2008 年的 1 492.56万元减少至 2015 年的 468.70 万元，年均减少率为 8.57%；劳动力投入冗余值由 2008 年的 3.04 万户减少至 2015 年的 1.12 万户，年均减少率为 7.88%。

表 6-7 2002—2015 年黄土高原干旱地区退耕还林工程投入冗余值

年份	退耕还林面积/万亩	资金投入/万元	参与农户/万户
2002	3.63	660.49	0.88
2003	7.31	1 383.52	1.74
2004	6.71	1 142.14	0.72
2005	9.40	1 641.41	2.47
2006	8.27	1 378.34	1.54
2007	6.89	1 143.94	2.01
2008	9.73	1 492.56	3.04
2009	5.79	924.29	2.36
2010	5.82	835.52	1.47
2011	4.94	623.80	2.05
2012	6.91	732.70	1.66
2013	10.28	932.51	2.20
2014	3.13	376.76	1.12
2015	3.58	468.70	1.12
平均	6.60	981.19	1.74

产出不足方面，由表 6-8 可得，2002—2015 年黄土高原干旱地区退耕还林工程在植被碳汇、土壤保持、水源涵养和生物多样性维护方面均存在不同程度的产出不足。由 2002—2015 年黄土高原干旱地区退耕还林工程各产出要素的产出不足情况来看，在保持既定投入不变的情况下，黄土高原干旱地区若要实现效率有效，需增加植被碳汇 60.37gC/（m² · 年）、增加土壤保持 2.24t/（hm² · 年）、提升水源涵养功能指数 0.018 9 以及提升生物多样性维护功能指数 0.014 5。从各要素产出不足的变化趋势可得，2002—2015 年黄土高原植被碳汇产出不足整体呈波动下降趋势，由 2002 年的 137.14gC/（m² · 年）下降至 2015 年的 3.35gC/（m² · 年）；土壤保持产出波动较大，但整体呈波动上升趋势，由 2002 年的 1.10t/（hm² · 年）增长至 2015 年的 3.91t/（hm² · 年）。水源涵养功能指数和生物多样性维护功能指数在 2002—2008 年呈波动减少态势，水源涵养功能指数由 2002 年的 0.014 9 下降至 2008 年的 0.011 6，生物多样性维护功能指数由 2002 年的 0.008 7 下降至 2008 年的 0.007 8。然而，水源涵养服务功能指数和生物多样性维护功能指数在 2008—2015 年呈增长态势，水源涵养服务功能指数由 2008 年的 0.011 6 增长至 2015 年的 0.029 1，生物多样性维护功能指数则由 2008 年的 0.007 8 增长至 2015 年的 0.022 4。

表 6-8　2002—2015 年黄土高原干旱地区退耕还林工程产出不足值

年份	植被碳汇/[gC/(m²·年)]	土壤保持/[t/(hm²·年)]	水源涵养	生物多样性维护
2002	137.14	1.10	0.014 9	0.008 7
2003	168.37	0.89	0.015 1	0.012 5
2004	46.74	1.94	0.014 3	0.007 3
2005	63.41	2.08	0.017 5	0.012 3
2006	87.05	1.60	0.011 1	0.009 6
2007	64.39	1.26	0.015 4	0.009 0
2008	122.50	0.80	0.011 6	0.007 8
2009	21.17	1.71	0.024 8	0.019 2
2010	14.98	2.38	0.018 5	0.018 1
2011	27.86	1.99	0.020 4	0.019 5
2012	65.51	4.95	0.020 6	0.017 6
2013	15.69	4.67	0.032 6	0.024 4
2014	7.02	2.06	0.019 1	0.014 2
2015	3.35	3.91	0.029 1	0.022 4
平均	60.37	2.24	0.018 9	0.014 5

6.3.2　县域视角下的投入冗余与产出不足空间分析

为探究黄土高原退耕还林工程生态效率的投入冗余和产出不足在空间上的分布情况，通过整理获得了黄土高原各县域退耕还林工程生态效率的投入冗余与产出不足值，并借助 ArcGIS 10.7 软件对其进行了可视化表达。且由前文分析可得，以 2008 年为节点，可大致将黄土高原退耕还林工程生态效率投入冗余与产出不足变化分为两个阶段。因此，为探究 2002—2015 年黄土高原各县域退耕还林工程生态效率的投入冗余与产出不足在空间分布上的变化，将从 2002 年、2008 年和 2015 年三个关键节点年份对此进行分析。

（1）投入冗余空间分析

由图 6-1 可得，整体而言，2002—2015 年黄土高原退耕还林工程生态效率的投入冗余在空间分布上呈东南低西北高的分布态势。这基本上同 2002—2015 年黄土高原退耕还林工程生态效率的空间分布态势保持一致。一方面，黄土高原中部及中西部地区的县域为投入冗余高值区，生态效率低值区。上述地区不仅位于黄土高原半干旱地区，而且地处黄土高原丘陵沟壑地区，在退耕还林工程实施前水土流失严重，为退耕还林工程实施核心地区。自退耕还林工程实施以来，上述地区为治理水土流失、改善生态环境，投入了大量的土地、资金以及劳动力。从生态效果来看，在巨大的资源投入下，上述地区退耕还林工程实施取得了显著的生态效果，生态环境得到了巨大改善，但由于上述地区存在退耕还林规划质量低、树种选择不当、重造林轻管护等问题，导致大量投入资源遭到浪费，退耕还林工程投入资源配置不当，投入带来的生态转换率较低。另一方面，黄土高原东南部地区县域投入冗余较低，生态效率较高。虽然该地区县域所获得的退耕还林投入较少，但该地区有着适合植被生长的自然环境和利于退耕还林工程实施的社会经济条件，使得退耕还林投入得到了充分利用，退耕还林工程投入资源配置合理，投入带来的生态转换率较高。

再从投入冗余的变化来看，2002—2008 年位于黄土高原中部和西部的各县域为退耕还林工程生态效率投入冗余增加最多的县域，2008—2015 年虽然上述地区仍然为退耕还林工程生态效率投入冗余的高值区，但在该时期上述地区内各县域的退耕还林工程生态效率投入冗余均出现了大幅下降，且投入冗余高值区范围不断缩小，使得上述地区内各县域的退耕还林工程生态效率得到了提升。

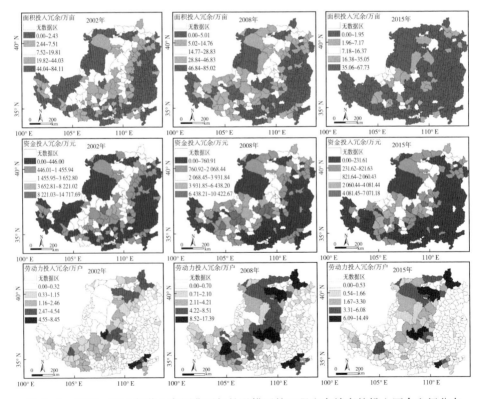

图 6-1　2002—2015 年黄土高原典型年份退耕还林工程生态效率的投入冗余空间分布

（2）产出不足空间分析

由图6-2可得，整体而言，2002—2015年黄土高原退耕还林工程生态效率的产出不足在空间分布上也呈东南低西北高的分布态势。原因在于，位于黄土高原西部和西北部地区的产出不足高值县域多位于干旱地区，地区内适合植被生长的自然条件差，相比于黄土高原其他地区，上述地区难以产生较大的生态效益，再加上在上述地区造林所需成本高而退耕还林补助较低，这极大地影响了农户参与工程建设的主动性和积极性。另外，工程后期对退耕树木的维护不力，导致部分树木出现死亡，导致上述地区的产出不足。综上所述，最终导

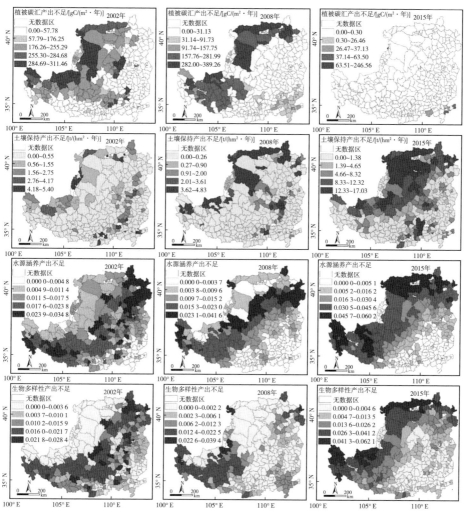

图6-2　2002—2015年黄土高原典型年份的退耕还林
工程生态效率的产出不足空间分布

致上述地区内的退耕还林工程生态效率较低。

再从产出不足的变化来看，植被碳汇产出不足的高值县域数量自 2002 年开始呈自东向西、由南向北逐步递减，土壤保持产出不足的高值县域数量则自 2002 年开始呈自西北向东南方向逐步递增。水源涵养产出不足的高值县域数量在 2002—2008 年呈减少趋势，主要集中在黄土高原东南部和西北部地区；而在 2008—2015 年水源涵养产出不足的高值县域数量呈增加趋势，主要集中在黄土高原北部和西部地区。生物多样性产出不足的高值县域数量在 2002—2008 年呈减少趋势，主要集中在黄土高原中部和东部地区；而在 2008—2015 年生物多样性产出不足的高值县域数量又呈增加趋势，主要集中在黄土高原北部和西部部分地区。

6.4 不可控因素对黄土高原退耕还林工程生态效率的影响

6.4.1 变量选取与研究假设

影响退耕还林工程生态效率的不可控因素主要有自然条件因素和社会经济因素（丁振民，2021；Deng et al.，2022a）。本节根据黄土高原退耕还林工程实施的实际情况，在可能对退耕还林工程生态效率产生影响的自然条件因素中选取了年均降水量、10℃及以上年均积温、土壤氮含量及平均河网密度四个指标，在可能对退耕还林工程生态效率产生影响的社会经济因素中选取了农业劳动力转移率和农民人均纯收入两个指标。

（1）社会经济因素对退耕还林工程生态效率的影响

农户参与退耕还林工程以后，25°以上的坡耕地和沙化耕地通过退耕还林成为林地，使农户土地利用模式发生变化，进而改变了农户生产要素的配置，即退耕还林工程显著改变了农户的土地利用行为（任林静等，2018）。在土地利用模式发生变化之后，为了获得更高的边际收益，农户对其他生产要素配置进行调整，如劳动力和资本，进而促使农业劳动力转移（宋碧青，2020）。刘越（2017）在研究中指出，退耕还林工程的实施释放了更多的剩余劳动力，促使农户向第二、三产业转移。陈波等（2010）的研究结果也表明，退耕还林工程对农业劳动力转移有显著的促进作用。对于黄土高原而言，农村剩余劳动力的转出能够减轻农户对农牧业的依赖，从而减少对生态环境的干扰，为土地生产力恢复与生长创造条件（林颖等，2013）。基于此提出假设 1。

假设 1：农业劳动力转移对退耕还林工程生态效率具有正向作用。

同时，退耕还林工程把农户的坡耕地转化为林地。随着耕地面积的下降，农户在原有耕地上投入的劳动力和生产费用将被释放出来（胡霞，2005）。政府出台了鼓励退耕还林工程的相关政策，退耕还林工程后续产业发展将促进农户对其生产要素配置进行调整，如通过把退耕地释放的生产要素投入转移到剩余耕地上，加强田间管理，使用更高品质的种子和化肥等去提升种植业集约化经营效率，从而增加自身的收入（刘浩等，2012）。此外，在退耕还林工程造林树种选择中，为提升农户收入水平，地方政府大多选择了营造生态经济兼用林，如苹果树、沙棘、茶树、核桃等，而经营经济林（或兼用林）通常需要投入大量的生产要素，这些林业产业为吸收退耕地上释放的生产要素投入提供了渠道，也为农民提升自身收入创造了条件（查小春等，2010）。随着农民人均纯收入的提升，会提高农民对生态环境改善的需求以及他们主动参与退耕还林工程的积极性（康子昊等，2021），从而有助于退耕还林工程中各项投资要素产生较大生态效益。基于此提出假设 2。

假设 2：农民人均纯收入对退耕还林工程生态效率具有正向作用。

（2）自然条件因素对退耕还林工程生态效率的影响

众所周知，退耕还林工程本质上是一项植树造林工程，在大量的坡耕地上进行植树造林后，林木的成活以及生长依赖于所处的自然条件，林木从周围自然环境中吸收生长发育所需的营养物质和能量（陈祥伟等，2006）。为此，以黄土高原退耕还林的实际情况为基础，在查阅相关文献后（丁振民，2021；王怡菲，2019；Zhang et al.，2021），从影响林木生长的地上空间和地下空间出发，共选取了四个影响因素，分别为：年均降水量、10℃及以上年均积温、土壤氮含量和平均河网密度。

①年均降水量。水是生物体的重要组成成分。植物的光合作用、蒸腾作用，有机物的水解反应，养分吸收、运输、利用，废物的排除和技术的传递等，都必须借助水才能进行（薛建辉，2018）。水分维持了植物细胞和组织的膨压，使植物器官保持直立状态，具有活跃的功能；蒸腾作用消耗大量的水分，调节缓和了植物体表温度状况（杨允菲等，2011）。水分在蒸散过程中对生物的热量调节和热能代谢意义重大，水分的形态、数量、持续时间决定水分的可利用性，因此它影响林木的更新、分布、生长、发育以及产量（薛建辉，2018；杨允菲等，2011）。黄土高原大部分地区属干旱半干旱地区，已有大量研究表明，降水量是影响黄土高原树木生长重要的自然环境因子（张宝庆等，2021），且降水量与植被生长呈显著正相关（Sun et al.，2015）。综上所述，降水量越多，越有利于退耕还林工程各投入要素产生更多的生态效益。由此提出假设 3。

假设 3：年均降水量对退耕还林工程生态效率具有正向作用。

②10℃及以上年均积温。积温是影响植物生长的重要因素之一，树木在生长发育过程中所需要的其他因子都得到基本满足的条件下，它才能完成某个或全部生育期。同时需要有一定的热量，热量通常是用相应时段内逐日平均气温

的累积值表示的，这个累积温度称为积温（陈祥伟等，2006）。积温越高，越能满足树木在生长发育过程的热量累积需要，越能完成树木干物质的积累。适宜生长的积温增加，减少了树木生长的温度限制，延长了树木生长的周期，加速了树木发育，最终使树木产生生态系统服务的能力得到提高（薛建辉，2018）。综上可得，年均积温越高，越有利于退耕还林工程各投入要素产生更多的生态效益。由此提出假设4。

假设4：10℃及以上年均积温对退耕还林工程生态效率具有正向作用。

③土壤氮含量。土壤是林木生长发育的基地，既满足林木正常生长发育对肥力的要求，又提供了林木的生存场所（陈祥伟等，2006）。在土壤因子中，土壤氮对树木生长有着重要影响，当土壤氮含量充足时，有利于土壤团粒结构的形成，能有效调节植物对土壤水、肥、气、热的要求，从而促进树木生长和养分的吸收（李永红，2006；赵琼等，2009）。综上可得，土壤氮含量越多，越有利于退耕还林工程各投入要素产生更多的生态效益。由此提出假设5。

假设5：土壤氮含量对退耕还林工程生态效率具有正向作用。

④平均河网密度。水是限制黄土高原树木生长的重要的自然环境因子之一（Sun et al.，2015）。毫无疑问，降水能促进黄土高原树木的生长，但黄土高原属于温带大陆性季风气候区，降水基本集中在夏季，而黄土高原造林季节多集中在春季（韩刚等，2005），此时降水稀少，树木生长所需水分主要来源于地表水，河流能为黄土高原植树造林提供充足的地表水源。尤其是在黄土高原西北干旱地区，降水稀少，地表水是植被生长最主要的水源（郑度，2007）。综上可得，河网密度对退耕还林工程的实施有着重要影响，且河网密度越高，越有利于退耕还林工程投入要素产生更多的生态效益。由此提出假设6。

假设6：平均河网密度对退耕还林工程生态效率具有正向作用。

6.4.2　数据来源与变量描述

本章所使用的数据来源主要包括2002—2015年黄土高原各县域的退耕还林工程生态效率数据、社会经济数据以及自然条件数据三部分。

①黄土高原各县域的退耕还林工程生态效率数据来源于第5章计算结果。

②社会经济数据主要包括农业劳动力转移率和农民人均纯收入，其中农业劳动力转移率通过参考刘晓光等（2015）提出的公式计算获得。农村劳动力转移率的计算公式为：农村劳动力转移率＝（乡村从业人员数－乡村第一产业从业人员数）/乡村从业人员数。以上社会经济数据时间跨度为2002—2015年。该数据来源于国家科技基础条件平台——国家地球系统科学数据中心—黄土高原分中心发布的黄土高原县（市、区）社会经济数据集（1980—2019），该数据整理自黄土高原涉及的陕西、甘肃、山西、青海、河南、内蒙古及宁夏各地

市统计年鉴和中国县（市）社会经济统计年鉴，然后将规范化整理后的数据与原始数据经过两轮人工校核与抽查对比后得出，数据的属性值与原始数据相符，具有逻辑一致性，质量可靠。对于部分县域缺失数据通过插值法补充获得。数据下载地址为：http：//loess.geodata.cn/。

③自然条件数据主要包括年均降水量、10℃及以上年均积温、土壤氮含量以及平均河网密度。其中降水量数据来源详见前文 4.4 部分所述。10℃及以上年均积温基于科学数据银行发布的中国典型生态系统生态站 2001—2015 年≥10℃积温数据集（http：//doi.org/10.119 22/sciencedb.664），再通过整理、计算和运用 ArcGIS 10.7 软件空间插值生成黄土高原 2002—2015 年 10℃及以上积温空间数据。土壤氮含量来源于世界土壤信息服务（World Soil Information Service，WoSIS）所提供的高精度世界土壤剖面数据库（https：//soilgrids.org）。河网密度的数据来源详见前文 3.3 部分所述。黄土高原各县域对应的自然条件因子数据通过 ArcGIS 10.7 软件中的 Zonal Statistics As Table 工具提取获得。

需要说明的是，由于社会经济数据缺失，本章节用于 Tobit 回归模型的县域样本数为 294 个（图 6-3），表 6-9 为对各变量的描述性统计。为了更加清晰地比较不同变量对黄土高原退耕还林工程生态效率的影响程度，借鉴李凤羽和杨墨竹（2015）、夏怡然和陆铭（2015）、游家兴和吴静（2012）以及 Tetlock（2007）的研究设计，在回归时对所有变量进行了标准化处理，将它们转化为 0～1 的标准数据。这样，使用标准化后变量得到的回归系数消除了原始数据量纲上的影响，使得不同自变量对因变量相对作用的大小易于比较，回归系数反映的是自变量变动一个标准差所引起因变量的变动程度。表 6-10 为各变量标准化后的描述性统计。

表 6-9 变量描述性统计

变量类型	变量名称	单位	样本数	均值	标准差	最小值	最大值
被解释变量	退耕还林工程生态效率（EEoSLCP）	—	4 116	0.492 5	0.304 9	0.001 8	1
解释变量	农村劳动力转移率（ltrans）	%	4 116	37.11	15.00	0.000 0	97.19
	农民人均纯收入（income）	元	4 116	4 998.22	7 275.12	241.00	420 870.00
	年均降水量（pre）	mm	4 116	485.59	154.61	68.93	1 023.26
	10℃及以上年均积温（tem）	℃	4 116	3 313.36	559.79	329.87	4 612.37
	土壤氮含量（snc）	cg/kg	4 116	100.83	31.78	53.16	238.95
	平均河网密度（river）	m/km²	4 116	190.41	74.44	2.94	614.42

表 6 - 10　变量标准化后的描述性统计

变量类型	变量名称	样本数	均值	标准差	最小值	最大值
解释变量	农村劳动力转移率（*ltrans*）	4 116	0.381 8	0.154 3	0	1
	农民人均纯收入（*income*）	4 116	0.011 3	0.017 3	0	1
	年均降水量（*pre*）	4 116	0.436 6	0.162 0	0	1
	10℃及以上年均积温（*tem*）	4 116	0.696 7	0.130 7	0	1
	土壤氮含量（*snc*）	4 116	0.256 6	0.171 1	0	1
	平均河网密度（*river*）	4 116	0.306 6	0.121 7	0	1

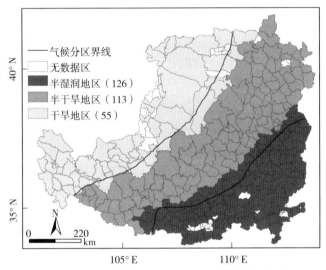

图 6 - 3　Tobit 模型回归样本县域及其所属气候分区

6.4.3　基准回归结果分析

　　Tobit 模型的回归结果如表 6 - 11 所示。模型（1）仅考虑了社会经济因素对退耕还林工程生态效率的影响，结果表明，农村劳动力转移率和农民人均纯收入对生态效率的影响均在 1% 的水平显著为正，表明农村劳动力转移率和农民人均纯收入的增加有利于生态效率提升。模型（2）仅考虑了自然条件因素对退耕还林工程生态效率的影响，结果表明，所有因素均在 1% 的显著性水平下对生态效率影响为正，表明年均降水量、10℃及以上年均积温和土壤氮含量越高，河网密度越大，越有利于生态效率提升。模型（3）综合考虑了社会经济和自然条件因素对退耕还林工程生态效率的影响，结果表明，在综合考虑了社会经济和自然条件后，所有因素仍在 1% 的显著性水平下对生态效率影响为正，这说明本章所选的社会经济和自然条件因素均有利于生态效率的提升，也表明前文所提出的 6 个假设得到了验证。具体而言，农村劳动力转移率每增加 1%，生态效率将会提升 0.624 369 个单位；农民人均纯收入每增加 1 元，生态效率将会提升 0.000 003 个单位；年均降水量每增加 1mm，生态效率将会提升 0.001 58 个单位；10℃及以上年均积温每增加 1℃，生态效率将会提升 0.000 321 个单位；土壤氮含量每增加 1 cg/kg，生态效率将会提升 0.001 607 个单位；平均河网密度每增加 1m/km²，生态效率将会提升 0.000 691 个单位。

表 6-11　黄土高原退耕还林工程生态效率的影响因素回归结果

影响因素	模型（1）	模型（2）	模型（3）	模型（4）	模型（5）	模型（6）
ltrans	0.714 765***		0.624 369***	0.694 7***		0.606 8***
	(0.040 9)		(0.038 6)	(0.039 8)		(0.037 6)
income	0.000 003***		0.000 003***	1.162 2***		1.118 5***
	(0.000 0)		(0.000 0)	(0.192 5)		(0.187 4)
pre		0.000 201***	0.000 158***		0.192 0***	0.150 9***
		(0.000 0)	(0.000 0)		(0.031 5)	(0.030 4)
tem		0.000 340***	0.000 321***		1.457 0***	1.373 9***
		(0.000 0)	(0.000 0)		(0.075 6)	(0.072 8)
snc		0.001 463***	0.001 607***		0.271 7***	0.298 7***
		(0.000 4)	(0.000 4)		(0.072 7)	(0.071 5)
river		0.000 814***	0.000 691***		0.497 5***	0.422 8***
		(0.000 2)	(0.000 2)		(0.096 0)	(0.094 7)
_cons	0.222 546***	−1.0e+00***	−1.2e+00***	0.223 2***	−0.819 9***	−0.972 6***
	(0.021 1)	(0.093 3)	(0.091 0)	(0.021 1)	(0.074 7)	(0.073 0)
rho	0.622 364	0.474 957	0.492 535	0.622 364	0.474 957	0.492 535
	(0.021 3)	(0.023 9)	(0.023 8)	(0.021 3)	(0.023 9)	(0.023 8)
sigma_u	0.250 335***	0.189 398***	0.187 414***	0.250 3***	0.189 4***	0.187 4***
	(0.011 0)	(0.008 8)	(0.008 6)	(0.011 0)	(0.008 8)	(0.008 6)
sigma_e	0.195 000***	0.199 135***	0.190 233***	0.195 0***	0.199 1***	0.190 2***
	(0.002 3)	(0.002 4)	(0.002 3)	(0.002 3)	(0.002 4)	(0.002 3)
Log likelihood	161.335 85	158.608 57	326.813 94	161.335 85	158.608 57	326.813 94
N	4 116	4 116	4 116	4 116	4 116	4 116

注：***、** 和 * 分别表示在 1%、5% 和 10% 水平上显著。括号内为稳健标准误。

模型（4）～（6）为解释变量标准化后的回归结果。模型（4）仅考虑了标准化后的社会经济因素对黄土高原退耕还林工程生态效率的影响，结果表明，在仅考虑社会经济因素对生态效率的影响下，相比于农村劳动力转移率增加，农民人均纯收入增加对生态效率提升的作用更大。模型（5）仅考虑了标准化后的自然条件因素对黄土高原退耕还林工程生态效率的影响，结果表明，在仅考虑自然条件因素对生态效率的影响下，各因素对生态效率提升的相对作用大小依次为：10℃及以上年均积温＞平均河网密度＞土壤氮含量＞年均降水量。模型（6）综合考虑了社会经济和自然条件因素对黄土高原退耕还林工程生态效率的影响，结果表明，在综合考虑了社会经济和自然条件因素后，除土壤氮含量对生态效率提升的影响有所上升外，其余各因素对生态效率的影响均有不同程度的下降。社会经济和自然条件因素对黄土高原退耕还林工程生态效率提升的相对作用大小依次为：10℃及以上年均积温＞农民人均纯收入＞农村劳动力转移率＞平均河网密度＞土壤氮含量＞年均降水量。

6.4.4 分区域回归结果分析

黄土高原地域辽阔，李妙宇和邓蕾等（2021）、Feng 等（2013）根据黄土高原各区的气候特点，将黄土高原划分为了半湿润地区、半干旱地区和干旱地区。虽然这是从气候条件划分的分区，但考虑到气候因素是决定黄土高原生态系统分布和变化的主导因素，以及各气候分区内的社会经济也存在较大的空间异质性，因此本小节就不同气候分区下的社会经济和自然条件因素对退耕还林工程生态效率的影响进行分区域分析，以探究社会经济和自然条件因素对不同气候分区下退耕还林工程生态效率的影响异同。

（1）半湿润地区

表 6-12 为运用 Tobit 模型对半湿润地区退耕还林工程生态效率的影响因素回归结果。模型（1）仅考虑了社会经济因素对退耕还林工程生态效率的影响，结果表明，农村劳动力转移率和农民人均纯收入对生态效率的影响均在1%的水平下显著为正，表明农村劳动力转移率和农民人均纯收入的增加有利于生态效率提升。模型（2）仅考虑了自然条件因素对退耕还林工程生态效率的影响，结果表明，除平均河网密度在 5%的显著性水平下对生态效率影响为正外，其余 3 个自然条件因素均在 1%的显著性水平下对生态效率影响为正，表明年均降水量、10℃及以上年均积温和土壤氮含量越高，河网密度越大，越有利于生态效率提升。模型（3）综合考虑了社会经济和自然条件因素对退耕还林工程生态效率的影响，结果表明，在综合考虑了社会经济和自然条件后，除年均降水量在 10%显著性水平下对生态效率影响为正外，其余因素在 1%的显著性水平下对生态效率影响为正，这说明所选的社会经济和自然条件因素均有利于生态效率的提升，也表明前文所提出的 6 个假设在半湿润地区同样得到了

证实。具体而言，农村劳动力转移率每增加 1%，生态效率将会提升 0.667 782 个单位；农民人均纯收入每增加 1 元，生态效率将会提升 0.000 001 个单位；年均降水量每增加 1mm，生态效率将会提升 0.000 083 个单位；10℃及以上年均积温每增加 1℃，生态效率将会提升 0.000 362 个单位；土壤氮含量每增加 1 cg/kg，生态效率将会提升 0.002 903 个单位；平均河网密度每增加 1m/km²，生态效率将会提升 0.000 702 个单位。

　　模型（4）～（6）为解释变量标准化后的回归结果。模型（4）仅考虑了标准化后的社会经济因素对黄土高原退耕还林工程生态效率的影响，结果表明，在仅考虑社会经济因素对生态效率的影响下，相比于农民人均纯收入增加，农村劳动力转移率增加对生态效率提升的作用更大。模型（5）仅考虑了标准化后的自然条件因素对黄土高原退耕还林工程生态效率的影响，结果表明，在仅考虑自然条件因素对生态效率的影响下，各因素对生态效率提升的相对作用大小依次为：10℃及以上年均积温＞土壤氮含量＞平均河网密度＞年均降水量。模型（6）综合考虑了社会经济和自然条件因素对黄土高原退耕还林工程生态效率的影响，结果表明，在综合考虑了社会经济和自然条件因素后，除土壤氮含量和平均河网密度对生态效率提升的影响有所上升外，其余各因素对生态效率的影响均有不同程度的下降。社会经济和自然条件因素对黄土高原半湿润地区退耕还林工程生态效率提升的相对作用大小依次为：10℃及以上年均积温＞农村劳动力转移率＞农民人均纯收入＞土壤氮含量＞平均河网密度＞年均降水量。

表 6-12　黄土高原半湿润地区退耕还林工程生态效率的影响因素回归结果

影响因素	模型（1）	模型（2）	模型（3）	模型（4）	模型（5）	模型（6）
ltrans	0.793 913***		0.667 782***	0.771 6***		0.649 0***
	(0.060 4)		(0.059 3)	(0.058 7)		(0.057 7)
income	0.000 001***		0.000 001***	0.579 8***		0.576 7***
	(0.000 0)		(0.000 0)	(0.200 0)		(0.192 3)
pre		0.000 169***	0.000 083*		0.161 5***	0.079 4*
		(0.000 0)	(0.000 0)		(0.045 7)	(0.044 3)
tem		0.000 420***	0.000 362***		1.799 3***	1.548 8***
		(0.000 0)	(0.000 0)		(0.134 1)	(0.134 8)
snc		0.002 046***	0.002 903***		0.380 1***	0.539 4***
		(0.000 7)	(0.000 8)		(0.133 5)	(0.154 4)
river		0.000 395**	0.000 702***		0.241 8**	0.429 0***
		(0.000 2)	(0.000 2)		(0.121 2)	(0.140 6)

（续）

影响因素	模型（1）	模型（2）	模型（3）	模型（4）	模型（5）	模型（6）
_cons	0.283 262***	−1.2e+00***	−1.4e+00***	0.283 6***	−0.980 9***	−1.103 8***
	(0.030 0)	(0.126 6)	(0.134 4)	(0.030 0)	(0.110 2)	(0.114 0)
rho	0.543 315	0.357 961	0.468 735	0.543 315	0.357 961	0.468 735
	(0.036 1)	(0.035 1)	(0.038 2)	(0.036 1)	(0.035 1)	(0.038 2)
sigma_u	0.214 402***	0.149 684***	0.177 547***	0.214 4***	0.149 7***	0.177 5***
	(0.015 1)	(0.011 1)	(0.013 1)	(0.015 1)	(0.011 1)	(0.013 1)
sigma_e	0.196 567***	0.200 465***	0.189 019***	0.196 6***	0.200 5***	0.189 0***
	(0.003 6)	(0.003 6)	(0.003 5)	(0.003 6)	(0.003 6)	(0.003 5)
Log likelihood	65.938 215	74.414 755	147.964 9	65.938 215	74.414 755	147.964 9
N	1 764	1 764	1 764	1 764	1 764	1 764

注：***、**和*分别表示在1%、5%和10%水平上显著。括号内为稳健标准误。

（2）半干旱地区

表6-13为运用 Tobit 模型对半干旱地区退耕还林工程生态效率的影响因素回归结果。模型（1）仅考虑了社会经济因素对退耕还林工程生态效率的影响，结果表明，农村劳动力转移率和农民人均纯收入分别在5%和1%的显著性水平下对生态效率影响为正，表明农村劳动力转移率和农民人均纯收入的增加有利于生态效率提升。模型（2）仅考虑了自然条件因素对退耕还林工程生态效率的影响，结果表明，所有自然条件因素均在1%的显著性水平下对生态效率影响为正，表明年均降水量、10℃及以上年均积温和土壤氮含量越高，平均河网密度越大，越有利于生态效率提升。模型（3）综合考虑了社会经济和自然条件因素对退耕还林工程生态效率的影响，结果表明，在综合考虑了社会经济和自然条件后，除农村劳动力转移率和平均河网密度在5%的显著性水平下对生态效率影响为正外，其余因素在1%的显著性水平下对生态效率影响为正，这说明所选的社会经济和自然条件因素均有利于生态效率的提升，也表明前文所提出的6个假设在半干旱地区同样得到了证实。具体而言，农村劳动力转移率每增加1%，生态效率将会提升0.168 308个单位；农民人均纯收入每增加1元，生态效率将会提升0.000 025个单位；年均降水量每增加1mm，生态效率将会提升0.000 357个单位；10℃及以上年均积温每增加1℃，生态效率将会提升0.000 308个单位；土壤氮含量每增加1 cg/kg，生态效率将会提升0.002 459个单位；平均河网密度每增加1m/km²，生态效率将会提升0.000 515个单位。

模型（4）～（6）为解释变量标准化后的回归结果。模型（4）仅考虑了标准化后的社会经济因素对黄土高原退耕还林工程生态效率的影响，结果表明，在仅考虑社会经济因素对生态效率的影响下，相比于农村劳动力转移率增加，农民人均纯收入增加对生态效率提升的作用更大。模型（5）仅考虑了标准化后的自然条件因素对黄土高原退耕还林工程生态效率的影响，结果表明，在仅考虑自然条件因素对生态效率的影响下，各因素对生态效率提升的相对作用大小依次为：10℃及以上年均积温＞平均河网密度＞土壤氮含量＞年均降水量。模型（6）综合考虑了社会经济和自然条件因素对黄土高原退耕还林工程生态效率的影响，结果表明，在综合考虑了社会经济和自然条件因素后，除农村劳动力转移率、年均降水量和土壤氮含量对生态效率提升的影响有所上升外，其余各因素对生态效率的影响均有不同程度的下降。社会经济和自然条件因素对黄土高原半干旱地区退耕还林工程生态效率提升的相对作用大小依次为：农民人均纯收入＞10℃及以上年均积温＞土壤氮含量＞年均降水量＞平均河网密度＞农村劳动力转移率。

表 6 - 13　黄土高原半干旱地区退耕还林工程生态效率的影响因素回归结果

影响因素	模型（1）	模型（2）	模型（3）	模型（4）	模型（5）	模型（6）
ltrans	0.144 510**		0.168 308**	0.140 4**		0.163 6**
	(0.069 4)		(0.066 6)	(0.067 5)		(0.064 8)
income	0.000 026***		0.000 025***	10.995 6***		10.492 5***
	(0.000 0)		(0.000 0)	(0.869 4)		(0.850 8)
pre		0.000 347***	0.000 357***		0.331 5***	0.340 6***
		(0.000 1)	(0.000 1)		(0.056 8)	(0.052 7)
tem		0.000 308***	0.000 308***		1.319 6***	1.319 5***
		(0.000 0)	(0.000 0)		(0.119 9)	(0.116 3)
snc		0.001 928***	0.002 459***		0.358 2***	0.456 8***
		(0.000 6)	(0.000 6)		(0.110 3)	(0.111 8)
river		0.000 798***	0.000 515**		0.487 7***	0.314 9**
		(0.000 2)	(0.000 2)		(0.146 9)	(0.152 0)
_cons	0.246 222***	−1.0e+00***	−1.2e+00***	0.252 5***	−0.799 7***	−0.959 7***
	(0.035 3)	(0.157 4)	(0.156 2)	(0.035 4)	(0.125 0)	(0.124 1)
rho	0.712 596	0.487 223	0.549 509	0.712 596	0.487 223	0.549 509
	(0.029 5)	(0.039 4)	(0.039 4)	(0.029 5)	(0.039 4)	(0.039 4)
sigma_u	0.291 068***	0.192 876***	0.200 354***	0.291 1***	0.192 9***	0.200 4***
	(0.020 2)	(0.014 6)	(0.015 3)	(0.020 2)	(0.014 6)	(0.015 3)
sigma_e	0.184 850***	0.197 869***	0.181 407***	0.184 8***	0.197 9***	0.181 4***
	(0.003 5)	(0.003 8)	(0.003 5)	(0.003 5)	(0.003 8)	(0.003 5)
Log likelihood	119.219 18	69.691 001	185.615 51	119.219 18	69.691 001	185.615 51
N	1 582	1 582	1 582	1 582	1 582	1 582

注：***、** 和 * 分别表示在1%、5%和10%水平上显著。括号内为稳健标准误。

(3) 干旱地区

表 6-14 为运用 Tobit 模型对干旱地区退耕还林工程生态效率的影响因素回归结果。模型（1）仅考虑了社会经济因素对退耕还林工程生态效率的影响，结果表明，农村劳动力转移率和农民人均纯收入对生态效率的影响均在 1% 的水平下显著为正，表明农村劳动力转移率和农民人均纯收入的增加有利于生态效率提升。模型（2）仅考虑了自然条件因素对退耕还林工程生态效率的影响，结果表明，在干旱地区仅有 10℃ 及以上年均积温和平均河网密度在 1% 的显著性水平下对生态效率影响为正，而年均降水量和土壤氮含量虽然对干旱地区生态效率影响为负，但没通过显著性水平检验。这表明从自然条件因素对干旱地区生态效率的影响看，其仅受 10℃ 及以上年均积温和平均河网密度影响，10℃ 及以上年均积温越高，平均河网密度越大，越有利于生态效率提升。模型（3）综合考虑了社会经济和自然条件因素对退耕还林工程生态效率的影响，结果表明，在综合考虑了社会经济和自然条件后，农村劳动力转移率、农民人均纯收入、10℃ 及以上年均积温和平均河网密度在 1% 的显著性水平下对生态效率影响为正。土壤氮含量虽然也对生态效率影响为正，但没通过显著性水平检验；年均降水量虽然对生态效率影响为负，但也未通过显著性水平检验。这说明在干旱地区，农村劳动力转移率、农民人均纯收入和 10℃ 及以上年均积温的增加以及平均河网密度的增大将有利于生态效率的提升。具体而言，农村劳动力转移率每增加 1%，生态效率将会提升 0.538 223 个单位；农民人均纯收入每增加 1 元，生态效率将会提升 0.000 020 个单位；10℃ 及以上年均积温每增加 1℃，生态效率将会提升 0.000 173 个单位；平均河网密度每增加 1m/km²，生态效率将会提升 0.002 422 个单位。

模型（4）～（6）为解释变量标准化后的回归结果。模型（4）仅考虑了标准化后的社会经济因素对黄土高原退耕还林工程生态效率的影响，结果表明，在仅考虑社会经济因素对生态效率的影响下，相比于农村劳动力转移率增加，农民人均纯收入增加对生态效率提升的作用更大。模型（5）仅考虑了标准化后的自然条件因素对黄土高原退耕还林工程生态效率的影响，结果表明，在仅考虑自然条件因素对生态效率的影响下，相比于 10℃ 及以上年均积温，平均河网密度对生态效率提升的作用更大。模型（6）综合考虑了社会经济和自然条件因素对黄土高原退耕还林工程生态效率的影响，结果表明，在综合考虑了社会经济和自然条件因素后，除年均降水量和土壤氮含量对生态效率的影响不显著外，其余各因素对生态效率的影响均有不同程度的下降。社会经济和自然条件因素对黄土高原干旱地区退耕还林工程生态效率提升的相对作用大小依次为：农民人均纯收入＞平均河网密度＞10℃ 及以上年均积温＞农村劳动力转移率。

表6-14 黄土高原干旱地区退耕还林工程生态效率的影响因素回归结果

影响因素	模型（1）	模型（2）	模型（3）	模型（4）	模型（5）	模型（6）
ltrans	0.655 923***		0.538 223***	0.637 5***		0.523 1***
	(0.133 0)		(0.128 2)	(0.129 2)		(0.124 6)
income	0.000 021***		0.000 020***	8.676 6***		8.204 1***
	(0.000 0)		(0.000 0)	(1.586 1)		(1.560 0)
pre		−0.000 015	−0.000 021		−0.014 1	−0.020 5
		(0.000 1)	(0.000 1)		(0.075 4)	(0.072 0)
tem		0.000 222***	0.000 173***		0.950 9***	0.741 2***
		(0.000 0)	(0.000 0)		(0.194 2)	(0.187 0)
snc		−0.000 629	0.000 363		−0.116 9	0.067 4
		(0.000 9)	(0.000 9)		(0.160 4)	(0.163 9)
river		0.002 769***	0.002 422***		1.693 2***	1.481 2***
		(0.000 5)	(0.000 5)		(0.285 5)	(0.291 2)
_ *cons*	0.114 54**	−0.746 84***	−0.906 70***	0.119 5**	−0.699 9***	−0.820 0***
	(0.053 5)	(0.213 7)	(0.212 3)	(0.053 7)	(0.173 8)	(0.172 7)
rho	0.613 486	0.432 552	0.477 086	0.613 486	0.432 552	0.477 086
	(0.050 3)	(0.055 8)	(0.056 2)	(0.050 3)	(0.055 8)	(0.056 2)
sigma _ u	0.233 642***	0.171 548***	0.175 667***	0.233 6***	0.171 5***	0.175 7***
	(0.024 0)	(0.018 9)	(0.019 1)	(0.024 0)	(0.018 9)	(0.019 1)
sigma _ e	0.185 452***	0.196 485***	0.183 910***	0.185 5***	0.196 5***	0.183 9***
	(0.005 1)	(0.005 4)	(0.005 0)	(0.005 1)	(0.005 4)	(0.005 0)
Log likelihood	76.930 098	52.233 265	97.472 657	76.930 098	52.233 265	97.472 657
N	770	770	770	770	770	770

注：***、**和*分别表示在1%、5%和10%水平上显著。括号内为稳健标准误。

6.4.5 稳健性检验

全样本基准回归结果和分区域基准回归结果表明，退耕还林工程生态效率受到社会经济和自然条件因素显著正向影响，各因素对生态效率的作用大小各不相同。为了确保基准回归结果的可靠性，需要对全样本基准回归结果和分区域基准回归结果进行稳健性检验。为此，将采用替换自变量、稳健OLS估计、加入遗漏变量以及调整样本期四种方式来进行稳健性检验。

（1）替换自变量

研究表明，人均GDP与农民人均纯收入具有较强正向相关性（胡鞍钢等，

2006；杨灿明等，2007；李安宁，2018）。土壤有机碳与土壤氮之间存在显著正相关关系，土壤有机碳水平能大致反映出土壤氮含量水平（彭佩钦等，2005；孙天聪等，2005）。综上，以人均 GDP 取代农民人均纯收入，以土壤有机碳含量取代土壤氮含量后，重新运用 Tobit 模型对黄土高原退耕还林工程生态效率影响因素进行了全样本和分区域回归。结果显示（表 6 - 15），除年均降水量对半湿润地区退耕还林工程生态效率影响变得不显著外，其余自变量的回归系数符号和显著性与未替换自变量的回归结果基本一致，由此证明本章在黄土高原全样本基准回归和分区域基准回归中得到的结果是稳健的。

表 6 - 15　替换自变量后的稳健性检验回归结果

影响因素	黄土高原	半湿润地区	半干旱地区	干旱地区
ltrans	0.479 965 ***	0.385 236 ***	0.416 135 ***	0.651 470 ***
	(0.039 6)	(0.061 3)	(0.060 0)	(0.125 4)
income	0.000 002 ***	0.000 003 ***	0.000 002 ***	0.000 003 ***
	(0.000 0)	(0.000 0)	(0.000 0)	(0.000 0)
pre	0.000 159 ***	0.000 061	0.000 345 ***	−0.000 027
	(0.000 0)	(0.000 0)	(0.000 1)	(0.000 1)
tem	0.000 324 ***	0.000 371 ***	0.000 311 ***	0.000 171 ***
	(0.000 0)	(0.000 0)	(0.000 0)	(0.000 0)
snc	0.001 605 ***	0.002 623 ***	0.002 228 ***	0.000 017
	(0.000 4)	(0.000 8)	(0.000 5)	(0.000 7)
river	0.000 837 ***	0.000 899 ***	0.000 676 ***	0.002 322 ***
	(0.000 2)	(0.000 2)	(0.000 2)	(0.000 5)
_ cons	−1.2e+00 ***	−1.4e+00 ***	−1.3e+00 ***	−0.846 487 ***
	(0.092 5)	(0.140 8)	(0.145 3)	(0.205 9)
rho	0.529 984	0.503 076	0.500 195	0.486 607
	(0.023 4)	(0.036 8)	(0.039 3)	(0.056 4)
sigma _ u	0.196 969 ***	0.182 615 ***	0.186 873 ***	0.180 232 ***
	(0.009 0)	(0.013 0)	(0.014 1)	(0.019 6)
sigma _ e	0.185 491 ***	0.181 495 ***	0.186 800 ***	0.185 126 ***
	(0.002 2)	(0.003 3)	(0.003 6)	(0.005 1)
Log likelihood	404.673 58	206.728 06	151.934 5	91.911 497
N	4 116	1 764	1 582	770

注：***、**和*分别表示在1%、5%和10%水平上显著。括号内为稳健标准误。

此外，为了检验变量标准化后的基准回归结果和分区域回归结果，使用标准化后的人均 GDP 取代标准化后的农民人均纯收入，使用标准化后的土壤有机碳含量取代标准化后的土壤氮含量，重新使用 Tobit 模型对黄土高原退耕还林工程生态效率影响因素进行了全样本和分区域回归。结果显示（表 6 - 16），在更换标准化后的自变量后，各影响因素对黄土高原及各区域的生态效率作用大小与基准回归结果基本一致，由此证明在黄土高原全样本基准回归和分区域基准回归中对影响因素的大小排序是稳健的。

表 6 - 16　替换标准化自变量后的稳健性检验回归结果

影响因素	黄土高原	半湿润地区	半干旱地区	干旱地区
ltrans	0.466 5 ***	0.374 4 ***	0.404 4 ***	0.633 2 ***
	(0.038 5)	(0.059 6)	(0.058 3)	(0.121 9)
income	0.637 9 ***	0.973 8 ***	0.498 7 ***	0.802 0 ***
	(0.045 0)	(0.083 1)	(0.055 8)	(0.201 9)
pre	0.151 8 ***	0.057 8	0.329 0 ***	−0.026 2
	(0.029 9)	(0.042 7)	(0.053 3)	(0.072 7)
tem	1.388 6 ***	1.590 7 ***	1.332 6 ***	0.731 2 ***
	(0.073 5)	(0.129 2)	(0.110 2)	(0.192 7)
snc	0.349 1 ***	0.570 5 ***	0.484 5 ***	0.003 7
	(0.076 4)	(0.182 1)	(0.109 6)	(0.143 9)
river	0.511 6 ***	0.549 6 ***	0.413 2 ***	1.419 6 ***
	(0.100 0)	(0.147 3)	(0.145 2)	(0.295 1)
_ cons	−1.016 2 ***	−1.138 1 ***	−1.032 7 ***	−0.783 5 ***
	(0.077 5)	(0.116 8)	(0.121 1)	(0.176 9)
rho	0.466 5 ***	0.374 4 ***	0.404 4 ***	0.633 2 ***
	(0.038 5)	(0.059 6)	(0.058 3)	(0.121 9)
sigma _ u	0.197 0 ***	0.182 6 ***	0.186 9 ***	0.180 2 ***
	(0.009 0)	(0.013 0)	(0.014 1)	(0.019 6)
sigma _ e	0.185 5 ***	0.181 5 ***	0.186 8 ***	0.185 1 ***
	(0.002 2)	(0.003 3)	(0.003 6)	(0.005 1)
Log likelihood	404.673 58	206.728 06	151.934 5	91.911 497
N	4 116	1 764	1 582	770

注：*** 、** 和 * 分别表示在 1%、5% 和 10% 水平上显著。括号内为稳健标准误。

（2）稳健 OLS 估计

因 Tobit 模型无法消除异方差，可能会对回归结果的准确性和有效性产生影响（陈强，2015）。因此在参考郭红彩（2013）、徐晓萍等（2009）的研究后，将采用"OLS＋稳健标准误"方法来检验 Tobit 估计的稳健性。由回归结果可得（表 6-17），除了农民人均纯收入对黄土高原及黄土高原半湿润地区生态效率的影响变得不显著、年均降水量对干旱地区生态效率的影响变得显著外，其余变量对退耕还林工程生态效率的影响方向及显著性水平同基准回归结果基本保持一致，由此证明在黄土高原全样本基准回归和分区域基准回归中得到的结果是稳健的。

表 6-17　稳健 OLS 估计回归结果

影响因素	黄土高原	半湿润地区	半干旱地区	干旱地区
ltrans	0.389 145 ***	0.181 449 ***	0.402 288 ***	0.315 718 ***
	(0.030 5)	(0.042 0)	(0.040 4)	(0.091 7)
income	0.000 002	0.000 002	0.000 009 ***	0.000 016 ***
	(0.000 0)	(0.000 0)	(0.000 0)	(0.000 0)
pre	0.000 573 ***	0.000 231 ***	0.000 894 ***	0.000 462 ***
	(0.000 0)	(0.000 0)	(0.000 0)	(0.000 1)
tem	0.000 238 ***	0.000 273 ***	0.000 241 ***	0.000 121 ***
	(0.000 0)	(0.000 0)	(0.000 0)	(0.000 0)
snc	0.000 912 ***	0.002 477 ***	0.001 390 ***	0.000 023
	(0.000 1)	(0.000 3)	(0.000 2)	(0.000 3)
river	0.000 408 ***	0.000 355 ***	0.000 381 ***	0.001 719 ***
	(0.000 1)	(0.000 1)	(0.000 1)	(0.000 2)
_cons	−0.899 529 ***	−0.873 779 ***	−1.1e+00 ***	−0.708 374 ***
	(0.039 5)	(0.068 0)	(0.064 5)	(0.107 9)
N	4 116	1 764	1 582	770
Log likelihood	0.368 1	0.240 9	0.478	0.393 8

注：***、** 和 * 分别表示在 1%、5% 和 10% 水平上显著。括号内为稳健标准误。

此外，为了检验变量标准化后的基准回归结果和分区域回归结果，基于标准化后的变量，使用"OLS＋稳健标准误"方法对黄土高原退耕还林工程生态效率的影响因素进行了全样本和分区域回归。结果显示（表 6-18），各影响因素对黄土高原及各区域的生态效率作用大小与基准回归结果基本一致，由此证明在黄土高原全样本基准回归和分区域基准回归中对影响因素的大小排序是稳健的。

表 6 - 18　自变量标准化后的稳健 OLS 估计回归结果

影响因素	黄土高原	半湿润地区	半干旱地区	干旱地区
ltrans	0.378 2 ***	0.176 4 ***	0.391 0 ***	0.306 8 ***
	(0.029 7)	(0.040 8)	(0.039 3)	(0.089 1)
income	0.91	0.631 5	3.796 8 ***	6.877 9 ***
	(0.828 7)	(0.686 3)	(0.764 1)	(1.913 5)
pre	0.546 8 ***	0.220 1 ***	0.852 9 ***	0.440 4 ***
	(0.028 8)	(0.046 9)	(0.043 5)	(0.067 4)
tem	1.019 5 ***	1.169 5 ***	1.030 2 ***	0.517 1 ***
	(0.032 9)	(0.085 3)	(0.048 9)	(0.117 1)
snc	0.169 5 ***	0.460 1 ***	0.258 2 ***	0.004 2
	(0.027 0)	(0.056 6)	(0.039 3)	(0.060 1)
river	0.249 8 ***	0.216 9 ***	0.233 2 ***	1.051 1 ***
	(0.033 8)	(0.057 6)	(0.047 5)	(0.115 5)
_cons	−0.731 3 ***	−0.634 7 ***	−0.896 5 ***	−0.626 5 ***
	(0.031 7)	(0.063 0)	(0.051 4)	(0.089 7)
N	4 116	1 764	1 582	770
Log likelihood	0.368 1	0.240 9	0.478	0.393 8

注：***、** 和 * 分别表示在 1%、5% 和 10% 水平上显著。括号内为稳健标准误。

（3）加入遗漏变量

为了避免遗漏变量导致的内生性问题，本小节借鉴丁述磊和刘翠花（2022）、梁斌和冀慧（2020）、梁思源和郑田丹（2022）、孟樱和王静（2022）的研究设计，采用在回归模型中进一步控制潜在的遗漏变量的方式进行稳健性检验。农业机械总动力包括了种植业、林业、畜牧业、渔业生产以及农产品初加工和运输等活动所使用的农业机械。对林业而言，农业机械总动力能在一定程度上反映出植树造林的技术水平。贾卫国（2005）、支玲和邵爱英（2001）、Yao 和 Li（2010）在研究中认为，技术水平越高，越有利于退耕还林工程开展，退耕还林工程生态效率也会越高。基于此，本小节将农业机械总动力（*amp*）加入自变量中，使用 Tobit 模型重新对黄土高原全样本和分区域样本进行回归，以对基准回归结果进行稳健性检验，结果如表 6 - 19 所示。结果表明，在加入了农业机械总动力后，除年均降水量对半湿润地区的影响变得不显著外，其余各因素对黄土高原及分区域退耕还林工程生态效率的影响方向保持一致。同时，农业机械总动力在 1% 的显著性水平上对黄土高原及半湿润地区的退耕还林工程生态效率影响为正；另外，虽然对半干旱地区和干旱地区的生态效率影响也为正，但未通过显著性水平检验。这表明农业机械总动力的提升有助于退耕还林工程生态效率提升，但仅限于半湿润地区。综上所述，在基准回归模型中加入农业机械总动力后，黄土高原全样本和分区域样本的回归结果和显著性水平基本同基准回归结果保持一致，由此证明在黄土高原全样本基准回归和分区域基准回归中得到的结果是稳健的。

表 6-19　加入遗漏变量后的稳健性检验回归结果

影响因素	黄土高原	半湿润地区	半干旱地区	干旱地区
$ltrans$	0.519 990***	0.542 668***	0.165 823**	0.538 236***
	(0.039 9)	(0.058 8)	(0.066 7)	(0.128 3)
$income$	0.000 002***	0.000 001*	0.000 023***	0.000 018
	(0.000 0)	(0.000 0)	(0.000 0)	(0.000 0)
pre	0.000 146***	0.000 057	0.000 353***	−0.000 028
	(0.000 0)	(0.000 0)	(0.000 1)	(0.000 1)
tem	0.000 311***	0.000 347***	0.000 306***	0.000 165***
	(0.000 0)	(0.000 0)	(0.000 0)	(0.000 0)
snc	0.001 887***	0.003 650***	0.002 481***	0.000 395
	(0.000 4)	(0.000 9)	(0.000 6)	(0.000 9)
$river$	0.000 582***	0.000 542**	0.000 497**	0.002 402***
	(0.000 2)	(0.000 3)	(0.000 3)	(0.000 5)
amp	0.004 181***	0.005 664***	0.000 742	0.000 948
	(0.000 4)	(0.000 7)	(0.000 6)	(0.001 0)
$\_cons$	−1.2e+00***	−1.4e+00***	−1.2e+00***	−0.891 816***
	(0.097 0)	(0.140 0)	(0.157 8)	(0.216 9)
rho	0.568 1***	0.537 3***	0.559 9***	0.495 1***
	(0.024 4)	(0.038 5)	(0.040 1)	(0.059 5)
$sigma\_u$	0.212 967***	0.197 709***	0.204 232***	0.181 529***
	(0.010 2)	(0.014 7)	(0.015 9)	(0.020 8)
$sigma\_e$	0.185 676***	0.183 485***	0.181 056***	0.183 300***
	(0.002 2)	(0.003 4)	(0.003 5)	(0.005 1)
$Log\ likelihood$	380.747 84	182.999 75	186.277 5	97.895 906
N	4 116	1 764	1 582	770

注：***、** 和 * 分别表示在1%、5%和10%水平上显著。括号内为稳健标准误。

此外，为了检验变量标准化后的基准回归结果和分区域回归结果，基于标

准化后的变量，在加入标准化后的农业机械总动力后，重新使用 Tobit 模型对
黄土高原退耕还林工程生态效率的影响因素进行了全样本和分区域回归。结果
显示（表 6-20），各影响因素对黄土高原及各区域的生态效率作用大小与基
准回归结果基本一致，由此证明在黄土高原全样本基准回归和分区域基准回归
中对影响因素的大小排序是稳健的。

表 6-20 加入标准化遗漏变量后的稳健性检验回归结果

影响因素	黄土高原	半湿润地区	半干旱地区	干旱地区
ltrans	0.505 4***	0.527 4***	0.161 2**	0.523 1***
	(0.038 8)	(0.057 2)	(0.064 9)	(0.124 7)
income	0.756 0***	0.362 5*	9.847 4***	7.559 4***
	(0.186 4)	(0.188 7)	(1.017 8)	(1.708 2)
pre	0.139 3***	0.054	0.336 6***	−0.026 5
	(0.030 1)	(0.043 4)	(0.052 7)	(0.072 2)
tem	1.329 7***	1.484 8***	1.308 8***	0.706 3***
	(0.076 0)	(0.134 5)	(0.117 6)	(0.191 9)
snc	0.350 6***	0.678 2***	0.460 9***	0.073 3
	(0.079 9)	(0.170 5)	(0.113 5)	(0.168 8)
river	0.355 7***	0.331 4**	0.303 8**	1.468 9***
	(0.106 5)	(0.154 9)	(0.154 9)	(0.299 7)
amp	0.467 3***	0.633 1***	0.082 9	0.105 9
	(0.045 9)	(0.078 3)	(0.072 2)	(0.115 9)
_cons	−0.987 4***	−1.118 9***	−0.960 8***	−0.806 9***
	(0.077 6)	(0.116 3)	(0.125 4)	(0.176 3)
rho	0.568 1***	0.537 3***	0.559 9***	0.495 1***
	(0.024 4)	(0.038 5)	(0.040 1)	(0.059 5)
sigma_u	0.212 967***	0.197 709***	0.204 232***	0.181 529***
	(0.010 2)	(0.014 7)	(0.015 9)	(0.020 8)
sigma_e	0.185 676***	0.183 485***	0.181 056***	0.183 300***
	(0.002 2)	(0.003 4)	(0.003 5)	(0.005 1)
Log likelihood	380.747 84	182.999 75	186.277 5	97.895 906
N	4 116	1 764	1 582	770

注：***、** 和 * 分别表示在 1%、5% 和 10% 水平上显著。括号内为稳健标准误。

（4）调整样本期

本章的样本期为 2002—2015 年，即仅对第一轮退耕还林工程生态效率的
影响因素进行了分析。考虑到国家在 2014 年启动的新一轮退耕还林工程可能

对工程生态效率产生影响，借鉴郭丰等（2022）、刘修岩等（2022）、罗斌元和陈艳霞（2022）的研究设计，采取了缩短样本期的方式对基准回归结果进行稳健性检验。将样本期缩短到新一轮退耕还林开始实施前的 2013 年，即 2002—2013 年，再使用 Tobit 模型重新对黄土高原全样本和分区域样本进行回归，结果如表 6 - 21 所示。结果表明，在缩短了样本期后，除半湿润地区和干旱地区的农民人均纯收入对退耕还林工程生态效率的影响变得不显著外，其余各变量对各地区退耕还林工程生态效率的影响系数方向和显著性水平同基准回归结果基本一致，由此证明在黄土高原全样本基准回归和分区域基准回归中得到的结果是稳健的。

表 6 - 21　缩短样本期后的稳健性检验回归结果

影响因素	黄土高原	半湿润地区	半干旱地区	干旱地区
ltrans	0.609 338 ***	0.711 814 ***	0.227 357 ***	0.556 484 ***
	(0.044 6)	(0.075 2)	(0.074 6)	(0.143 9)
income	0.000 001 **	0.000 001	0.000 022 ***	0.000 006
	(0.000 0)	(0.000 0)	(0.000 0)	(0.000 0)
pre	0.000 194 ***	0.000 127 ***	0.000 391 ***	0.000 035
	(0.000 0)	(0.000 0)	(0.000 1)	(0.000 1)
tem	0.000 347 ***	0.000 410 ***	0.000 328 ***	0.000 190 ***
	(0.000 0)	(0.000 0)	(0.000 0)	(0.000 0)
snc	0.001 991 ***	0.003 084 ***	0.002 763 ***	0.000 05
	(0.000 4)	(0.000 8)	(0.000 6)	(0.000 8)
river	0.000 761 ***	0.000 751 ***	0.000 602 **	0.002 480 ***
	(0.000 2)	(0.000 2)	(0.000 2)	(0.000 5)
_cons	−1.3e+00 ***	−1.6e+00 ***	−1.4e+00 ***	−0.934 700 ***
	(0.091 9)	(0.138 4)	(0.155 0)	(0.206 8)
rho	0.483 7 ***	0.476 9 ***	0.509 2 ***	0.430 2 ***
	(0.024 4)	(0.040 2)	(0.041 2)	(0.057 0)
sigma_u	0.184 084 ***	0.178 993 ***	0.189 345 ***	0.163 001 ***
	(0.008 6)	(0.013 8)	(0.014 9)	(0.018 2)
sigma_e	0.190 202 ***	0.187 450 ***	0.185 893 ***	0.187 569 ***
	(0.002 5)	(0.003 7)	(0.003 9)	(0.005 6)
Log likelihood	254.791 19	120.871 84	125.335 33	71.499 454
N	3 528	1 512	1 356	660

注：***、** 和 * 分别表示在 1%、5% 和 10% 水平上显著。括号内为稳健标准误。

　　此外，为了检验变量标准化后的基准回归结果和分区域回归结果，基于标准化后的变量，将样本缩短至 2002—2013 年后，重新使用 Tobit 模型对黄土高原退耕还林工程生态效率的影响因素进行了全样本和分区域回归。结果显示（表 6 - 22），各影响因素对黄土高原及各区域的生态效率作用大小与基准回归结果基本一致，由此证明在黄土高原全样本基准回归和分区域基准回归中对影响因素的大小排序是稳健的。

表 6 - 22　自变量标准化后的缩短样本期稳健性检验回归结果

影响因素	黄土高原	半湿润地区	半干旱地区	干旱地区
ltrans	0.592 2***	0.691 8***	0.221 0***	0.540 8***
	(0.043 4)	(0.073 1)	(0.072 5)	(0.139 8)
income	0.495 5**	0.231 8	9.181 3***	2.579 1
	(0.193 2)	(0.194 3)	(1.144 3)	(2.305 5)
pre	0.185 5***	0.121 3***	0.373 0***	0.033 8
	(0.031 2)	(0.045 5)	(0.056 0)	(0.074 5)
tem	1.484 5***	1.757 7***	1.406 6***	0.811 9***
	(0.073 9)	(0.139 3)	(0.117 0)	(0.187 1)
snc	0.369 8***	0.572 9***	0.513 3***	0.009 4
	(0.071 1)	(0.156 7)	(0.108 6)	(0.155 5)
river	0.465 3***	0.459 1***	0.368 0**	1.516 4***
	(0.093 7)	(0.143 2)	(0.146 4)	(0.276 2)
_cons	−1.101 3***	−1.326 8***	−1.073 1***	−0.858 3***
	(0.073 9)	(0.117 7)	(0.123 2)	(0.168 8)
rho	0.483 7***	0.476 9***	0.509 2***	0.430 2***
	(0.024 4)	(0.040 2)	(0.041 2)	(0.057 0)
sigma_u	0.184 084***	0.178 993***	0.189 345***	0.163 001***
	(0.008 6)	(0.013 8)	(0.014 9)	(0.018 2)
sigma_e	0.190 202***	0.187 450***	0.185 893***	0.187 569***
	(0.002 5)	(0.003 7)	(0.003 9)	(0.005 6)
Log likelihood	254.791 19	120.871 84	125.335 33	71.499 454
N	3 528	1 512	1 356	660

注：***、** 和 * 分别表示在 1%、5% 和 10% 水平上显著。括号内为稳健标准误。

6.4.6　异质性分析

　　前文仅对各气候分区的退耕还林工程生态效率影响因素及其大小排序进行

了分析，而未对各气候分区的退耕还林工程生态效率影响因素进行横向比较，即比较各气候分区回归的组间系数大小。基于此，参考连玉君等（2008，2010）和 Cleary（1999）在研究中的做法，利用费舍尔组合检验来进行组间系数差异检验，具体做法为：先两两比较各气候分区之间的变量回归系数差异，再统一对三个气候分区的变量回归系数差异进行分析。检验结果表明（表 6 - 23），半湿润地区和半干旱地区、半湿润地区和干旱地区、半干旱地区和干旱地区之间的变量回归系数均存在显著差异（经验 p 值均小于 0.1），表明我们可以对不同气候分区下的变量回归系数进行比较（连玉君等，2017）。

在各气候区中，受农村劳动力转移率的影响大小排序为：半湿润地区＞干旱地区＞半干旱地区。受农民人均纯收入的影响大小排序为：半干旱地区＞干旱地区＞半湿润地区。受年均降水量的影响大小排序为：半干旱地区＞半湿润地区。受 10℃ 及以上年均积温的影响大小排序为：半湿润地区＞半干旱地区＞干旱地区。受土壤氮含量的影响大小排序为：半湿润地区＞半干旱地区。受平均河网密度的影响大小排序为：干旱地区＞半湿润地区＞半干旱地区。

表 6 - 23　黄土高原各气候分区间的费舍尔组合检验结果

变量	半湿润区—半干旱区	p-value	半湿润区—干旱区	p-value	半干旱区—干旱区	p-value
ltrans	0.485	0.038	0.126	0.070	−0.360	0.032
income	−9.916	0.012	−7.627	0.029	2.288	0.057
pre	−0.261	0.000	0.100	0.054	0.361	0.000
tem	0.229	0.079	0.808	0.000	0.578	0.004
snc	0.083	0.030	0.472	0.038	0.389	0.030
river	0.114	0.024	−1.052	0.003	−1.166	0.000

注：使用费舍尔检验来分析组间系数差异的统计显著性，经过 1 000 次重复抽样得到系数差异的经验 p 值。

6.5　本章小结

本章从可控因素和不可控因素两方面对影响黄土高原退耕还林工程生态效率的原因进行了探究。在可控因素方面，基于使用 DEA-BCC 模型对退耕还林工程生态效率的计算结果，从投入冗余和产出不足两个视角对影响黄土高原退耕还林工程生态效率的可控因素进行了分析。在不可控因素方面，运用 Tobit 模型对影响黄土高原及其气候分区的退耕还林工程生态效率影响因素进行了分析，同时为了确保基准回归结果的可靠性，采用替换自变量、稳健 OLS 估计、加入遗漏变量以及调整样本期的方式对基准回归结果进行了稳健性检验。本章得到的主要结论如下。

①从可控因素对黄土高原退耕还林工程生态效率的影响来看，黄土高原各县域在退耕还林工程实施中普遍存在的投入冗余和产出不足问题是影响退耕还林工程生态效率的重要原因。从投入冗余和产出不足两个视角出发，在区域角度上，黄土高原及其分区若想实现退耕还林工程生态效率有效，均需在保持产出不变的情况下减少对退耕还林工程的投入，均需在保持投入不变的情况下增加退耕还林工程对应的各项生态产出。在县域角度上，黄土高原东南部县域投入冗余和产出不足相对较小，导致了东南部县域退耕还林工程生态效率较高且呈集聚分布；而西北部县域投入冗余和产出不足相对较高，导致了西北部县域退耕还林工程生态效率较低且呈集聚分布。从黄土高原各县的投入冗余和产出不足变化来看，在投入冗余视角上，土地、资金和劳动力的投入冗余变化均主要集中分布在黄土高原中部、西部和北部地区县域，2002—2008年上述地区县域在退耕还林工程中投入冗余变大，导致生态效率出现下降；而在2008—2015年上述地区县域在退耕还林工程中投入冗余减少，促使生态效率得到提升。在产出不足视角上，黄土高原北部和西部地区县域的植被碳汇产出不足值在逐步下降，黄土高原西北部县域的土壤保持产出不足值则在逐步增加。水源涵养和生物多样性产出不足县域在研究期内均呈先增加后减少态势：2002—2008年水源涵养产出不足减少的县域主要集中分布在黄土高原东南部地区，生物多样性产出不足减少的县域主要集中分布在北部地区；2008—2015年水源涵养产出不足增加的县域主要集中分布在黄土高原北部、西北部及西部地区，生物多样性产出不足增加县域主要集中分布在北部及西部地区。

②从不可控因素对黄土高原的退耕还林工程生态效率影响来看，首先，本章所选择的社会经济和自然条件因素均为工程生态效率的驱动因素，即工程生态效率与农村劳动力转移率、农民人均纯收入、年均降水量、10℃及以上年均积温、土壤氮含量以及平均河网密度之间的关系均为正相关。其次，从各因素对工程生态效率的影响大小来看，10℃及以上年均积温对工程生态效率的影响最大，年均降水量对工程生态效率的影响最小。各因素对工程生态效率的影响大小具体排序为：10℃及以上年均积温＞农民人均纯收入＞农村劳动力转移率＞平均河网密度＞土壤氮含量＞年均降水量。

③从不可控因素对黄土高原气候分区的退耕还林工程生态效率影响来看，半湿润地区和半干旱地区的影响因素同黄土高原全样本的影响因素回归结果相同，即本章所选择的社会经济和自然条件因素均为工程生态效率的驱动因素。但各影响因素对半湿润地区和半干旱地区的退耕还林工程生态效率的影响大小各不相同。半湿润地区退耕还林工程生态效率的影响因素大小排序为：10℃及

以上年均积温＞农村劳动力转移率＞农民人均纯收入＞土壤氮含量＞平均河网密度＞年均降水量。半干旱地区退耕还林工程生态效率的影响因素大小排序为：农民人均纯收入＞10℃及以上年均积温＞土壤氮含量＞年均降水量＞平均河网密度＞农村劳动力转移率。不同于半湿润和半干旱地区，干旱地区仅受农村劳动力转移率、农民人均纯收入、10℃及以上年均积温和平均河网密度的影响，各因素对干旱地区退耕还林工程生态效率的影响大小排序为：农民人均纯收入＞平均河网密度＞10℃及以上年均积温＞农村劳动力转移率。

④将不可控因素对黄土高原及其气候分区退耕还林工程生态效率的回归系数进行比较可得，农村劳动力转移率对半湿润地区的退耕还林工程生态效率影响最大，农民人均纯收入对半干旱地区的退耕还林工程生态效率影响最大，年均降水量对半干旱地区的退耕还林工程生态效率影响最大，10℃及以上年均积温对半湿润地区的退耕还林工程生态效率影响最大，土壤氮含量同样对半湿润地区的退耕还林工程生态效率影响最大，平均河网密度对干旱地区的退耕还林工程生态效率影响最大。

第7章 研究结论、建议与展望

7.1 研究结论

退耕还林工程是投资较大、政策性较强、涉及面较广、群众参与程度较高的生态保护修复工程，对其的生态绩效进行评价对于我国正在实施和"双碳"目标愿景下即将实施的其他生态保护修复工程具有十分重要的借鉴参考意义。基于此，本书在明确选题背景、提出科学问题并建立理论分析框架的基础上，遵循"生态效果评价—生态效果影响因素—生态效率测算—生态效率影响因素"逻辑主线，以退耕还林工程实施核心区——黄土高原为例，基于多源遥感、社会经济和退耕还林工程数据，以 1990—2018 年黄土高原 314 个县域面板数据为基础，运用 GIS 空间分析、多期 DID、DEA-BCC、Tobit 模型等方法依次评价了黄土高原退耕还林工程的生态效果，探究了黄土高原退耕还林工程生态效果的影响因素，测算了黄土高原退耕还林工程实施的生态效率，刻画了黄土高原退耕还林工程生态效率的时空演变，分析了黄土高原退耕还林工程生态效率的影响因素，以期系统全面地对黄土高原退耕还林工程生态绩效进行评价。本书得到的主要结论如下。

①黄土高原实施退耕还林工程取得了显著的生态效果，植被覆盖度和生态系统服务均得到了显著提升，区域内生态环境得到了巨大改善。

本部分主要基于多源遥感数据，借助 GIS 技术，运用生物物理模型，对黄土高原在退耕还林工程实施后的植被覆盖度、土壤侵蚀模数和生态系统服务进行了计算，并在此基础上对三者的时空变化及其对坡度的响应进行了分析。以 2000 年作为黄土高原实施退耕还林工程的基期，工程实施后到 2018 年，各生态效果在时间变化上，平均植被覆盖度由 45.09% 增长至 64.15%，平均土壤侵蚀模数由 21.84t/(hm²·年) 下降至 13.86t/(hm²·年)，平均植被碳汇量由 737.68gC/(m²·年) 增长至 1 296.35gC/(m²·年)，平均土壤保持量由 224.11t/(hm²·年) 增长至 232.08t/(hm²·年)，平均水源涵养服务能力指数由 0.076 3 增长至 0.102 8，平均生物多样性维护服务能力指数由 0.059 7 增长至 0.079 8。各生态效果在空间变化上，黄土高原西南部的黄土高原沟壑区、中部及东北部的黄土丘陵沟壑区以及东部的土石山区为生态环境得到改善最为明显区域。进一步从植被覆盖度变化、土壤侵蚀变化和生态系统服务变化对不同坡度范围的响应可得，6°～25°为生态环境得到显著改善的坡度范围。

②退耕还林工程实施的确是促使黄土高原生态环境得到显著改善的重要原因，且这一结论在综合考虑自然条件和社会经济因素对生态环境的影响后仍然成立。退耕还林工程对黄土高原生态环境的改善具有持续性与异质性。

本部分立足于反事实框架，将退耕还林工程实施看作一项准自然实验，基于 1990—2018 年黄土高原 258 个县域的面板数据，运用多期 DID 模型从植被覆盖度和生态系统服务两方面分析了黄土高原退耕还林工程生态效果的影响因素，明晰了退耕还林工程实施对生态效果的净效应大小。同时，为了确保基准回归结果的可靠性，采用平行趋势检验、PSM-DID 方法等多种形式对基准回归结果进行了稳健性检验。最后，基于黄土高原气候分区，对不同气候分区下的退耕还林工程生态效果影响因素进行了异质性分析。多期 DID 的基准回归结果表明，在仅考虑退耕还林工程对植被覆盖度和生态系统服务的影响下，退耕还林工程实施能促使植被覆盖度和植被 NPP 分别提升 16.71% 和 10.52%；在综合考虑了退耕还林工程、自然条件和社会经济因素的影响后，退耕还林工程实施仍能使植被覆盖度和植被 NPP 分别提升 15.78% 和 9.68%。动态性检验结果表明，退耕还林工程不仅对植被覆盖度和植被 NPP 提升存在持续的显著影响，而且随着时间的推移，影响逐渐增大。气候分区的异质性结果表明，退耕还林工程对各地区植被覆盖度产生的影响大小排序为干旱地区>半干旱地区>半湿润地区，退耕还林工程对各地区生态系统服务产生的影响大小排序为半干旱地区>干旱地区>半湿润地区。

③黄土高原退耕还林工程生态效率整体偏低，生态效率还存在较大提升潜力。退耕还林工程生态效率在时间上呈波动上升趋势，在空间上具有显著的空间集聚和分异特征。退耕还林工程的生态效果与生态效率存在不匹配现象。

本部分通过构建黄土高原退耕还林工程生态效率的测算指标体系，首先运用 DEA-BCC 模型从多投入多产出视角对黄土高原退耕还林工程生态效率进行了测算，其次运用核密度、ESDA 等时空分析方法对黄土高原退耕还林工程生态效率的时空演变进行了刻画。对黄土高原退耕还林工程生态效率的测算结果表明，2002—2015 年退耕还林工程生态效率整体水平较低，研究时段均值仅为 0.492。各气候分区的工程生态效率大小排序为：半湿润地区（0.499）>半干旱地区（0.474）>干旱地区（0.364）。对黄土高原退耕还林工程生态效率的时间演变分析可得，退耕还林工程生态效率在时序变化上整体呈波动上升态势，生态效率整体水平由 2002 年的较低效（0.254）逐步提升到了 2015 年的较高效（0.649）。核密度分析结果表明，生态效率的整体提升使得各县域间的退耕还林工程生态效率绝对差异趋于缩小，县域之间退耕还林工程生态效率的两极分化现象有所改善。对黄土高原退耕还林工程生态效率的空间演化与集聚分析可得，退耕还林工程生态效率整体呈自东南向西北逐步递减分布，且退耕还林工程生态效率低效范围不断向西北方向收缩，高效范围不断向西北方向扩大，由此使得黄土高原退耕还林工程生态效率的重心和标准差椭圆整体向西北方向转移。此外，黄土高原各县域间的退耕还林工程生态效率存在显著的空间正相关关系，各县域间的退耕还林工程生态效率有着正向的集聚和依存特征，但在时间上呈一定的强弱变化。黄土高原东南部县域为退耕还林工程生态效率的高高集聚区和热点区，西北部县域则为退耕还林工程生态效率的低低集聚区和冷点区。黄土高原退耕还林工程的生态效果与生态效率存在着不匹配现象，从空间角度来看，108 个"高成效—高效率"县域主要分布在黄土高原东南部的半湿润地区，126 个"低成效—低效率"县域主要分布在黄土高原北部、西北部以及东部的干旱地区和部分半干旱地区，70 个"高成效—低效率"县域主要分布在黄土高原中部、东北的干旱地区以及南部的半湿润地区，10 个"低成效—高效率"县域零星分布在黄土高原四处。

④从影响黄土高原退耕还林工程生态效率的可控因素来看，普遍存在的投入冗余和产出不足是导致退耕还林工程生态效率较低的重要原因。从影响退耕还林工程生态效率的不可控因素来看，农村劳动力转移率、农民人均纯收入、年均降水量、10℃及以上年均积温、土壤氮含量和平均河网密度均为退耕还林工程生态效率的驱动因素，但各因素对黄土高原及其气候分区的影响存在异质性。

本部分从可控因素和不可控因素两方面对影响黄土高原退耕还林工程生态效率的原因进行了探究。首先，在可控因素方面，基于使用 DEA-BCC 模型对退耕还林工程生态效率的计算结果，从投入冗余和产出不足两方面对影响退耕还林工程生态效率高低的原因进行了分析。结果表明，黄土高原东南部县域的投入冗余和产出不足相对较小，促使了其退耕还林工程生态效率普遍较高且呈集聚分布；而西北部县域的投入冗余和产出不足相对较大，则导致了其退耕还林工程生态效率较低且呈集聚分布。其次，在不可控因素方面，运用 Tobit 模型对影响黄土高原及其气候分区的退耕还林工程生态效率影响因素进行了分析。结果表明，所选择的社会经济和自然条件因素均为退耕还林工程生态效率的驱动因素，即退耕还林工程生态效率与农村劳动力转移率、农民人均纯收入、年均降水量、10℃及以上年均积温、土壤氮含量以及平均河网密度之间的关系均为正相关。然而，各因素对黄土高原及其气候分区退耕还林工程生态效率的影响大小各不相同。各因素对黄土高原退耕还林工程生态效率的影响大小排序为：10℃及以上年均积温＞农民人均纯收入＞农村劳动力转移率＞平均河网密度＞土壤氮含量＞年均降水量。各因素对半湿润地区退耕还林工程生态效率的影响大小排序为：10℃及以上年均积温＞农村劳动力转移率＞农民人均纯收入＞土壤氮含量＞平均河网密度＞年均降水量。各因素对半干旱地区退耕还林工程生态效率的影响大小排序为：农民人均纯收入＞10℃及以上年均积温＞土壤氮含量＞年均降水量＞平均河网密度＞农村劳动力转移率。各因素对干旱地区退耕还林工程生态效率的影响大小排序为：农民人均纯收入＞平均河网密度＞10℃及以上年均积温＞农村劳动力转移率。

7.2 政策建议

7.2.1 做好顶层设计，继续实施退耕还林工程

由本书研究结果可得，实施退耕还林工程促使黄土高原生态环境得到了显著改善。退耕还林工程实施能促使植被覆盖度和植被 NPP 分别提升 15.78% 和 9.68%，因此继续实施退耕还林工程仍将是未来黄土高原进行生态系统保护和修复的重要途径，且在 2020 年国家发展改革委、自然资源部联合发布的《全国重要生态系统保护和修复重大工程总体规划（2021—2035 年）》中更是明确指出，要在黄土高原生态屏障区继续施行退耕还林工程。由本书的研究结果可得，2000—2018 年 6°～25° 坡度范围为黄土高原实施退耕还林工程的主要区域，而在国务院发布的《新一轮退耕还林总体方案》中明确指出，25° 以上的非基本农田坡耕地为新一轮退耕还林工程实施的重点范围之一。基于黄土高原 2020 年 30m 高分辨率耕地遥感数据和 90m 高分辨率 SRTM DEM 数据[①]，使用 ArcGIS 10.7 软件统计得到黄土高原 2020 年尚有大于 25° 坡耕地 608.17km²。这表明国家提出在黄土高原继续实施退耕还林工程的政策建议是切实可行的。但值得注意的是，本书统计得到的这一数据将基本农田也包含在了大于 25° 坡耕地中，因此在未来的实际工作中需处理好生态保护与粮食安全之间的矛盾，切不可盲目追求生态保护，贪图国家退耕补助，而将大于 25° 基本农田也纳为退耕地。为此，继续推行退耕还林工程需谋划好工程实施顶层设计，解决好退什么地、退多少、怎么退这些核心问题；同时，做好工程实施科学规划，使退耕修复做到应退尽退，不留死角。

7.2.2 坚持因地制宜，以水定绿，科学恢复林草植被

由第 4 章的研究结果可得，降水是促使黄土高原植被覆盖度和植被 NPP 提升的最重要因素，且这一结论在黄土高原各气候分区中也得到了证实，同

---

① 数据来源详见 4.3 部分，为了便于统计分析，将两个数据的精度统一为 100m。

时，年均降水量对植被生长的影响大小，自东南向西北递减。因此，本书的研究结果再次证明了水是黄土高原植被生长和空间分布的决定因素（Feng et al.，2016）。当然，在对黄土高原植被生长起决定作用的"水"中，除了年均降水外，还包括河流湖泊等地表水、土壤水和地下水等。为此，在我国为实现碳中和目标，将在未来继续实施生态保护修复工程，深入开展国土绿化这一大背景下，本书认为必须尊重自然规律，充分考虑天然降水、地表水、地下水等水资源的时空分布和承载能力，坚持"以水定绿"；在植被物种选择上，必须遵循自然生态系统演替规律，根据自然地理气候条件和植被生长规律，选择种植原生树种草种。例如，对黄土高原干旱地区而言，因干旱缺水、风沙严重，未来施行生态保护修复工程时，要优先选用耐干旱、耐瘠薄、抗风沙的灌木树种和草种；对半干旱地区而言，地形支离破碎，多暴雨，土质疏松，土壤侵蚀严重，未来施行生态保护修复工程时，要优先选用根系发达、固土保水能力强的树种草种；对半湿润地区而言，该地区适合植被生长的自然气候土壤条件相对较好，未来施行生态保护修复工程时，应优先选用生长快、生产力强、寿命长的经济树种或生态树种。

7.2.3 定期对生态工程生态绩效开展评价，增加效果与效率的匹配度

本书的研究结果再次证明，黄土高原实施退耕还林工程取得了显著的生态效果，并由此促使生态环境得到了巨大改善。就施行退耕还林工程对退化生态系统进行生态修复这件事情本身而言，我们确实是"做了对的事"，这也是社会公众和政府决策者们最关心的事情。那么就退耕还林工程这件事情本身而言，我们在"做了对的事"的同时，是否也在"正确地做事"，即退耕还林工程的生态效率如何却一直不被社会公众、政府决策者和学者们所关注。资源的稀缺性决定了我们对工程的资源投入不能无限增长，加上我国尚处在社会主义初级阶段，各项社会事业的发展更加需要财政等资源的支持，因此对工程生态效率的评价显得极为必要和迫切。我们的研究表明，黄土高原退耕还林工程的生态效率均值仅为0.492，整体效率较低，资源浪费严重，黄土高原的生态效果与生态效率之间存在不匹配现象。为此本书认为，今后应对生态保护修复工程的生态绩效定期展开评价，定期监测、整治生态效果与生态效率的不匹配现象。对于"高成效—低效率"地区而言，其投入产出效益已在某个时间节点达到最优，即地区内实施退耕还林工程已经取得了显著的生态效果，在该时点后继续对其投入不仅不能促使生态环境得到进一步的改善，反而会使得其投入产出效益出现递减，最终导致其生态效率偏低。因此，应及时对工程实施地区的生态绩效开展评价，找到其投入产出效益达到最优的时点。对已达到最优时点、实现高成效的地区而言，在该时点过后需及时缩减工程投入资源规模，避

免资源浪费，将投入资源向成果管护方面转移，使其能持续维持在"高成效—高效率"的状态；对未达到最优时点、尚未实现高成效的地区而言，应继续加大工程投入资源规模，加强资源高效利用，继续提升其工程实施的投入产出效益，直到其投入产出效益达到最优。与此同时，本书发现生态效果与生态效率不匹配地区有着显著的空间集聚特征，因此在对其生态效果与生态效率不匹配现象进行整治时，应将其纳入统一的管理体系中，使之产生规模效应，节约管理成本，提升管理成效。

7.2.4　坚持自然恢复为主，人工修复与自然恢复相结合

本书对退耕还林工程生态效果和生态效率的影响因素分析表明，自然条件因素对两者的影响均大于社会经济的影响。这也再次论证了"大自然是最高明的'生态修复师'"（蔡运龙，2021）和"自然修复是生态修复的最高状态"（胡振琪等，2014）这些经典论断。这也是最近几年国内外在进行生态保护修复时，一直倡导"基于自然的解决方案（Nature-based Solutions，NbS）"（Keesstra et al.，2018）的重要原因（陈梦芸等，2019；徐晋涛等，2022；周旭等，2022）。这更是国家在近几年出台的有关生态保护修复工程的有关文件中一直倡导"自然恢复为主"的重要原因①。值得注意的是，由本书对工程生态效率的影响因素分析可得，农民人均纯收入和农村劳动力转移率对黄土高原整体及黄土高原气候分区而言，两者对工程生态效率的影响均大于部分自然条件因素的影响。这一结果也确实符合实际，但如果不了解因素影响背后的机理，会被误以为社会经济因素对工程生态效率的影响大于自然条件因素的影响，这与本书所倡导的"以自然修复为主"建议相悖。通过第6章对变量选取的理论分析可得，在工程实施区，无论是农民人均纯收入的增加还是农村劳动力转移率的提升，其作用于工程生态效率的机理旨在减少人类对自然的破坏与干预，将对退化生态系统的修复交给大自然，因此两个因素对工程生态效率提升的本质还是"以自然修复为主"。与此同时，我们也不能忽视人工干预的力量，要防止"只种不管"现象的出现。要积极培育乡村第二、三产业，持续提升非农就业人口比重，增加农民人均纯收入；要针对生态保护修复工程建立健全完备的组织管理制度，全面贯彻执行林（草）长制，避免退耕还林工程施行中"复耕"问题的出现；要加强对生态建设成果的抚育管护，建立完善成果后期养护管护制度，着力提高绿化成果的保存率和成林率，确保生态保护修复工

---

① 《全国重要生态系统保护和修复重大工程总体规划（2021—2035年）》，国务院办公厅《关于科学绿化的指导意见》，《关于全面推进三北工程科学绿化的实施意见》，《中共中央　国务院关于加快推进生态文明建设的意见》。

程实施有效。

7.3　研究不足与展望

7.3.1　研究不足

（1）遥感数据获取方面

在遥感数据的空间分辨率上，从理论上说，遥感数据的分辨率越高，其对地球表面所探测事物的刻画也越准确，即所反映的信息量越大（黄慧萍，2003）。然而因本书所使用遥感数据的来源不同、分辨率不同，甚至于元数据格式和内容都相差很大，这就导致了不同遥感数据所反映的信息存在差异（张云霞等，2003）。如在第 3 章的数据来源部分所述，土地利用数据的原始精度为 30m，植被覆盖度的原始精度为 1km，植被 NPP 的原始精度为 500m，地形数据原始精度为 90m 等。当我们单独使用上述某个数据时，不用考虑数据精度问题。但当我们使用生物物理模型计算生态系统服务时，通常要求输入多个不同类型的遥感数据，且必须保证输入数据的像元大小保持一致，这就使得本书在使用生物物理模型对生态系统服务计算时，在综合考虑研究区范围和计算机算力的情况下将输入的多种遥感数据像元大小统一到了 500m。这也意味着在遥感数据分辨率的转换过程中，导致部分数据信息流失，最终影响结果的准确性。虽然本书对生物物理模型的结果与现实实际情况进行了验证，保证了结果的准确性与可靠性，但是如上所述，如能用更高分辨率的遥感数据计算生态系统服务，那么将能获得更加准确和客观的结果。

（2）社会经济数据获取方面

本书的研究尺度为县级层面，虽然较省级、市级层面的研究能够在较小的尺度范围内进行更加细致的研究，但随着研究尺度的缩小，可公开获取研究所需相关指标的统计数据也越来越少，致使一些指标数据存在缺失，导致在研究内容中未能对个别社会经济指标予以考虑。

（3）退耕还林工程生态效率评价方面

本书基于对退耕还林工程生态效率的定义，构建了评价退耕还林工程生态效率的指标体系。然而，考虑到退耕还林工程是一项涉及自然和人文的复杂系统工程，因此在当前构建的退耕还林工程生态效率评价指标体系中可能会遗漏某些关键的投入产出变量。如在退耕还林工程产出方面，仅选择了四种主要的生态系统服务作为产出，然而退耕还林工程对生态系统的影响远不止这四种生态系统服务。此外，由于数据获取限制，仅评价了黄土高原第一轮退耕还林工程生态效率，而未对 2014 年开始实施的第二轮退耕还林工程生态效率进行评价。

7.3.2 研究展望

(1) 遥感数据获取方面

未来应考虑使用 GEE（Google Earth Engine，GEE）云平台。GEE 云平台由美国谷歌公司搭建的云基建提供，是一个对海量地球科学数据集（尤其是遥感影像数据）进行全球尺度在线处理分析和可视化的云计算平台。它不仅拥有强大的的云计算能力，而且拥有长时间分辨率的遥感数据源（Gorelick et al.，2017）。使用 GEE 平台可以很好地弥补本书在遥感数据获取中存在的不足，是未来评估和监测生态保护修复工程的主要技术手段（郝斌飞等，2018）。

(2) 社会经济数据获取方面

未来可考虑采用申请政府信息公开的方式，获得更多的关键社会经济指标。

(3) 对退耕还林工程生态效率评价方面

首先，加强对退耕还林工程实施数据的收集，完善退耕还林工程生态效率评价指标体系，以期能得到更为准确的退耕还林工程生态效率。如未来应考虑将更多的生态系统服务纳入退耕还林工程生态效率的产出指标中，将技术纳入投入指标中。其次，及时收集第二轮退耕还林工程相关数据，对第二轮退耕还林工程生态效率做出评价，不仅能为巩固完善新一轮退耕还林工程提供具有针对性的政策建议，而且能在将两轮退耕还林工程生态效率进行对比的基础上，为其他生态保护修复工程的开展提供经验借鉴。

参考文献
REFERENCES

奥德姆，1993. 系统生态学 ［M］. 北京：科学出版社.

卞元超，吴利华，白俊红，2019. 高铁开通是否促进了区域创新 ［J］. 金融研究（6）：132 - 149.

蔡崇法，丁树文，史志华，等，2000. 应用 USLE 模型与地理信息系统 IDRISI 预测小流域土壤侵蚀量的研究 ［J］. 水土保持学报（2）：19 - 24.

蔡运龙，2021. 生态修复必须跳出"改造自然"的老路 ［J］. 环境与生活（8）：42 - 43.

曹翔，高瑀，刘子琪. 2021. 农村人口城镇化对居民生活能源消费碳排放的影响分析 ［J］. 中国农村经济（10）：64 - 83.

查小春，赖作莲，2010. 退耕还林对铜川市农村经济结构的影响研究 ［J］. 干旱区资源与环境，24（2）：38 - 43.

陈波，支玲，董艳，2010. 我国退耕还林政策实施对农村剩余劳动力转移的影响：以甘肃省定西市安定区为例 ［J］. 农村经济（5）：25 - 28.

陈浩，2019. 黄土高原退耕还林前后流域土壤侵蚀时空变化及驱动因素研究 ［D］. 杨凌：西北农林科技大学.

陈林，伍海军，2015. 国内双重差分法的研究现状与潜在问题 ［J］. 数量经济技术经济研究，32（7）：133 - 148.

陈梦芸，林广思，2019. 基于自然的解决方案：利用自然应对可持续发展挑战的综合途径 ［J］. 中国园林，35（3）：81 - 85.

陈强，2015. 计量经济学及 Stata 应用 ［M］. 北京：高等教育出版社.

陈诗一，张军，2008. 中国地方政府财政支出效率研究：1978—2005 ［J］. 中国社会科学（4）：65 - 78，206.

陈祥伟，胡海波，2006. 林学概论 ［M］. 北京：中国林业出版社.

陈云明，刘国彬，郑粉莉，等，2004. RUSLE 侵蚀模型的应用及进展 ［J］. 水土保持研究（4）：80 - 83.

成佩昆，胡守庚，孙涛，等，2018. 陕西省退耕还林工程对植被恢复的效应：基于 PCSE 修正的面板数据模型 ［J］. 干旱区研究，35（6）：1477 - 1486.

程臻宇，刘春宏，2015. 国外生态补偿效率研究综述 ［J］. 经济与管理评论，31（6）：26 - 33.

崔宝玉，谢煜，徐英婷，2016. 土地征用的农户收入效应：基于倾向得分匹配（PSM）的反事实估计 ［J］. 中国人口·资源与环境，26（2）：111 - 118.

邓元杰，侯孟阳，谢怡凡，等，2020. 退耕还林还草工程对陕北地区生态系统服务价值时

空演变的影响 [J]. 生态学报, 40 (18): 6597-6612.

邓元杰, 姚顺波, 侯孟阳, 等, 2020a. 退耕还林还草工程对生态系统碳储存服务的影响: 以黄土高原丘陵沟壑区子长县为例 [J]. 自然资源学报, 35 (4): 826-844.

邓元杰, 姚顺波, 侯孟阳, 等, 2020b. 长江流域中上游植被 NDVI 时空变化及其地形分异效应 [J]. 长江流域资源与环境, 29 (1): 66-78.

丁述磊, 刘翠花, 2022. 数字经济时代互联网使用对就业质量的影响研究: 基于社会网络的视角 [J]. 经济与管理研究, 43 (7): 97-114.

丁振民, 2021. 退耕还林工程有效性研究 [D]. 杨凌: 西北农林科技大学.

董艳梅, 朱英明, 2016. 高铁建设能否重塑中国的经济空间布局: 基于就业、工资和经济增长的区域异质性视角 [J]. 中国工业经济 (10): 92-108.

度阳, 张道军, 姚顺波, 2017. 基于证据权模型的退耕还林 (草) 驱动力因素分析: 以陕西省吴起县为例 [J]. 水土保持研究, 24 (6): 319-326.

樊纲, 1992. 论经济效率、总供求关系与经济体制: 兼答胡汝银、张军同志 [J]. 经济研究 (3): 16-22.

方精云, 柯金虎, 唐志尧, 等, 2001. 生物生产力的 "4P" 概念、估算及其相互关系 [J]. 植物生态学报 (4): 414-419.

冯强, 赵文武, 2014. USLE/RUSLE 中植被覆盖与管理因子研究进展 [J]. 生态学报, 34 (16): 12.

傅伯杰, 陈利顶, 马克明, 等, 2001. 景观生态学原理及应用 [M]. 北京: 科学出版社.

傅伯杰, 王军, 马克明, 1999. 黄土丘陵区土地利用对土壤水分的影响 [J]. 中国科学基金 (4): 35-37.

格里高利·曼昆, 1997. 经济学原理 [M]. 北京: 科学出版社.

公茂刚, 张梅娇, 2022. 承包地 "三权分置" 与农业补贴对农业机械化的影响研究: 基于 PSM-DID 方法的实证分析 [J]. 统计研究, 39 (4): 64-79.

郭丰, 杨上广, 任毅, 2022. 数字经济、绿色技术创新与碳排放: 来自中国城市层面的经验证据 [J]. 陕西师范大学学报 (哲学社会科学版), 51 (3): 45-60.

郭红彩, 2013. 管理层权力对上市公司分红行为的影响: 基于我国 A 股上市公司的经验证据 [J]. 中南财经政法大学学报 (1): 137-143.

郭旭东, 陈利顶, 傅伯杰, 1999. 土地利用/土地覆被变化对区域生态环境的影响 [J]. 环境科学进展 (6): 66-75.

郭永强, 王乃江, 褚晓升, 等, 2019. 基于 Google Earth Engine 分析黄土高原植被覆盖变化及原因 [J]. 中国环境科学, 39 (11): 4804-4811.

国家林业局退耕还林办公室, 2003. 退耕还林指导与实践 [M]. 北京: 中国农业科学技术出版社.

韩刚, 韩恩贤, 张晓鹏, 等, 2005. 黄土高原 3—6 月土壤含水率与刺槐造林成活率预测模型的建立 [J]. 西北农林科技大学学报 (自然科学版) (7): 31-34.

韩华为, 苗艳青, 2010. 地方政府卫生支出效率核算及影响因素实证研究: 以中国 31 个省份面板数据为依据的 DEA-Tobit 分析 [J]. 财经研究, 36 (5): 4-15, 39.

韩新辉，2008.黄土高原退耕还林还草工程生态效应及作用机理研究［D］.杨凌：西北农林科技大学.

郝斌飞，韩旭军，马明国，等，2018.Google Earth Engine 在地球科学与环境科学中的应用研究进展［J］.遥感技术与应用，33（4）：600-611.

何远梅，2015.黄土高原植被覆盖变化与区域气候变化的相互效应［D］.北京：北京林业大学.

胡鞍钢，胡琳琳，常志霄，2006.中国经济增长与减少贫困（1978—2004）［J］.清华大学学报（哲学社会科学版）（5）：105-115.

胡春艳，卫伟，王晓峰，等，2016.甘肃省植被覆盖变化及其对退耕还林工程的响应［J］.生态与农村环境学报，32（4）：588-594.

胡霞，2005.退耕还林还草政策实施后农村经济结构的变化：对宁夏南部山区的实证分析［J］.中国农村经济（5）：63-70.

胡晓倩，李忠武，陈佳，等，2020.南方红壤丘陵区退耕还林还草工程土壤保持效应评估［J］.水土保持学报，34（6）：95-100.

胡振琪，龙精华，王新静，2014.论煤矿区生态环境的自修复、自然修复和人工修复［J］.煤炭学报，39（8）：1751-1757.

黄从红，杨军，张文娟，2013.生态系统服务功能评估模型研究进展［J］.生态学杂志，32（12）：3360-3367.

黄慧萍，2003.面向对象影像分析中的尺度问题研究［D］.北京：中国科学院研究生院（遥感应用研究所）.

黄麟，祝萍，曹巍，2021.中国退耕还林还草对生态系统服务权衡与协同的影响［J］.生态学报，41（3）：1178-1188.

黄小勇，2004.新公共管理理论及其借鉴意义［J］.中共中央党校学报（3）：62-65.

黄玥，2019.三峡库区兰陵溪小流域退耕还林前后生态系统服务功能变化［D］.北京：中国林业科学研究院.

贾磊，姚顺波，邓元杰，等，2021.渭河流域土壤侵蚀时空特征及其地理探测［J］.生态与农村环境学报，37（3）：305-314.

贾卫国，2005.我国退耕还林政策持续性研究［D］.南京：南京林业大学.

江笑薇，2021.黄土高原地区干旱及土地利用变化对植被净初级生产力影响的量化研究［D］.西安：陕西师范大学.

康子昊，刘浩，杨鑫，等，2021.退耕还林工程对农户收入增长和收入分配影响的测度与分析：基于长期跟踪大农户样本数据［J］.林业经济，43（1）：5-20.

兰德尔，1989.资源经济学［M］.北京：商务印书馆.

李安宁，2018.中国三次产业增长对农村的减贫效应研究［D］.沈阳：辽宁大学.

李春涛，闫续文，宋敏，等，2020.金融科技与企业创新：新三板上市公司的证据［J］.中国工业经济（1）：81-98.

李凤羽，杨墨竹，2015.经济政策不确定性会抑制企业投资吗：基于中国经济政策不确定指数的实证研究［J］.金融研究（4）：115-129.

李国平，石涵予，2015. 退耕还林生态补偿标准、农户行为选择及损益 [J]. 中国人口·资源与环境，25 (5)：152 - 161.

李红梅，巴贺贾依娜尔·铁木尔别克，常顺利，等，2022. 天山北坡植被覆盖近 30 年时空变化及预测分析 [J]. 生态学杂志 41 (12)：2414 - 2423.

李晶，李红艳，张良，2016. 关中-天水经济区生态系统服务权衡与协同关系 [J]. 生态学报，36 (10)：3053 - 3062.

李苗苗，2003. 植被覆盖度的遥感估算方法研究 [D]. 北京：中国科学院研究生院（遥感应用研究所）.

李妙宇，上官周平，邓蕾，2021. 黄土高原地区生态系统碳储量空间分布及其影响因素 [J]. 生态学报（17）：1 - 14.

李锐，杨文治，李壁成，2008. 中国黄土高原研究与展望 [M]. 北京：科学出版社.

李某承，刘某承，2022. 中国退耕还林还草发展历程、建设现状与前景展望（英文）[J]. Journal of Resources and Ecology，13 (1)：120 - 128.

李世东，2004. 中国退耕还林研究 [M]. 北京：科学出版社.

李世荣，2006. 青海大通高寒区退耕还林生态效应研究 [D]. 北京：北京林业大学.

李卫兵，张凯霞，2019. 空气污染对企业生产率的影响：来自中国工业企业的证据 [J]. 管理世界，35 (10)：95 - 112，119.

李雅男，朱玉鑫，侯孟阳，等，2020. 中国退耕还林研究的知识基础及其演进：基于 CiteSpace V 的知识图谱分析 [J]. 林业经济，42 (9)：15 - 26.

李永红，2006. 影响树木生长的几个土壤因素分析 [J]. 科技资讯（26）：185.

连玉君，廖俊平，2017. 如何检验分组回归后的组间系数差异 [J]. 郑州航空工业管理学院学报，35 (6)：97 - 109.

连玉君，彭方平，苏治，2010. 融资约束与流动性管理行为 [J]. 金融研究（10）：158 - 171.

连玉君，苏治，丁志国，2008. 现金-现金流敏感性能检验融资约束假说吗？[J]. 统计研究（10）：92 - 99.

梁斌，冀慧，2020. 失业保险如何影响求职努力：来自"中国时间利用调查"的证据 [J]. 经济研究，55 (3)：179 - 197.

梁若冰，王英杰，2022. 清洁用能、雾霾治理与居民反馈 [J]. 经济学动态（1）：79 - 99.

梁思源，郑田丹，2022. 政府审计能抑制国有企业"脱实向虚"吗：基于审计署审计结果公告的实证分析 [J]. 上海财经大学学报，24 (4)：108 - 122.

梁志会，张露，张俊飚，2021. 土地整治与化肥减量：来自中国高标准基本农田建设政策的准自然实验证据 [J]. 中国农村经济（4）：123 - 144.

林颖，张雅丽，2013. 退耕还林背景下农村劳动力转移机制研究 [J]. 林业经济（7）：98 - 103.

刘浩，刘璨，2012. 退耕还林工程对农民持久收入与消费影响的研究 [J]. 制度经济学研究（1）：16 - 47.

刘纪远，1996. 中国资源环境遥感宏观调查与动态研究 [M]. 北京：中国科学技术出版社.

刘静，温仲明，刚成诚，2020. 黄土高原不同植被覆被类型 NDVI 对气候变化的响应 [J].

生态学报，40（2）：678-691.

刘民权，俞建拖，2010. 环境与人类发展：一个文献述评［J］. 北京大学学报（哲学社会科学版），47（2）：144-151.

刘玮辰，郭俊华，史冬波，2021. 如何科学评估公共政策：政策评估中的反事实框架及匹配方法的应用［J］. 公共行政评论，14（1）：46-73，219.

刘文超，刘纪远，匡文慧，2019. 陕北地区退耕还林还草工程土壤保护效应的时空特征［J］. 地理学报，74（9）：1835-1852.

刘晓光，张勋，方文全，2015. 基础设施的城乡收入分配效应：基于劳动力转移的视角［J］. 世界经济，38（3）：145-170.

刘修岩，王峤，吴嘉贤，2022. 城市快速轨道交通发展与企业创新［J］. 世界经济，45（7）：126-152.

刘逸滨，刘宝元，成城，等，2022. 退耕还林草20年来榆林市植被覆盖度时空变化及影响因素分析［J］. 水土保持学报，36（2）：197-208，218.

刘月，赵文武，贾立志，2019. 土壤保持服务：概念、评估与展望［J］. 生态学报，39（2）：432-440.

刘越，2017. 退耕还林区农村劳动力配置研究［D］. 杨凌：西北农林科技大学.

刘长庚，王宇航，张磊，2022. 去杠杆降低了劳动收入份额吗？［J］. 中央财经大学学报（7）：87-99.

鲁亚楠，2020. 云南省退耕还林对林业碳汇的影响研究［D］. 杨凌：西北农林科技大学.

罗斌元，陈艳霞，2022. 数智化如何赋能经济高质量发展：兼论营商环境的调节作用［J］. 科技进步与对策，39（5）：61-71.

罗知，齐博成，2021. 环境规制的产业转移升级效应与银行协同发展效应：来自长江流域水污染治理的证据［J］. 经济研究，56（2）：174-189.

吕粉桃，2007. 青海大通山地退耕还林生境演变特征及其评价研究［D］. 北京：北京林业大学.

马良，2020. 三峡库区退耕还林小流域土壤侵蚀及养分输出研究［D］. 北京：中国林业科学研究院.

满明俊，2007. 西北地区退耕还林工程的财政投资效益研究［D］. 杨凌：西北农林科技大学.

蒙吉军，王雅，江颂，2019. 基于生态系统服务的黑河中游退耕还林生态补偿研究［J］. 生态学报，39（15）：5404-5413.

孟樱，王静，2022. 金融联结信誉传递机制对农户信贷配给效应［J］. 西北农林科技大学学报（社会科学版），22（4）：144-152.

闵庆文，谢高地，胡聃，等，2004. 青海草地生态系统服务功能的价值评估［J］. 资源科学（3）：56-60.

穆少杰，李建龙，陈奕兆，等，2012. 2001—2010年内蒙古植被覆盖度时空变化特征［J］. 地理学报，67（9）：1255-1268.

欧阳志云，王效科，苗鸿，1999. 中国陆地生态系统服务功能及其生态经济价值的初步研究［J］. 生态学报（5）：19-25.

潘家华，2019. 新中国 70 年生态环境建设发展的艰难历程与辉煌成就［J］. 中国环境管理，11（4）：17-24.

潘景璐，2013. 基于生境压力的发展对秦岭生物多样性保护影响研究［D］. 北京：北京林业大学.

潘竟虎，2014. 中国地级及以上城市城乡收入差距时空分异格局［J］. 经济地理，34（6）：60-67.

彭佩钦，张文菊，童成立，等，2005. 洞庭湖湿地土壤碳、氮、磷及其与土壤物理性状的关系［J］. 应用生态学报（10）：1872-1878.

彭少麟，2000. 恢复生态学与退化生态系统的恢复［J］. 中国科学院院刊（3）：188-192.

彭少麟，2001. 退化生态系统恢复与恢复生态学［J］. 中国基础科学（3）：20-26.

彭羽，郑枫，2022. "一带一路"沿线 FTA 与出口二元边际：基于网络分析视角［J］. 世界经济研究（4）：76-90，136-137.

朴世龙，方精云，2001. 最近 18 年来中国植被覆盖的动态变化［J］. 第四纪研究（4）：294-302.

钱琛，陈海滨，侯现慧，2020. 生态建设背景下陕西省植被覆盖时空变化及其影响因素研究［J］. 干旱区地理，43（2）：425-433.

秦伟，朱清科，张学霞，等，2006. 植被覆盖度及其测算方法研究进展［J］. 西北农林科技大学学报（自然科学版）（9）：163-170.

饶恩明，肖燚，欧阳志云，等，2013. 海南岛生态系统土壤保持功能空间特征及影响因素［J］. 生态学报，33（3）：746-755.

任海，彭少麟，陆宏芳，2004. 退化生态系统恢复与恢复生态学［J］. 生态学报（8）：1760-1768.

任林静，黎洁，2018. 退耕还林政策交替期退耕农户土地利用意愿研究：基于制度约束的影响分析［J］. 干旱区资源与环境，32（8）：52-58.

佘方忠，2000. 退耕还林（草）与可持续发展研究［J］. 林业经济（5）：18-24，28.

石春娜，高洁，苏兵，等，2017. 基于成本-效益分析的退耕还林区域选择研究：以黄土高原区为例［J］. 林业经济问题，37（4）：18-22，99.

史常青，2008. 黄土高寒区退耕还林生态效益研究［D］. 北京：北京林业大学.

宋碧青，2020. 道路条件改善、劳动力转移与农户增收［D］. 南京：南京农业大学.

宋昌耀，贾然，厉新建，2018. 过境免签政策与入境旅游增长：基于 PSM-DID 方法的分析［J］. 旅游导刊，2（6）：33-46.

宋怡，马明国，2008. 基于 GIMMS AVHRR NDVI 数据的中国寒旱区植被动态及其与气候因子的关系［J］. 遥感学报（3）：499-505.

宋永永，2019. 黄土高原城镇化过程及其生态环境响应［D］. 西安：陕西师范大学.

孙天聪，李世清，邵明安，2005. 长期施肥对褐土有机碳和氮素在团聚体中分布的影响［J］. 中国农业科学（9）：1841-1848.

田一辰，2020. 基于 3S 的退耕还林工程生态服务功能评估及权衡分析［D］. 沈阳：沈阳农业大学.

汪滨，张志强，2017. 黄土高原典型流域退耕还林土地利用变化及其合理性评价 [J]. 农业工程学报，33 (7)：235-245，316.

汪伟，艾春荣，曹晖，2013. 税费改革对农村居民消费的影响研究 [J]. 管理世界 (1)：89-100.

王兵，唐文狮，吴延瑞，等，2014. 城镇化提高中国绿色发展效率了吗？[J]. 经济评论 (4)：38-49，107.

王军，顿耀龙，2015. 土地利用变化对生态系统服务的影响研究综述 [J]. 长江流域资源与环境，24 (5)：798-808.

王军，傅伯杰，陈利顶，1999. 景观生态规划的原理和方法 [J]. 资源科学 (2)：73-78.

王森，王海燕，谢永生，等，2019. 延安市退耕还林前后土壤保持生态服务功能评价 [J]. 水土保持研究，26 (1)：280-286.

王庶，岳希明，2017. 退耕还林、非农就业与农民增收：基于 21 省面板数据的双重差分分析 [J]. 经济研究，52 (4)：106-119.

王贤彬，谢倩文，2021. 重点产业政策刺激制造业企业投资房地产了吗：来自五年规划与上市公司的证据 [J]. 经济科学 (1)：57-68.

王小鲁，樊纲，2005. 中国收入差距的走势和影响因素分析 [J]. 经济研究 (10)：24-36.

王晓蕾，石守海，2022. 基于 GEE 的黄河流域植被时空变化及其地形效应研究 [J]. 地球信息科学学报，24 (6)：1087-1098.

王晓彤，张加琼，杨明义，等，2020. 榆神府矿区典型小流域侵蚀产沙对退耕还林（草）及煤矿开采的响应 [J]. 应用生态学报，31 (6)：1971-1979.

王效科，杨宁，吴凡，等，2019. 生态效益及其特性 [J]. 生态学报，39 (15)：5433-5441.

王雄元，卜落凡，2019. 国际出口贸易与企业创新：基于"中欧班列"开通的准自然实验研究 [J]. 中国工业经济 (10)：80-98.

王怡菲，姚顺波，邓元杰，2019. 渭河流域水土流失治理效率的时空格局演化与影响因素 [J]. 地理科学，39 (5)：836-846.

王怡菲，2019. 陕西省渭河流域生态修复绩效评价研究 [D]. 杨凌：西北农林科技大学.

邬建国，2007. 景观生态学：格局，过程，尺度与等级 [M]. 北京：高等教育出版社.

吴东，黄志霖，肖文发，等，2016. 三峡库区小流域土地利用结构变化及其氮素输出控制效应：以兰陵溪小流域为例 [J]. 环境科学，37 (8)：2940-2946.

吴琦，武春友，2009. 基于 DEA 的能源效率评价模型研究 [J]. 管理科学，22 (1)：103-112.

夏怡然，陆铭，2015. 城市间的"孟母三迁"：公共服务影响劳动力流向的经验研究 [J]. 管理世界 (10)：78-90.

肖笃宁，2010. 景观生态学 [M]. 北京：科学出版社.

肖浩，孔爱国，2014. 融资融券对股价特质性波动的影响机理研究：基于双重差分模型的检验 [J]. 管理世界 (8)：30-43，187-188.

谢高地，曹淑艳，鲁春霞，等，2010. 中国的生态服务消费与生态债务研究 [J]. 自然资源学报，25（1）：43-51.

谢高地，张彩霞，张雷明，等，2015. 基于单位面积价值当量因子的生态系统服务价值化方法改进 [J]. 自然资源学报，30（8）：1243-1254.

谢申祥，范鹏飞，宛圆渊，2021. 传统 PSM-DID 模型的改进与应用 [J]. 统计研究，38（2）：146-160.

谢怡凡，姚顺波，邓元杰，等，2020. 延安市退耕还林（草）工程对生境质量时空格局的影响 [J]. 中国生态农业学报（中英文），28（4）：575-586.

谢运球，2003. 恢复生态学 [J]. 中国岩溶（1）：28-34.

信忠保，许炯心，郑伟，2007. 气候变化和人类活动对黄土高原植被覆盖变化的影响 [J]. 中国科学（D辑：地球科学）（11）：1504-1514.

熊俊楠，彭超，程维明，等，2018. 基于 MODIS-NDVI 的云南省植被覆盖度变化分析 [J]. 地球信息科学学报，20（12）：1830-1840.

熊勇清，王溪，2021. 新能源汽车异质性需求的创新激励效应及作用机制：“政府采购”“商业运营”与“私人乘用”需求比较的视角 [J]. 财经研究，47（7）：48-62.

徐彩瑶，王苓，潘丹，等，2022. 退耕还林高质量发展生态补偿机制创新实现路径 [J]. 林业经济问题，42（1）：9-20.

徐晋涛，易媛媛，2022.“双碳”目标与基于自然的解决方案：森林碳汇的潜力和政策需求 [J]. 农业经济问题（9）：11-23.

徐丽萍，2008. 黄土高原地区植被恢复对气候的影响及其互动效应 [D]. 杨凌：西北农林科技大学.

徐省超，赵雪雁，宋晓谕，2021. 退耕还林（草）工程对渭河流域生态系统服务的影响 [J]. 应用生态学报，32（11）：3893-3904.

徐晓萍，李猛，2009. 商业信用的提供：来自上海市中小企业的证据 [J]. 金融研究（6）：161-174.

许红伟，陈欣，2012. 我国推出融资融券交易促进了标的股票的定价效率吗：基于双重差分模型的实证研究 [J]. 管理世界（5）：52-61.

薛建辉，2018. 森林生态学（修订版）[M]. 北京：中国林业出版社.

杨灿明，郭慧芳，孙群力，2007. 我国农民收入来源构成的实证分析：兼论增加农民收入的对策 [J]. 财贸经济（2）：74-78，129.

杨均华，2020. 退耕还林工程的农户福利效应研究 [D]. 杨凌：西北农林科技大学.

杨廷锋，吴显春，尚海龙，等，2017. 贵州退耕还林以来土壤侵蚀的时空变化及与降水关系 [J]. 中国岩溶，36（4）：478-483.

杨先斌，2007. 退耕还林政策的可持续性研究 [D]. 重庆：重庆大学.

杨允菲，祝廷成，2011. 植物生态学 [M]. 2 版. 北京：高等教育出版社.

姚顺波，刘广全，2020. 中国退耕还林效益评估与政策优化 [J]. 北京：科学出版社.

叶阿忠，2005. 多元非参数计量经济模型的变窗宽局部线性估计 [J]. 数学的实践与认识（10）：96-100.

叶芳，王燕，2013. 双重差分模型介绍及其应用 [J]. 中国卫生统计，30 (1)：131-134.

游家兴，吴静，2012. 沉默的螺旋：媒体情绪与资产误定价 [J]. 经济研究，47 (7)：141-152.

喻永红，2014. 退耕还林可持续性研究 [D]. 杭州：浙江大学.

袁文平，蔡文文，刘丹，等，2014. 陆地生态系统植被生产力遥感模型研究进展 [J]. 地球科学进展，29 (5)：541-550.

张宝庆，田磊，赵西宁，等，2021. 植被恢复对黄土高原局地降水的反馈效应研究 [J]. 中国科学：地球科学，51 (7)：1080-1091.

张单，2016. 基于水土保持效益的黄土高原退耕还林政策评价 [D]. 杨凌：西北农林科技大学.

张欢，江芬，王永卿，等，2018. 长三角城市群生态宜居宜业水平的时空差异与分布特征 [J]. 中国人口·资源与环境，28 (11)：73-82.

张金屯，2004. 黄土高原植被恢复与建设的理论和技术问题 [J]. 水土保持学报（5）：120-124.

张科利，彭文英，杨红丽，2007. 中国土壤可蚀性值及其估算 [J]. 土壤学报 (1)：7-13.

张琨，吕一河，傅伯杰，2016. 生态恢复中生态系统服务的演变：趋势、过程与评估 [J]. 生态学报，36 (20)：6337-6344.

张秋良，2003. 退耕还林与区域可持续发展的研究. [D]. 北京：北京林业大学.

张晓艳，2008. 黑龙江省退耕还林工程效果分析及后续问题的研究 [D]. 哈尔滨：东北林业大学.

张岩，袁建平，刘宝元，2002. 土壤侵蚀预报模型中的植被覆盖与管理因子研究进展 [J]. 应用生态学报 (8)：1033-1036.

张云霞，李晓兵，陈云浩，2003. 草地植被盖度的多尺度遥感与实地测量方法综述 [J]. 地球科学进展 (1)：85-93.

张志强，徐中民，程国栋，2001. 生态系统服务与自然资本价值评估 [J]. 生态学报 (11)：1918-1926.

章家恩，徐琪，1999. 恢复生态学研究的一些基本问题探讨 [J]. 应用生态学报 (1)：111-115.

章文波，付金生，2003. 不同类型雨量资料估算降雨侵蚀力 [J]. 资源科学 (1)：35-41.

赵飞，廖永丰，2021. 突发自然灾害事件网络舆情传播特征及影响因素研究 [J]. 地球信息科学学报，23 (6)：992-1001.

赵桔超，杨昆，朱彦辉，2019. 生态工程背景下西双版纳 NDVI 时空变化分析 [J]. 人民长江，50 (8)：56-62，80.

赵其国，黄国勤，马艳芹，2016. 中国生态环境状况与生态文明建设 [J]. 生态学报，36 (19)：6328-6335.

赵琼，曾德慧，2009. 林木生长氮磷限制的诊断方法研究进展 [J]. 生态学杂志，28 (1)：122-128.

赵舒怡，宫兆宁，刘旭颖，2015. 200 1—2013 年华北地区植被覆盖度与干旱条件的相关分

析 [J]. 地理学报，70 (5)：717 - 729.

郑度，2007. 中国西北干旱区土地退化与生态建设问题 [J]. 自然杂志 (1)：7 - 11，70.

支玲，邵爱英，2001. 退耕还林的实践与思考：陕西省延安市宝塔区姚店镇案例分析 [J].
　　林业经济 (3)：43 - 46.

周京奎，王贵东，黄征学，2019. 生产率进步影响农村人力资本积累吗：基于微观数据的
　　研究 [J]. 经济研究，54 (1)：100 - 115.

周黎安，陈烨，2005. 中国农村税费改革的政策效果：基于双重差分模型的估计 [J]. 经
　　济研究 (8)：44 - 53.

周莉，陈晓倩，温亚利，等，2009. 南江县退耕还林工程的财政支出效率评价 [J]. 北京
　　林业大学学报（社会科学版），8 (3)：126 - 132.

周璐红，王盼婷，曹瑞超，2022. 2000—2020 年延安市土壤侵蚀驱动因素分析及生态安全
　　评价 [J]. 生态与农村环境学报，38 (4)：511 - 520.

周旭，陈妍，周妍，等，2022.《IUCN 基于自然的解决方案全球标准》下的生态保护修复
　　管理对策研究 [J]. 风景园林，29 (6)：20 - 25.

朱玉鑫，2021. 贵州省退耕还林对植被覆盖的影响研究. [D]. 杨凌：西北农林科技大学.

诸大建，朱远，2005. 生态效率与循环经济 [J]. 复旦学报（社会科学版）(2)：60 - 66.

邹克，郑云丹，刘熹微，2022. 试点政策促进了科技和金融结合吗：基于双重差分倾向得
　　分匹配的实证检验 [J]. 中国软科学 (7)：172 - 182.

Aber J D，Jordan III W R，1985. Restoration ecology：an environmental middle ground [J].
　　BioScience，35 (7)：399 - 399.

Adam L，Jin J，Khan A，2022. Does the Indonesian farmer empowerment policy enhance the
　　professional farmer? Empirical evidence based on the difference-in-difference Approach [J].
　　Technology in Society (68).

Anselin L，1995. Local Indicators of Spatial Association—LISA. Geographical Analysis [J]，
　　27 (2)：93 - 115.

Ashenfelter O，Card D，1984. Using the Longitudinal Structure of Earnings to Estimate the
　　Effect of Training Programs [J]. National Bureau of Economic Research (11).

Bertrand M，Mullainathan S，2003. Enjoying the Quiet Life? Corporate Governance and
　　Managerial Preferences [J]. Journal of Political Economy，111 (5)：1043 - 1075.

Bradshaw A D，1987. The reclamation of derelict land and the ecology of ecosystems [J].
　　Restoration ecology：a synthetic approach to ecological research，53 - 74.

Bryan B A，Gao L，Ye Y，et al.，2018. China's response to a national land-system
　　sustainability Emergency [J]. Nature，559 (7713)：193 - 204.

Cai Y，Zhang F，Duan P，et al.，2022. Vegetation cover changes in China induced by
　　ecological Restoration-protection projects and land-use changes from 2000 to 2020 [J].
　　CATENA (217)：106 - 530.

Cao S，Chen L，Shankman D，et al.，2011. Excessive reliance on afforestation in China's
　　arid and semi-arid regions：Lessons in ecological Restoration [J]. Earth-Science Reviews，

104 (4): 240 - 245.

Cao S, Chen L, Yu X, 2009. Impact of China's Grain for Green Project on the Landscape of Vulnerable Arid and Semi-Arid Agricultural Regions: A Case Study in Northern Shaanxi Province [J]. Journal of Applied Ecology, 46 (3): 536 - 543.

Cao S, Tian T, Chen L, et al. , 2010. Damage Caused to the Environment by Reforestation Policies in Arid and Semi-Arid Areas of China [J]. AMBIO, 39 (4): 279 - 283.

Cao S, Tian T, Chen L, et al. , 2010. Damage Caused to the Environment by Reforestation Policies in Arid and Semi-Arid Areas of China [J]. Ambio, 39 (4): 279 - 283.

Cao S, Wang G, Chen L, 2010. Questionable Value of Planting Thirsty Trees in Dry Regions [J]. Nature, 465 (7294): 31.

Cao S, 2008. Why Large-Scale Afforestation Efforts in China Have Failed To Solve the Desertification Problem [J]. Environmental Science & Technology, 42 (6): 1826 - 1831.

Cao S, 2011. Impact of China's Large-Scale Ecological Restoration Program on the Environment and Society in Arid and Semiarid Areas of China: Achievements, Problems, Synthesis, and Applications [J]. Critical Reviews in Environmental Science and Technology, 41 (4): 317 - 335.

Cao Z, Li Y, Liu Y, et al. , 2018. When and where did the Loess Plateau turn "green"? Analysis of the tendency and breakpoints of the normalized difference vegetation Index [J]. Land Degradation & Development, 29 (1): 162 - 175.

Cao Z, Li Y, Liu Y, et al. , 2018. When and where did the Loess Plateau turn "green"? Analysis of the tendency and breakpoints of the normalized difference vegetation Index [J]. Land Degradation & Development, 29 (1): 162 - 175.

Chao W, Lin Z, Bingzhen D, 2017. Assessment of the impact of China's Sloping Land Conservation Program on regional development in a typical hilly region of the loess plateau—A case study in Guyuan [J]. Environmental Development (21): 66 - 76.

Charnes A, Cooper W W, Rhodes E, 1978. Measuring the efficiency of decision making Units. European Journal of Operational Research [J], 2 (6): 429 - 444.

Chen X, Lupi F, Viña A, et al. , 2010. Using Cost-Effective Targeting to Enhance the Efficiency of Conservation Investments in Payments for Ecosystem Services [J]. Conservation Biology, 24 (6): 1469 - 1478.

Chen Y, Wang K, Lin Y, et al. , 2015. Balancing Green and Grain Trade [J]. Nature Geoscience, 8 (10): 739 - 741.

Cheng Y, Zhan H, Yang W, et al. , 2017. Is Annual Recharge Coefficient a Valid Concept in Arid and Semi-Arid Regions? [J]. Hydrology and Earth System Sciences, 21 (10): 5031 - 5042.

Cleary S, 1999. The Relationship between Firm Investment and Financial Status [J]. The Journal of Finance, 54 (2): 673 - 692.

Coase R H，2013. The problem of social cost ［J］. The journal of Law and Economics，56
　（4）：837－877.

Costanza R，d'Arge R，De Groot R，et al.，1997. The value of the world's ecosystem
　services and natural capital ［J］. Nature，387（6630）：253－260.

Cramer W，Kicklighter D W，Bondeau A，et al.，1999. Comparing global models of
　terrestrial net primary productivity（NPP）：Overview and key Results ［J］. Global
　Change Biology，5（S1）：1－15.

Cui L，Wang L，Singh R P，et al.，2018. Association analysis between spatiotemporal
　variation of vegetation greenness and precipitation/temperature in the Yangtze River Basin
　（China）［J］. Environmental Science and Pollution Research，25（22）：21867－21878.

Daly H E，Farley J，2011. Ecological economics：principles and applications ［M］.
　NewYork：Island press.

Deng L，Liu S，Kim D G，et al.，2017. Past and future carbon sequestration benefits of
　China's grain for green program ［J］. Global Environmental Change（47）：13－20.

Deng Y，Cai W，Hou M，et al.，2022a. How Eco-Efficiency Is the Forestry Ecological
　Restoration Program? The Case of the Sloping Land Conversion Program in the Loess
　Plateau，China ［J］. Land，11（5）：712.

Deng Y，Jia L，Guo Y，et al.，2022b. Evaluation of the Ecological Effects of Ecological
　Restoration Programs：A Case Study of the Sloping Land Conversion Program on the Loess
　Plateau，China ［J］. International Journal of Environmental Research and Public Health，
　19（13）：7841.

Ding Z，Yao S，2021. Ecological effectiveness of payment for ecosystem services to identify
　incentive priority areas：Sloping land conversion program in China ［J］. Land Use Policy，
　（104）：105－350.

Dubin R A，1998. Spatial autocorrelation：a primer ［J］. Journal of housing economics，7
　（4）：304－327.

Fan F，Zhang X，2021. Transformation effect of Resource-based cities based on PSM-DID
　model：An empirical analysis from China ［J］. Environmental Impact Assessment Review
　（91）.

Farrell M J，1957. The Measurement of Productive Efficiency ［J］. Journal of the Royal
　Statistical Society：Series A（General），120（3）：253－281.

Feng Q，Zhao W，Fu B，et al.，2017. Ecosystem service trade-offs and their influencing
　factors：A case study in the Loess Plateau of China ［J］. Science of the Total Environment
　（607）：1250－1263.

Feng X，Fu B，Lu N，et al.，2013. How ecological restoration alters ecosystem services：
　An analysis of carbon sequestration in China's Loess Plateau ［J］. Scientific Reports，3
　（1）：28－46.

Feng X，Fu B，Piao S，et al.，2016. Revegetation in China's Loess Plateau is approaching sustainable water resource limits [J]. Nature Climate Change, 6 (11): 1019 – 1022.

Ferraro P J, Hanauer M M, 2014. Quantifying causal mechanisms to determine how protected areas affect poverty through changes in ecosystem services and infrastructure [J]. Proceedings of the National Academy of Sciences, 111 (11): 4332 – 4337.

Field C B, Behrenfeld M J, Randerson J T, et al., 1998. Primary production of the biosphere: integrating terrestrial and oceanic components [J]. Science, 281 (5374): 237 – 240.

Fu B, Zhang L, Xu Z, et al., 2015. Ecosystem services in changing land use [J]. Journal of Soils and Sediments, 15 (4): 833 – 843.

Furfey P H, 1927. A note on Lefever's" standard deviational ellipse" [J]. American Journal of Sociology, 33 (1): 94 – 98.

Gong J, 2002. Clarifying the standard deviational ellipse [J]. Geographical Analysis, 34 (2): 155 – 167.

Gorelick N, Hancher M, Dixon M, et al., 2017. Google Earth Engine: Planetary-scale geospatial analysis for Everyone [J]. Remote Sensing of Environment (202): 18 – 27.

Gruber J, 1994. State-mandated benefits and employer-provided health Insurance [J]. Journal of Public Economics, 55 (3): 433 – 464.

Gu Z, Duan X, Shi Y, et al., 2018. Spatiotemporal variation in vegetation coverage and its response to climatic factors in the Red River Basin, China [J]. Ecological Indicators (93): 54 – 64.

Guo D, 2017. Exploratory Spatial Data Analysis [C] //In: International Encyclopedia of Geography. John Wiley & Sons: 1 – 25.

He L, Guo J, Jiang Q, et al., 2022. How did the Chinese Loess Plateau turn green from 2001 to 2020? An explanation using satellite Data [J]. CATENA (214): 106 – 246.

He P, Xu L, Liu Z, et al., 2021. Dynamics of NDVI and its influencing factors in the Chinese Loess Plateau during 2002—2018 [J]. Regional Sustainability, 2 (1): 36 – 46.

Heckman J J, Ichimura H, Todd P E, 1997. Matching As An Econometric Evaluation Estimator: Evidence from Evaluating a Job Training Programme [J]. The Review of Economic Studies, 64 (4): 605 – 654.

Heckman J J, Ichimura H, Todd P, 1998. Matching As An Econometric Evaluation Estimator [J]. The Review of Economic Studies, 65 (2): 261 – 294.

Heckman J J, 1976. The common structure of statistical models of truncation, sample selection and limited dependent variables and a simple estimator for such models [C] //In: Annals of economic and social measurement, volume 5, number 4. NBER: 475 – 492.

Heinsch F A, Zhao M, Running S W, et al., 2006. Evaluation of remote sensing based terrestrial productivity from MODIS using regional tower eddy flux network observations [J]. IEEE Transactions on Geoscience and Remote Sensing, 44 (7): 1908 – 1925.

Holland P W, 1986. Statistics and Causal Inference [J]. Journal of the American Statistical

Association，81 (396)：945 - 960.

Hu Y，Batunacun，Zhen L，et al.，2019. Assessment of Land-Use and Land-Cover Change in Guangxi，China [J]. Scientific Reports，9 (1)：2189.

Hua F，Wang X，Zheng X，et al.，2016. Opportunities for biodiversity gains under the world's largest reforestation programme [J]. Nature Communications，7 (1).

Huang X，Liu W，Zhang Z，et al.，2022. Intensive judicial oversight and corporate green innovations：Evidence from a quasi-natural experiment in China [J]. China Economic Review (74).

Huppes G，Ishikawa M，2005. Eco-efficiency and Its XsTerminology [J]. Journal of Industrial Ecology，9 (4)：43 - 46.

Imbens G W，Wooldridge J M，2009. Recent Developments in the Econometrics of Program Evaluation [J]. Journal of Economic Literature，47 (1)：5 - 86.

Jana M，Sar N，2016. Modeling of hotspot detection using cluster outlier analysis and Getis-Ord Gi statistic of educational development in upper-primary level [J]. Modeling Earth Systems and Environment，2 (2)：60.

Jia X，Fu B，Feng X，et al.，2014. The tradeoff and synergy between ecosystem services in the Grain-for-Green areas in Northern Shaanxi [J]. Ecological indicators (43)：103 - 113.

Jiao W，Wang L，Smith W K，et al.，2021. Observed increasing water constraint on vegetation growth over the last three Decades [J]. Nature Communications，12 (1)：3777.

Jin F，Yang W，Fu J，et al.，2021. Effects of vegetation and climate on the changes of soil erosion in the Loess Plateau of China [J]. Science of The Total Environment (773).

Kalwij A S，2003. A maximum likelihood estimator based on first differences for a panel data Tobit model with individual specific effects [J]. Economics letters，81 (2)：165 - 172.

Keesstra S，Nunes J，Novara A，et al.，2018. The superior effect of nature based solutions in land management for enhancing ecosystem Services [J]. Science of The Total Environment (610 - 611)：997 - 1009.

Kiel K A，McClain K T，1995. House Prices during Siting Decision Stages：The Case of an Incinerator from Rumor through Operation [J]. Journal of Environmental Economics and Management，28 (2)：241 - 255.

Kong D，Miao C，Wu J，et al.，2020. Time lag of vegetation growth on the Loess Plateau in response to climate factors：Estimation，distribution，and Influence [J]. Science of The Total Environment (744)：140 - 726.

Kong L，Zheng H，Rao E，et al.，2018. Evaluating indirect and direct effects of Eco-restoration policy on soil conservation service in Yangtze River Basin [J]. Science of The Total Environment (631 - 632)：887 - 894.

La Ferrara E，Chong A，Duryea S，2012. Soap Operas and Fertility：Evidence from Brazil

[J]. American Economic Journal: Applied Economics, 4 (4): 1 - 31.

Lechner M, 2011. The Estimation of Causal Effects by Difference-in-Difference Methods [J]. Foundations and Trends in Econometrics, 4 (3): 165 - 224.

Lefever D W, 1926. Measuring geographic concentration by means of the standard deviational ellipse [J]. American journal of sociology, 32 (1): 88 - 94.

Li G, Sun S, Han J, et al., 2019. Impacts of Chinese Grain for Green program and climate change on vegetation in the Loess Plateau during 1982—2015 [J]. Science of The Total Environment (660): 177 - 187.

Li S, Yang S, Liu X, et al., 2015. NDVI-Based Analysis on the Influence of Climate Change and Human Activities on Vegetation Restoration in the Shaanxi-Gansu-Ningxia Region, Central China [J]. Remote Sensing, 7 (9): 11163 - 11182.

Liu J, Diamond J, 2005. China's environment in a globalizing World [J]. Nature, 435 (7046): 1179 - 1186.

Liu S, Yao S, 2021. The effect of precipitation on the Cost-Effectiveness of Sloping land conversion Program: A case study of Shaanxi Province [J]. Ecological Indicators (132): 108 - 251.

Lu F, Hu H, Sun W, et al., 2018. Effects of national ecological restoration projects on carbon sequestration in China from 2001 to 2010 [J]. Proceedings of the National Academy of Sciences, 115 (16): 4039 - 4044.

Lu G, Yin R, 2020. Evaluating the Evaluated Socioeconomic Impacts of China's Sloping Land Conversion Program [J]. Ecological Economics (177).

Lü Y, Fu B, Feng X, et al., 2012. A policy-driven large scale ecological restoration: quantifying ecosystem services changes in the Loess Plateau of China [J]. PloS one, 7 (2): e31782.

Ma L, Bicking S, Müller F, 2019. Mapping and comparing ecosystem service indicators of global climate regulation in Schleswig-Holstein, Northern Germany [J]. Science of The Total Environment (648): 1582 - 1597.

Neto J Q F, Walther G, Bloemhof J, et al., 2009. A methodology for assessing eco-efficiency in logistics networks [J]. European Journal of Operational Research, 193 (3): 670 - 682.

Ning J, Zhang D, Yu Q, 2021. Quantifying the efficiency of soil conservation and optimized strategies: A case-study in a hotspot of afforestation in the Loess Plateau [J]. Land Degradation & Development, 32 (3): 1114 - 1126.

Nunn N, Qian N, 2011. The potato's contribution to population and urbanization: evidence from a historical experiment [J]. The quarterly journal of economics, 126 (2): 593 - 650.

Ostrom E, 1990. Governing the commons: The evolution of institutions for collective action [M]. Cambridge: Cambridge university press.

Parzen E，1962. On estimation of a probability density function and mode [J]. The annals of mathematical statistics，33（3）：1065 – 1076.

Qian C，Shao L，Hou X，et al.，2019. Detection and attribution of vegetation greening trend across distinct local landscapes under China's Grain to Green Program：A case study in Shaanxi Province [J]. Catena（183）：104 – 182.

Richmond A，Kaufmann R K，Myneni R B，2007. Valuing ecosystem services：A shadow price for net primary Production [J]. Ecological Economics，64（2）：454 – 462.

ROSENBAUM P R，RUBIN D B，1983. The central role of the propensity score in observational studies for causal effects [J]. Biometrika，70（1）：41 – 55.

Rosenblatt M，1956. Remarks on some nonparametric estimates of a density function [J]. The annals of mathematical statistics：832 – 837.

Samuelson P A，1948. Foundations of economic analysis. Science and Society，13（1）.

Schaltegger S，Sturm A，1990. Ökologische Rationalität：Ansatzpunkte zur Ausgestaltung von ökologieorientierten Managementinstrumenten [J]. Die Unternehmung，44（4）：273 – 290.

Song W，Feng Y，Wang Z，2022. Ecological restoration programs dominate vegetation greening in China [J]. Science of The Total Environment（848）.

Stuart E A，Huskamp H A，Duckworth K，et al.，2014. Using propensity scores in Difference-in-differences models to estimate the effects of a policy Change [J]. Health Services and Outcomes Research Methodology，14（4）：166 – 182.

Su C，Fu B，2013. Evolution of ecosystem services in the Chinese Loess Plateau under climatic and land use changes [J]. Global and Planetary Change（101）：119 – 128.

Sun W，Song X，Mu X，et al.，2015. Spatiotemporal vegetation cover variations associated with climate change and ecological restoration in the Loess Plateau [J]. Agricultural and Forest Meteorology（209 – 210）：87 – 99.

Tang Y，Shao Q，Liu J，et al.，2019. Did Ecological Restoration Hit Its Mark? Monitoring and Assessing Ecological Changes in the Grain for Green Program Region Using Multi-source Satellite Images [J]. Remote Sensing，11（3）：358.

Tetlock P C，2007. Giving Content to Investor Sentiment：The Role of Media in the Stock Market [J]. The Journal of Finance，62（3）：1139 – 1168.

Tobler W R，1970. A computer movie simulating urban growth in the Detroit region. Economic geography [J]，46（sup1）：234 – 240.

Uchida E，Xu J T，Rozelle S，2005. Grain for Green：Cost-Effectiveness and Sustainability of China's Conservation Set-aside Program [J]. Land Economics，81（2）：247 – 264.

Vargas L，Willemen L，Hein L，2019. Assessing the Capacity of Ecosystems to Supply Ecosystem Services Using Remote Sensing and An Ecosystem Accounting Approach [J]. Environmental Management，63（1）：1 – 15.

Villa J M，2016. Diff：Simplifying the Estimation of Difference-in-differences Treatment

Effects [J]. The Stata Journal, 16 (1): 52 - 71.

Wang C, Ouyang H, Maclaren V, et al., 2007. Evaluation of the economic and environmental impact of converting cropland to forest: A case study in Dunhua county, China [J]. Journal of Environmental Management, 85 (3): 746 - 756.

Wang F, Wang Z, Yang H, et al., 2020. Comprehensive evaluation of hydrological drought and its relationships with meteorological drought in the Yellow River basi [J]. Journal of Hydrology (584): 124751.

Wang H, Chen Z, Wu X, et al., 2019. Can a carbon trading system promote the transformation of a Low-carbon economy under the framework of the porter hypothesis? — Empirical analysis based on the PSM-DID Method [J]. Energy Policy (129): 930 - 938.

Wang H, Liu G, Li Z, et al., 2020. Processes and driving forces for changing vegetation ecosystem services: Insights from the Shaanxi Province of China [J]. Ecological Indicators (112): 105 - 106.

Wang T, 2014. Aeolian desertification and its control in Northern China [J]. International Soil and Water Conservation Research, 2 (4): 34 - 41.

Wang, Zhang T, Yao S, et al., 2019. Spatio-temporal Evolution and Factors Influencing the Control Efficiency for Soil and Water Loss in the Wei River Catchment [J]. Sustainability, 11 (1): 216.

Wang, Zhao J, Fu J, et al., 2019. Effects of the Grain for Green Program on the Water Ecosystem Services in an Arid Area of China-Using the Shiyang River Basin as an Example [J]. Ecological Indicators (104): 659 - 668.

Williams J R, Renard K G, Dyke P T, 1983. EPIC: A new method for assessing erosion's effect on soil Productivity [J]. Journal of Soil and Water Conservation, 38 (5): 381 - 383.

Xian J, Xia C, Cao S, 2020. Cost-benefit analysis for China's Grain for Green Program. Ecological Engineering (151).

Xu Z, Bennett M T, Tao R, et al., 2004. China's Sloping Land Conversion Program Four Years on: Current Situation and Pending Issues [J]. International Forestry Review, 6 (3 - 4): 317 - 326.

Yan R, Zhang X, Yan S, et al., 2018. Estimating soil erosion response to land use/cover change in a catchment of the Loess Plateau [J]. International Soil and Water Conservation Research, 6 (1): 13 - 22.

Yang J, Huang X, 2021. The 30 m Annual Land Cover Dataset and Its Dynamics in China from 1990 to 2019 [J]. Earth System Science Data, 13 (8): 3907 - 3925.

Yang K, Lu C, 2018. Evaluation of Land-use change effects on runoff and soil erosion of a hilly basin — the Yanhe River in the Chinese Loess Plateau [J]. Land Degradation & Development, 29 (4): 1211 - 1221.

Yao S, Li H, 2010. Agricultural Productivity Changes Induced by the Sloping Land

Conversion Program: An Analysis of Wuqi County in the Loess Plateau Region [J]. Environmental Management, 45 (3): 541 – 550.

Ye X, Wu L, 2011. Analyzing the dynamics of homicide patterns in Chicago: ESDA and spatial panel Approaches [J]. Applied Geography, 31 (2): 800 – 807.

Yin H, Pflugmacher D, Li A, et al., 2018. Land use and land cover change in Inner Mongolia-understanding the effects of China's re-vegetation Programs [J]. Remote Sensing of Environment (204): 918 – 930.

Yin R, Zhao M, 2012. Ecological restoration programs and payments for ecosystem services as integrated biophysical and socioeconomic processes—China's experience as an Example [J]. Ecological Economics (73): 56 – 65.

Yu D Y, Shi P J, Han G Y, et al., 2011. Forest ecosystem restoration due to a national conservation plan in China [J]. Ecological Engineering, 37 (9): 1387 – 1397.

Zhang D, Jia Q, Xu X, et al., 2018. Contribution of ecological policies to vegetation restoration: A case study from Wuqi County in Shaanxi Province [J]. Land Use Policy (73): 400 – 411.

Zhang H, Yang Q, Li R, et al., 2013. Extension of a GIS procedure for calculating the RUSLE equation LS Factor. Computers & Geosciences (52): 177 – 188.

Zhang Y, Gentine P, Luo X, et al., 2022. Increasing sensitivity of dryland vegetation greenness to precipitation due to rising atmospheric CO_2 [J]. Nature Communications, 13 (1): 4875.

Zhang Y, Zhang D, 2021. Efficiency Measurement and Influencing Factors of Ecological Compensation: A Case Study from Wuqi and Zhidan on the Loess Plateau [J]. Natural Resources Research.

Zhao A, Zhang A, Lu C, et al., 2017. Spatiotemporal variation of vegetation coverage before and after implementation of Grain for Green Program in Loess Plateau [J]. Ecological Engineering (104): 13 – 22.

Zhao J, Feng X, Deng L, et al., 2020. Quantifying the Effects of Vegetation Restorations on the Soil Erosion Export and Nutrient Loss on the Loess Plateau [J]. Frontiers in Plant Science (11).

Zhou T, Shen W, Qiu X, et al., 2021. Impact evaluation of a payments for ecosystem services program on vegetation quantity and quality restoration in Inner Mongolia [J]. Journal of Environmental Management: 113 – 114.

Zhou Z X, Li J, Guo Z Z, et al., 2017. Trade-offs between carbon, water, soil and food in Guanzhong-Tianshui economic region from remotely sensed Data [J]. International Journal of Applied Earth Observation and Geoinformation (58): 145 – 156.

Zhu L J, Meng J, Zhu L K, 2020. Applying Geodetector to disentangle the contributions of natural and anthropogenic factors to NDVI variations in the middle reaches of the Heihe River Basin [J]. Ecological Indicators (117).

后　记

　　本书是在本人博士论文的基础上改编而成，在校对的过程中再次通读全文，内心百感交集。

　　首先，尽管"退耕还林"这一表述在当下的政策语境中已逐渐淡化，但作为我国乃至全球规模最大的生态修复（保护）工程，其研究价值并未消失。如今，研究的重点已不再是这项工程本身的直接影响，而在于其经验对当前及未来生态修复（保护）工程的借鉴意义。本书正是基于这一认识，通过对退耕还林工程生态绩效的研究，呼吁学界和政府相关部门在评估生态修复（保护）工程时，不仅要关注其"实施效果"，更要重视"实施效率"。从经济学角度来看，资源的稀缺性决定了生态修复（保护）工程的投入必须追求效率，经济学研究的核心目标正是优化资源配置，提高利用效率。从管理学角度而言，不仅要做正确的事，更要以科学的方法正确地做事。当前生态修复（保护）工程的成就证明，我们的方向是正确的，但方法是否合理仍值得深思。没有效率的成效难以长期维持，而管理的核心目标正是追求高效且可持续的成果。

　　其次，生态修复（保护）工程的成效并非仅由工程本身决定，而是工程实施、自然条件及社会经济等多重因素共同作用的结果。例如，植被覆盖度的增加、土壤侵蚀的减少、劳动力的转移及人均收入的提高，都可能受到这些因素的综合影响。现行生态修复（保护）工程成效评估体系存在显著的方法学局限，具体表现为双重归因偏误与计量模型缺陷。当前主流研究范式普遍采用"前后对比"或"有无对比"的因果推断框架，将工程实施前后观测指标的差异性变动直接归因于项目干预，这种基于简单关联关系的因果关系推定，实则混淆了政策外生冲击与生态系统内生演变的作用边界。即便采用传统计量回归模型试图辨析工程净效应，研究设计仍存在关键性疏漏：其一，未有效控制政策自选择导致的内生性偏误；其二，忽视生态系统演变的时序自相关特征，导致干预效应的估计产生系统性偏倚。这种双重方法缺陷最终导致评估结果呈现系统性高估或低估，难以精准解析人为干预在复杂生态响应中的真实贡献度。为此，本书在方法论上呼吁，考虑到生态修复（保护）工程多以试点形式展开（如我国当前正在实施的"国家重点生态功能区""山水工程"等），未来在对工程成效进行评估时，可构建反事实框架，采用"双重差分""断点回归"等准自然实验方法，以准确识别工程的真实影响。

最后，衷心感谢家人、老师、朋友、同事及各位领导的鼓励与支持，感谢四川轻化工大学及经济学院提供的机遇与平台，感谢中国农业出版社编辑们的辛勤付出，同时也感谢所有曾给予本书帮助却未能一一列举的所有人。此外，更要感谢这个伟大的时代，以及在时代洪流中努力奋斗的每一个人。本书虽仍有不足，但它凝聚了当时全部的心血与努力。诚挚期待读者批评指正，我将虚心接受，并以此为动力，不断深化研究，提升学术水平，以期能为社会进步做出一点微小贡献。

邓元杰

2024 年 10 月

图书在版编目（CIP）数据

黄土高原退耕还林工程生态绩效评价研究 / 邓元杰
著. -- 北京：中国农业出版社，2024. 12. -- ISBN
978-7-109-32926-3

Ⅰ. F326.2

中国国家版本馆 CIP 数据核字第 2025BL6973 号

黄土高原退耕还林工程生态绩效评价研究
HUANGTU GAOYUAN TUIGENG HUANLIN GONGCHENG
SHENGTAI JIXIAO PINGJIA YANJIU

中国农业出版社出版

地址：北京市朝阳区麦子店街 18 号楼

邮编：100125

责任编辑：边　疆　张潇逸

版式设计：王　晨　责任校对：张雯婷

印刷：北京印刷集团有限责任公司

版次：2024 年 12 月第 1 版

印次：2024 年 12 月北京第 1 次印刷

发行：新华书店北京发行所

开本：700mm×1000mm　1/16

印张：13

字数：247 千字

定价：108.00 元